Kontaktadresse nach EU-Produktsicherheitsverordnung:
produktsicherheit@droemer-knaur.de

MICHEL RUGE

BORDSTEINKÖNIG
MEINE WILDE JUGEND AUF ST. PAULI

Besuchen Sie uns im Internet:
www.knaur.de

© 2013 Knaur Verlag
Ein Imprint der Verlagsgruppe
Droemer Knaur GmbH & Co. KG, München
Alle Rechte vorbehalten. Das Werk darf – auch teilweise –
nur mit Genehmigung des Verlags wiedergegeben werden.
Herausgeber: Ulf Meyer zu Kueingdorf
Redaktion: Patrick Hutsch
Covergestaltung: ZERO Werbeagentur, München
Coverabbildung: plainpicture / Kirsten Nijhof
Satz: Adobe InDesign im Verlag
Printed in Germany
ISBN 978-3-426-78550-8

Für Claudia

Für Claudia

I still hang around
neither lost nor found
Hear the lonely sound
of music in the night
Nights are always bright
That's all that's left for me, yeah
I play the street life
Because there's no place I can go
Street life, it's the only life I know
Street life, and there's a thousand parts to play
Street life, until you play your life away

Street Life,
Randy Crawford & The Crusaders (1979)

Inhalt

1. En passant mit meiner Mutter   11
2. Kalle und Joschi haben im Betten Voss kellneriert. Meine Mutter, glaube ich, auch …   19
3. Ich pass nicht in meine Cousine rein!   27
4. Der Würger von St. Pauli   33
5. Kinder von St. Pauli!?   45
6. Allein zu zweit   51
7. Die Breakers lassen grüßen   69
8. Wladimir und der politische Untergrund   75
9. Halbe Stärke, großes Maul   85
10. Der Mülleiner war voll mit Kondomen, das Geschäft lief gut   95
11. Pimmel im Anker   109
12. Zigeuner-Fritz   113
13. Es muss klatschen, das Blut muss strömen   119
14. Glatzköppe klatschen   131
15. Heißkalt!   143
16. Der Wahnsinn wird endlich wahnsinniger!   155

17 Wer hat Angst vor Zuhältern?! 167

18 Wir sind die hungrigen Wölfe 183

19 Fließband oder Strich? 189

20 Raus aus der Gosse! 203

21 Schwester Heroin und der Tod 211

22 Das kalte Lächeln vom Kiez 215

23 Endlich ein Mann 221

24 Eine neue Welt 229

25 Ausflug an die Alster! 241

26 Geld 245

27 Die Geister, die ich rief 253

28 Wahnsinnigster Wahnsinn! 261

29 Fritz ohne Grenze 267

30 Die letzte Schlacht 275

Dank 285

1

En passant mit meiner Mutter

Die Sonne schien. Keine Wolken. Ich lief. Die Schultasche schlug mir beim Laufen gegen den Oberschenkel. Ich hatte gute Laune. Immer, wenn ich in den Straßen von St. Pauli unterwegs war, hatte ich gute Laune. Der Himmel über mir, der Asphalt unter mir. Die Häuser, die Menschen, der Geruch: St. Pauli, meine Freiheit. Ich sah die Menschen an den Bus- und Bahnhaltestellen. Die traurigen Gesichter, in denen sich die Ödnis ihres Lebens festgeschrieben hatte, machten mir Angst. Angst, dass mir auch solch ein Leben drohen könnte. Morgens: aufstehen, dann malochen. Abends: vor dem Fernseher mit einem Bier, dann ins Bett. Am nächsten Morgen wieder derselbe Stuss. Das ganze Leben lang. Ab und an mit der Frau, die zum besten Freund geworden ist, Liebe machen. Bumsen, ficken, vögeln, wie auch immer. Den kümmerlichen Rest des animalischen Triebs, der sich in einem erhalten hat, heimlich im Dunklen ausleben. Leise, vorsichtig, allein. Am Wochenende geht man zum Fußball oder in die Kneipe an der Ecke und kommt besoffen nach Hause, legt sich in die Kiste, schläft. Wenn das Leben dann endlich in Windeseile an einem vorbeigelaufen ist, sind's am Ende Verachtung und Krankheit, die einen am Leben halten. Erst wird man fett, dann zieht die Schwerkraft mit Gewalt alle Jugendlichkeit nach unten, wirft Falten und schreit: »Hier – ich bin's! Ich hab gelitten, jahrelang! Ich arme Sau!« Bis endlich der Deckel zufällt. Dann wird's dunkel; und das Einzige, was man bereut, ist, was man versäumt hat im Leben. Dass man sein Leben nicht angepackt hat, als man noch jung war. Als man noch hungrig war.

Mir drehte sich der Magen um bei diesen Gedanken, die mich überfielen, wenn ich die Leute beobachtete, die das sogenannte normale Leben ertrugen.

Ich kam an die Reeperbahn. Ein weißer Mercedes stoppte, keine Ahnung, was für ein Modell es war. Aber es war ein großer Mercedes. Ein großer Mercedes für große Jungs. Die Tür öffnete sich, und heraus trat ein hochgewachsener Typ mit Föhnwelle. Er trug eine rote Lederhose, dazu ein flatterndes weißes Hemd, das weit aufgeknöpft war, darüber ein schwarzes Jackett mit Schulterpolstern. Seine kräftigen Beine steckten in Wildlederstiefeln. Das offene Hemd gab den Blick auf eine kräftige, rotbraun gebrannte Brust frei. Eine goldene Cartier-Panzerkette schmückte den wulstigen Hals, klobige Goldringe zierten seine Finger, eine Sonnenbrille verbarg den Blick auf seine Augen. Unverkennbar ein Lude, ein großer Lude. Solche wie ihn sah man nur noch selten im St. Pauli der Achtziger. Mit weitaufgerissenen Augen stand ich da und beobachtete, wie dieser Lude über den Bordstein schwebte. Mit dieser unbeschreiblichen Leichtigkeit. Mit diesem gewinnenden Lächeln.

Damals musste keiner seine Muskeln mit Steroiden aufpumpen. Die Jungs, die was draufhatten, waren alle durch Kampfsport gestählt. Sie lebten die Lässigkeit. Sie waren nicht verbissen. Sie waren die Autorität auf der Bühne namens St. Pauli. Sie nahmen sich sogar selbst auf die Schippe, was ihr Selbstbewusstsein noch betonte. Alles war easy! Im Gegensatz zu der heutigen Gewaltfraktion auf dem Kiez mussten die Luden von früher keine Glatze tragen und ihre Tätowierungen am Hals präsentieren. Auch grölten sie nicht herum wie die Proleten. Man agierte souverän. Wenn man einen Tisch in einem Restaurant bestellte, reservierte man die Bedienung für den Abend gleich mit. Dafür bekam sie ein sehr gutes Trinkgeld. Natürlich wurde auch dem Türsteher mal ein Tausender in die Hand gedrückt. Dafür wurde dann der rote Teppich ausgerollt, wenn die Luden mit ihren Schlitten angerollt kamen. Jeder hatte was von dieser Show.

Schon früh eiferten wir den Luden nach. Wir trugen Jogginganzüge, weiße Boxerstiefel von Leone, Dauerwelle, Goldkettchen, dazu die obligatorischen Ray-Ban-Pilotenbrillen. Und natürlich Bomberjacken. Indianer Joe, ein Boutique-Besitzer auf der Reeperbahn, hatte sie für uns umgestylt und mit Lederapplikationen und Schulterpolstern versehen. So hingen wir auf der Reeperbahn ab.

Der Lude grüßte ein paar Typen, die ihm entgegenkamen. Ein Handschlag, ein kurzer Satz. Sein Mund verzog sich zu einem coolen, süßen Lächeln. Ich hatte mir schon als Kind gerne diese charismatischen Männer mit ihren Rolls-Royces, Ferraris oder Porsches angeschaut. Für mich waren sie die wahren Abenteurer und Gewinner auf St. Pauli. Nun stand ich da und kam mir wieder vor wie der kleine Butsche, der sich nichts sehnlicher wünschte, als ein Lude zu werden. Mir gefielen die Rolex, die Maßanzüge, wie sich die Luden mit Gold und Diamanten schmückten, um zu betonen, dass sie wichtig und erfolgreich waren, dass sie aus einer anderen Welt stammten. Eine Welt, die für die Soliden unerreichbar schien. Wenn etwa der Schöne Klaus mit seinem Lamborghini durch dem Kiez fuhr, dann war der Kiez seine Bühne. Klaus schwebte geschmeidig-kraftvoll das Kopfsteinpflaster entlang, hinter ihm geheimnisumwoben und stolz seine Frauen, mit unglaublich langen Beinen und die aufregenden Körper in teure Pelze gehüllt. *Ich auch! Haben wollen*, dachte ich damals. Die Lakaien hielten respektvoll Abstand zu ihrem Boss. Dann kamen seine Freunde auf ihn zu. »Karate« Tommy und wie sie alle hießen. Mit Küsschen hier und Küsschen da und allerlei Trubel begrüßte man sich, die Passanten guckten und staunten. Es war ein Schauspiel, ein Spektakel, das den Zuschauern den Atem raubte. Mir auch.

Ich sah die glitzernde, schillernde Welt von St. Pauli, die Lichter, den Glamour, das Abenteuer, und mir war klar, was ich wollte. Ich lief und ich kam pünktlich in der Schule an, ausnahmsweise. War ja auch Montag. Ich fühlte mich frisch und ausgeschlafen. Ich hatte die Hoffnung, dass die Schule vielleicht doch spannend sein könnte. Am Wochenende hatte ich alles Schlechte über die vergangene Schulwoche vergessen. Meine Mitschüler waren schon da. Der Lehrer noch nicht. Sobald ich die Klasse betrat, fiel mir wieder alles ein – all das Schlechte. Es stank. Nach Schulbroten in Plastikdosen, in denen die eingesperrte Luft zu stinken begann, von der schwitzenden Wurst, von dem schwitzenden Käse. Es stank nach billigen Holzmöbeln, nach Langeweile, nach Kleinkariertem, nach Spießern, nach Furzen. Es stank nach Siechen, nach Tod. Es widerte mich an. Ich setzte mich auf meinen Platz und versuchte, mich wegzudenken.

St. Pauli war mein Zuhause. Mit zwölf hatte ich dort das erste Mal Sex mit einer Nutte. Mit vierzehn wurden Schlägereien mein täglich Brot. In den Achtzigern gehörte ich den Gangs von St. Pauli an. Wir schlugen uns mit Skins, Poppern und Mods. In unseren Bomberjacken und Leone-Boxerstiefeln von Crazy Jeans zogen wir durch den Kiez. Sechzig Mann, eine Armee – die Straßen gehörten uns. Die Gangs waren eine eigene Subkultur, heute vollkommen in Vergessenheit geraten. Wir waren eine Bruderschaft, kamen uns vor wie die Warriors aus dem gleichnamigen Film, hatten ein starkes Gefühl für Autorität und Macht. Aber auch wir waren Underdogs – wie die Punks –, auch wir waren gegen das Establishment, gegen die Spießer und die Kleinbürger, die einem die Luft zum Atmen rauben. St. Pauli war unser Abenteuerspielplatz und der Ort, wo unsere Träume und Sehnsüchte tanzten. Doch in den Achtzigern veränderte sich unsere Welt. Die Drogen kamen nach St. Pauli, Aids lähmte das Rotlichtgewerbe, es kamen die Waffen, die Morde. Der Kiez geriet auf die schiefe Bahn. Die Grenzen verschoben sich. Die Menschen veränderten sich. Wie Zigeuner-Fritz, mein bester Freund, der voller prallem, geilem Leben steckte. Mit Fritz war ich unterwegs. Wir wollten Männer werden. Männer, die sich schlagen, lieben und die frei sind. Fritz aber wurde irgendwann zum Terrier. »Haltet mich endlich zurück. Haltet mich fest«, schrie er mir bei einem Streit zu, damit ich ihn zurückhielt. Wenn es dann eskalierte, klatschte es zweimal. Einmal im Gesicht und einmal auf'm Asphalt. Zickzack!

Ohne Grenzen spürt man sich nicht. Ohne Grenze spürt man nicht, dass man lebt. Wir wollten Grenzen verschieben, über die Grenzen hinaus, bis keine Grenze mehr zu sehen war und wir mitten im Nichts, haltlos, ohne Horizont, schwindelig, ohne Ziel neue Grenzen suchten. Damals veränderte sich alles auf St. Pauli. Der Kiez wurde wahnsinniger, der Wahnsinn wurde wahnsinniger. Was aber blieb: Der Kiez war eine eigene Welt, mit eigenen Gesetzen. Und ich war ein Kind dieser Welt. Dies ist die Geschichte dieser Welt. Es ist meine Geschichte.

Vor einer Stunde war ich noch auf der Reeperbahn gewesen. Jetzt saß ich in dieser toten Zone, in diesem hohlen, sehnsuchtsfernen Schulraum. Ich hatte noch den Geruch von Pisse, Kotze und Currywurst in der Nase. Und den geilen, süßen Geruch von Parfum, Sex und Frauen. Mein Geist war noch auf'm Kiez. Dann schockte das grelle Licht der Neonröhren im Klassenzimmer mein Bewusstsein. Ich war wieder in der Hölle.

Ich schaute an mir runter. Meine zu enge Jeans stand vor Dreck. Meine Beine kribbelten vor Nervosität und Ungeduld. Ich war dünn, hatte nie wirklich Zeit zu essen. Fürs Kacken hatte ich auch keine Zeit. Wenn ich auf der Toilette saß, hatte ich immer das Gefühl, etwas zu verpassen. Keine Zeit! Der Kiez war spannender. Ich wollte raus, etwas erleben. Immer trieb es mich raus. RAUS! Dieses Gefühl brannte in mir. Wie ein Hunger, den ich nie stillen konnte. Sosehr ich das Leben auch in mich hineinschaufelte und es hinunterschlang, dieses geile, pralle Leben. Leben will sich verschwenden. Ich wollte mich verschwenden!

Der Lehrer kam rein. Frustriert, blass, ohne Haltung, lustlos, ein nervöser Waschlappen. Ein Spießer! Er war voller Verachtung für uns Kinder aus den sozial niederen Schichten. Er knallte seine Tasche auf den Tisch, und bevor er was sagte, ließ der Stress seinen Kopf rot aufleuchten. Wir waren die Geier an seinen sterbenden Nerven. Wir warteten und beobachteten. Unser Tag würde kommen!

Fünfundvierzig Minuten auf einem Holzstuhl sitzen. Das ist ein Verbrechen gegen die Menschlichkeit. Das ist gegen alle Natur. Gegen alle Kraft. Gegen alle Liebe. Ich schaute aus dem Fenster. Blauer Himmel. Ich blickte zur Reeperbahn hinüber, wo ich mich seit meiner Kindheit herumtrieb. St. Pauli war mein Abenteuerspielplatz. Der Kiez war immer schon ein Ort gewesen, der im Handumdrehen Sehnsüchte und Träume erschuf, nur um sie im nächsten Augenblick zum Platzen zu bringen. Er war ein Ort, wo das pralle Leben gärte und brodelte. Ich dachte an den Kiez, an meinen Kiez. Ich wollte kämpfen. Ich wollte schreien, lachen, weinen, ficken. Ich wollte leben!

Ich blickte nach vorne. Ich sah volles braunes Haar. Ich sah Claudia Meyer! Sie war der Grund, weshalb ich in die Schule kam. Nur für sie! Der Nachname war eine Finte. Claudia war alles, nur nicht langweilig. Sie war nicht meyer. Sie war das blühende Leben, sie war schon damals ein Star. Sie war keine klassische Schönheit. Sie war ein Junge in einem Mädchenkörper, aber sie war äußerst attraktiv. Und sie hatte dieses gewisse Etwas. Ein

Blick, eine Bewegung – und man war ihr verfallen. Ich war ihr verfallen. Claudia hatte Sommersprossen. Ihre Augen strahlten blau. Mit ihren zwölf Jahren bewegte sie sich schon besser als die meisten Frauen auf dem Kiez. Sie tanzte durch die Straßen, sie schwebte über den Boden. Wenn sich ihre schönen Beine beim Gehen geschmeidig aneinanderrieben und sie verstohlen auf den Boden blickte, wenn sie mich im Vorbeigehen ansah und verschmitzt grinste, blieb mein Herz stehen. Claudia, meine heimliche Liebe.

Ich lernte Claudia schon sehr viel früher kennen. Bevor ich in die Schule ging. Als die Schule mich noch nicht gepackt hatte mit ihren gierigen Klauen. Da begann mein Leben, vor der Schule, wie bei jedem – und doch ganz anders.

Das war 1969.

2

Kalle und Joschi haben im Betten Voss kellneriert. Meine Mutter, glaube ich, auch …

Meine Mutter war sechzehn. Ihre Klamotten waren eng und knapp. Langes, volles schwarzes Haar. Lange Beine. Lange Lederstiefel. Nur der Rock und ihre Kindheit waren kurz. Sie lebte im Eiltempo. Sie ging mit Günther Kaufmann und Mario Amtmann in eine Klasse. Kaufmann wurde Schauspieler bei Fassbinder. Amtmann wurde Rocker und gründete die Hells Angels in Deutschland. Beide machten Karriere, jeder auf seine Weise. Auch meine Mutter machte Karriere. Sie wurde die Ruth von der Feuerbachstraße. Weil meine Oma mit all den Widerworten nicht klarkam, steckte irgendwann eine Gabel im Rücken meiner Mutter. Danach ging es schnurstracks ab in ein berüchtigtes Heim für Schwererziehbare. Ein Paradies für die Schwersten unter den Schwererziehbaren.

Nachts rückten sie regelmäßig aus – und meine Mutter war dabei. Sie wollte das Erwachsenenspiel lernen –

schnell, zügig, zack, zack. Mit dreizehn war es endlich so weit. Sie spielte das Spiel, das sie so liebte seitdem. Von da an war auch für sie St. Pauli ein Abenteuerspielplatz. Mit ihrer Schwägerin Mona ging's auf'n Swutsch. Tanzen. Auf die Reeperbahn oder ins Schanzenviertel, ins Ballhaus in der Flora auf dem Schulterblatt. Dort lernte sie einen ausgesprochen charmanten, gutaussehenden Mann kennen: Heinz Peter, meinen Vater. Der war zwar erst 32, hatte aber schon eine beachtliche Karriere hingelegt. Er war Bordellbesitzer, dreifacher. Das klingt in meinen Ohren wie dreifacher Weltmeister im Schwergewicht – nur besser. Es muss Liebe auf den ersten Blick gewesen sein, und weil es beide – wohl aus Karrieregründen – sehr eilig hatten, fuhren sie zu Mona und machten das Erwachsenenspiel.

Die beiden kannten sich zwar erst ein paar Stunden, aber das reichte mir, um mich bei meiner Mutter einzunisten. Ich war also ein Kind der Liebe. Meine Mutter, die Ruth von der Feuerbachstraße, war erst siebzehn, als sie mich mit aller Gewalt aus ihrem Körper presste. Sie wollte mich loswerden. Man riet ihr: Du bist zu jung. Gib ihn zu vornehmen Eltern. Doch als ich auf ihrem Bauch lag, da sagte sie: »Das kann man doch nicht machen! Das macht man nicht!« Ich hab sie ausgetrickst. Ich tat so, als könnte ich nicht alleine. Also blieben wir zusammen, und meine Mutter suchte einen Namen für mich. Den hatte sie schnell gefunden: Michel. Aber nicht nach dem Hamburger Michel. Meine Mutter liebte die französischen Filmstars der Sechziger, deshalb wird mein Name französisch ausgesprochen. Mit siebzehn ist man anfällig für große Bilder, für große Sehnsüchte. Besonders die französischen scheinen in den eigenen Träumen zu glitzern wie Brillanten. Das Französische war die Sehnsucht meiner Mutter nach einem anderen Leben, nach einem anderen Ich. Sie wünschte sich, dass ich nicht so ein Leben hätte, wie sie es führte. Ich sollte nicht in der schattigen Halbwelt von St. Pauli wohnen und arbeiten. In dieser Welt wird man ohne das rechte Glück und eigene Stärke zum Gefangenen seiner Umgebung, seiner eigenen Schwächen und Sehnsüchte. So legte mir meine Mutter die Sehnsucht nach einem anderen Leben also schon ins Nest: MICHEL!

Die Geburt war das intimste Erlebnis, das ich mit meiner Mutter haben sollte. Danach entfernten wir uns rasch voneinander. Wir hatten keine Zeit zu verlieren. Sie mit ihrer Karriere, ich mit meiner. Ich war meinem Vater im Wesen und Aussehen zu ähnlich, als dass meine Mutter mich hätte bedingungslos lieben können.

Mein Vater verdiente vierzig- bis fünfzigtausend Mark im Monat. In den frühen Siebzigern war das Geschäft mit der Liebe prall und reich. Es war der historische Orgasmus des liegenden Gewerbes. St. Pauli glühte und glänzte. Doch meine Mutter verdiente erst mal nichts. Deswegen musste ich zunächst sechs Monate im Krankenhaus bleiben. Dann holte meine Oma uns zu sich ins Hotel. In den »Budapester Hof«. Ein Stundenhotel. Die nächste Zeit meines jungen Lebens verbrachte ich im Heizungskeller des Hotels. Wie zur gleichen Zeit die RAF, ich ging in den Untergrund.

An der Ecke des Hotels gab es eine Kneipe namens »Voss«, damals bekannt als Betten Voss. Durch einen Gang waren Betten Voss und das Hotel miteinander verbunden. Es kam ja vor, dass die Kneipengäste müde wurden, ein Nickerchen halten wollten oder aus irgendeinem anderen Grund, den ich nicht kannte, ins Bett mussten. Dann konnten sie durch diesen Gang schnell das Hotel erreichen. Tatsächlich erinnere ich mich noch, wie ich hinten in der Küche vom Betten Voss gewickelt wurde, von Martha, einer Putzfrau.

Im Betten Voss war es lustig. Morgens war es dort bereits rummsvoll. Da gab es die »Christel von der Post« und »Linchen«, die für 'n Korn ihren Rock hochzog, um zu zeigen, dass sie keine Unterwäsche trug. Beide waren schon damals über siebzig und beide tanzten noch immer jeden Tag im Betten Voss auf den Tischen. Es gab eine Frau, die alle nur »Kommpott Hüttchen« nannten. Die ging mit den Männern immer aufs Zimmer. Dann gab es noch eine andere Ruth. Die war auf einmal nicht mehr da, von heute auf morgen verschwunden, weg. Später hat man sie dann gefunden. Bei Honka, dem Frauenmörder, der auch Stammgast im Betten Voss war. Honka hatte Ruth eingemauert. Niemand hat nach Ruth gesucht oder sie bei der Polizei als vermisst gemeldet. Erst als ein halbes Jahr später in Honkas Haus ein Feuer ausbrach, fand man die Leiche.

Es trieben sich eine Menge komischer Leute im Betten Voss herum. Zum Beispiel der Besitzer der »Köllnflocken«-Werke. Er kam jedes Wochenende; und weil sein Geld so schön locker flockig in seiner Tasche lag, nannte man ihn die »Goldflocke«. Oder »Vossi, der Millionendieb«. Bei ihm kaufte meine Oma für Mona und meine Mutter immer die schönsten Sachen: Pelze, Lederjacken, Schmuck und alles, was Vossi sonst noch so in den Villen von Blankenese fand. Der reinste Basar im Betten Voss. Vossi bot meiner Oma immer alles zuerst an. Es war eine lustige Welt, und sie gefiel mir. Ich lief den Erwachsenen durch die Beine, auf dem Holzfußboden und unter den Rauchschwaden herum, von der Jukebox bis hinter den Tresen und zurück. Alle kannten mich. Ich war eine Berühmtheit auf'm Kiez.

Joschi kellnerierte im Voss, Kalle kellnerierte dort, und meine Mutter, die kellnerierte dort, glaube ich, auch. Sie war jedenfalls immer im Betten Voss. Kalle war der stärkste von allen Kellnern. Wenn der wütend war, dann konnte er in kürzester Zeit (er hatte es wohl auch immer eilig – aus Karrieregründen), den ganzen Laden kurz und klein hauen. Das ging ganz schnell und wech damit. Dann sagte keiner mehr was. Für Widerworte gab's was aufs Maul. Ganz direkt. Und weil meine Mutter sich beschützt fühlen wollte, verliebte sie sich in den starken Kalle. Mein neuer Vater war nicht besonders groß, 1,75 nur. Aber er war schnell mit den Fäusten, ein ehemaliger Boxer ohne Angst und manchmal auch ohne Selbstkontrolle. Ein Straßenkeiler und Einzelkämpfer aus Passion. Ein sportlicher Showtyp, der sich nach außen immer lustig gab. Aber Kalle war auch jähzornig, er hatte eine ständige Wut auf die Welt. Es brodelte in ihm, da war irgendwas mit seiner Hormon-Adrenalin-Mischung nicht in Ordnung. Die Mischung war gefährlicher als Nitroglyzerin. Kalle war ein Kind des Krieges. Aufgewachsen zwischen Lügen, Selbstbetrug, Tod und Zerstörung, aufgebracht von einer kalten, gewaltbereiten, dem Untergang geweihten Gesellschaft. Friss oder stirb! Kämpf oder stirb! Kalle lebte, wie er es von klein auf gelernt hatte. Mit Gewalt kannte sich Kalle aus – er war ein starker Krieger! Gegen alle!

Irgendwann verließen meine Mutter und ich den Untergrund im Budapester Hof und wir zogen in die Hein-Hoyer-Straße. Zunächst wohnten wir dort zusammen mit Picco und einer Bardame aus einer Oben-ohne-Bar. Picco war ein lustiger Mitbewohner. Er konnte die Stimme von Mickymaus nachmachen und brachte mich immer zum Lachen. Viel, viel später schrieb man auf St. Pauli sogar ein Musical über ihn.

Um ihren Kalle öfter sehen zu können, arbeitete meine Mutter im Betten Voss immer in derselben Schicht wie er. Das klappte so gut, dass beide beschlossen zusammenzuziehen.

Kalle, meine Mutter und ich zogen also in den Alten Steinweg 25. Unser Haus befand sich direkt am Großneumarkt, wo Pimmel (er hieß so, weil er, wenn er besoffen war – also immer – seinen Pimmel rausholte) den »Anker« hatte. Damals war es noch eine richtige Hafengegend. Dort trieben sich Hafenarbeiter, Seeleute und Ganoven herum. Es wurde getanzt, gelacht, geschrien, geliebt und geschlagen, wild und heftig. Nur eins tat man nicht: die Polizei rufen. »Das macht man nicht!«, erklärte mir meine Mutter. Nur einmal erlebte ich, dass jemand sich freiwillig an die Polizei wandte. Komischerweise war es meine Mutter. Eines Abends kam Kalle nach Hause. Er war sauer, er war im Krieg, so wie immer. Er brodelte, er explodierte. Er schlug die Küche in alle Einzelteile, schnell und akkurat. Mann, war der stark. Meine Mutter liebte Kalles Stärke, aber in diesem Moment war sie ihr wohl nicht ganz geheuer. Denn sie packte mich und lief im Pyjama mit mir hinüber zur Wache am Großneumarkt.

»Na, der beruhigt sich schon wieder«, raunte der

massige Polizist auf der Wache meiner aufgebrachten Mutter entgegen. »Sollen wir mal mit rüberkommen?« Es waren andere Zeiten. Die Atmosphäre war etwas rauher, in den Kneipen und zu Hause. Frauen wurden ab und an geschlagen. Es war eine Zeit, in der Körperlichkeit und Kraft für die Männer noch eine ganz andere Bedeutung hatten. Vor allem auf St. Pauli.

Als wir schließlich mitsamt der Polizei in der Wohnung ankamen, lag Kalle im Bett und machte 'n Nickerchen. »Sehen Sie«, sagte der Beamte, »kein Grund zur Sorge. Ist doch alles im Lack.« Für mich hatte die ganze Geschichte vor allem Auswirkungen auf meinen Wortschatz. Immer dann, wenn Kalle mal wieder laut wurde, rief ich: »Ich polimonier die Polizei.« Das sollte heißen: »Ich rufe die Polizei.«

So entwickelte ich schon früh einen ausgeprägten Beschützerinstinkt, der für das Leben auf St. Pauli angemessen war.

3

Ich pass nicht
in meine Cousine rein!

Der Budapester Hof hat mich nie richtig losgelassen. Als Kind spielte ich dort jeden Tag in den Gängen und Zimmern, deren Türen offen standen wie die Türchen an einem alten Adventskalender. Meine Oma lebte im Hotel. Sie war die Seele unserer Familie, eine starke, großherzige, lustige, lebenstüchtige Frau, die noch ihr letztes Hemd hergegeben hätte für uns. Während des Kriegs saß sie mal im Gefängnis, weil sie Essen besorgen wollte für ihre Familie. Ihre vier Kinder waren von vier verschiedenen Männern. Der Vater meiner Mutter war ein echter Steuermann und Seefahrer. Er war nur kurz mit meiner Oma zusammen gewesen. Später, da war ich so fünf Jahre alt, haben wir ihn mal besucht. Er war schon dement. Meinen Namen wusste er nicht mehr. Auch seine Tochter erkannte er nicht mehr. Stattdessen hat er versucht, sie anzubaggern. Geil war er noch, der alte Seemann. In jedem Hafen eine Braut, dachte er wohl.

Der Opa, den ich »Opa« nannte, war Salvatore, ein Sizilianer, der in den Sechzigern nach Hamburg gekommen war und der zeit seines Lebens nur gebrochenes

Deutsch mit starkem italienischem Akzent sprach. »Allo, wasse due make, eeee?« Oder: »Bisse due varrukte? Diä A-uto viele zu teure, eee!?« Die Männer meiner Oma wechselten, aber Salvatore blieb. Er war ein großer, kräftiger Mann, der schöne Anzüge trug und riesige Segelohren hatte. Salvatore war das geborene Schlitzohr, und dafür liebte ich ihn als kleiner Butsche. Von ihm habe ich wohl mein Faible für das Luxuszeugs, für gute Klamotten, schöne Taschen, teuren Glitzerschmuck. Meine Eitelkeit und der Hang zur Promiskuität kommen von meiner Oma.

Es gab so viel zu entdecken im Budapester Hof, und es roch so süß, so geheimnisvoll nach Abenteuer. Vorn im Betten Voss hab ich immer beobachten können, dass Männer gern mit Frauen reden, und dass andere Männer dann nicht reinquatschen sollten. Nur ich durfte immer Quatsch machen, auch wenn Joschi, Kalle, Heiner oder sonst wer mit einer Frau redete.

Kurz nachdem wir aus dem Heizungskeller ausgezogen waren, eröffnete im Budapester Hof jemand einen Nachtclub. Das »Kit Kat«. Alle waren aufgeregt. Jeder wollte zur Eröffnung. Der ganze Kiez. Die Luden, die großen Mädchen, alle! Dann war es so weit. Auch ich war aufgeregt und konnte nicht schlafen, weshalb ich mit zur Eröffnung durfte. Es war laut, rauchig und dunkel. Aber ich konnte genau erkennen, dass meine Mutter mit dem Mann aus dem Fernsehen redete. Rudi Carrell war extra zur Eröffnung auf den Kiez gekommen, oder war er wegen meine Mutter da? Es machte fast den Anschein, denn die beiden redeten die ganze Zeit miteinander.

Mir war die Musik im Kit Kat bald viel zu laut, und

die Großen hatten anderes im Sinn, als mit mir zu spielen. Also machte ich mich auf in den Heizungskeller – wo ich mich ja bestens auskannte – und schlief ein. Morgens, als alle nach Hause gegangen waren, fand meine Oma mich. Sie behielt mich gleich das ganze Wochenende bei sich. Von da an war ich jedes Wochenende bei ihr. Von Freitag- bis Sonntagabend – meine Mutter hatte eine Sorge weniger.

Ich durfte alles bei meiner Oma. Essen, wann ich wollte, Musik hören und fernsehen. Samstags versammelten sich meine Mutter und ich, Onkel Peter mit seiner Frau Mona und deren Töchter Nicole und Yvonne bei Oma. Nicole und Yvonne waren ungefähr so alt wie ich. Nicht jedes, aber fast jedes Wochenende durfte Yvonne auch dort übernachten. Wir schliefen zusammen auf der Couch, im Wohnzimmer. Weil meine Oma um eins in der Nacht runter zur Nachschicht an der Rezeption musste, legte sie sich schon am späten Nachmittag ins Bett und schlief. Für uns bedeutete das quasi sturmfreie Bude.

Das ganze Hotel roch nach den Großen, nach diesem unbeschreiblich Süßen, nach diesem Verbotenen, das so irre wichtig schien für die Erwachsenen und das vor uns verborgen wurde. Niemand sprach jemals darüber, aber es hing in der Luft. Im ganzen Viertel und vor allem im Hotel nahm ich den süßlichen Geruch wahr. Er steckte in jeder Ecke, in jedem Winkel, in jeder Ritze von St. Pauli. Yvonne roch auch so. Immer, wenn wir die Pyjamas anzogen, konnte ich ihn ganz deutlich riechen – diesen süßlichen Geruch. Ich sog ihn mit der ganzen Kraft meiner Lungenflügel ein und hielt die Luft an, als hätte ich gerade dieses süße, blonde, blauäugige

Ding da vor mir eingeatmet. Ich war verliebt. Glatte, dünne, blonde Haare und strahlend blaue Augen. Zarte, leicht gebräunte Haut, mit etwas Flaum bedeckt. Sie war so schön, so edel.

Irgendwann durchwühlte ich vor lauter Langeweile die Schränke meiner Eltern und entdeckte Unglaubliches! Wahre Schätze an Büchern mit Fotos von diesem geheimnisvollen Spiel der Erwachsenen. Sie lutschten und leckten sich überall. Spielten mit Bällen und Bananen. Küssten sich, und manchmal hatten sich ganz viele auf einmal lieb. Es war das Paradies. Das musste die wahre Liebe sein!

Als ich wieder einmal allein mit Yvonne bei meiner Oma war, erzählte ich ihr davon. Ich saß vor ihr und atmete den Geruch, der aus ihrer Pyjamahose kam, immer wieder ganz tief ein, bis mir schwindelig wurde. »Wollen wir das mal ausprobieren?«, fragte sie, als ginge es um eine neue Sorte Lakritz.

Langsam ging ich zur Schlafzimmertür, hinter der Oma schlief. Sie machte die Tür nie ganz zu, so dass sie hören konnte, was wir machten. Alles war still. Sie schnarchte leise. Vorsichtig drückte ich den Türgriff hinunter und zog die Tür ganz langsam ran, um sicherzugehen, dass sie nicht hören konnte, was im Nebenzimmer abging. Dann drehte ich mich zu Yvonne und sagte: »Okay.«

Wir zogen uns aus, ganz langsam und behutsam. Dann streichelte ich ihre samtene Haut – endlich. Überall dort, wo ich sie streichelte, stellten sich ihre Härchen auf und wehten wie Gräser im Wind. Ich konnte ihr kleines Herz durch ihre flache Brust spüren. Bei jedem Herzschlag bebte ihr ganzer Körper. Vollkommen, nackt, rein – und dieser unbeschreiblich süße Duft. Ich sog sie auf. Ich wollte sie in mir haben. Wir küssten uns, und ich spürte ihre warme kleine Mädchenzunge. Es war die reinste Offenbarung. Es war, als wäre sie ich und ich sie. Ich streichelte sie, und meine Hand fuhr über ihren Venushügel, zu ihren kleinen Schamlippen, hinunter in ihre warme, feuchte Öffnung. Meine Finger verströmten ihr Aroma. Ich leckte meine Finger ab. Ich machte alles genauso, wie ich es in den Büchern studiert hatte. Ich öffnete ihre Schenkel. Mein Penis musste in ihre Öffnung, das war mir klar. Genau dafür war sie gemacht. Plötzlich ein Geräusch. Wir erstarrten wie Kaninchen im Lichtkegel eines Autos. Minutenlang. Wir warteten ab. Nichts geschah, kein Geräusch mehr. Es ging weiter. Ich presse meinen Unterleib an ihren. Ich presste und presste, sie sah mich an. »Mach!« *Wie schön ein einziges Wort sein kann*, dachte ich. »Mach!«, wiederholte sie.

Ich presste immer weiter, bis ich mir ihre Öffnung genau ansah. Ganz nah war ich ihren Schamlippen – und überlegte, wo denn da der Eingang war. Ihr Geruch raubte mir tatsächlich alle Sinne. Doch ich wollte mehr. Mit den Fingern fuhr ich langsam zwischen ihre Schamlippen und war erstaunt, wie rosa diese Spalte war. Ich guckte und guckte, und mir war klar: *Michel! Da musst du rein!*

Ich nahm meinen Schwanz und versuchte ihn hineinzudrücken. Aber er war zu weich und zu klein. Er war schlaff. Ich schwitzte. Ich wurde nervös. Mir schossen Tränen in die Augen. »Ich pass da nicht rein«, schrie ich. »Ich pass da nicht rein.«

»Was???«, hallte es plötzlich aus dem Schlafzimmer.

Yvonne und ich prusteten los, wir konnten nicht mehr aufhören. Wir mussten lachen. »Macht da keinen Unsinn, ihr beiden«, schrie meine Oma im Halbschlaf. Wir schauten uns an. Wir lachten, lagen nackt nebeneinander, und wir schauten uns in die Augen. Dieses Spiel der Erwachsenen, das Rein-raus-Spiel, das völlige Verschmelzen, das Alles-miteinander-Wollen, das Sich-Hingeben bis zur absoluten Glückseligkeit – das wollte ich. Mir war klargeworden: Das war alles, worum es im Leben ging.

4

Der Würger von St. Pauli

In den frühen Achtzigern begann das pralle Leben. Ich war jung, ich war neugierig, ich wollte Abenteuer. Die Straßen von St. Pauli waren mein Zuhause, meine Freiheit. Ich lebte auf der Straße, mehr oder weniger. Verwahrlost, ja, das ist das Wort, das mir einfällt, wenn ich heute an die Zeit denke. Damals wäre mir das nie über die Lippen gekommen. Aber es stimmte.

Die Wohnung meiner Mutter war nicht mein Zuhause. Ständig herrschte dicke Luft. Kalle war wütend und meine Mutter hilflos, unsicher, verloren. Geborgenheit gab es dort für mich nicht. Meinen Eltern war es egal, wer meine Freunde waren, wie es in der Schule lief, was ich in meiner freien Zeit trieb, was mir durch den Kopf ging. Stattdessen: Kalle war ein Meister darin, alles schlechtzureden. Als ich Gitarre lernen wollte, lächelte er nur darüber. Jemand hatte mir eine kaputte Gitarre geschenkt, die ich in eine Werkstatt brachte. Doch Kalle machte sich jeden Tag so sehr darüber lustig, dass ich mich letztlich für meinen Wunsch schämte und die Gitarre nicht abholte.

Zweimal im Jahr machten meine Eltern Urlaub, meist in Österreich oder Bayern. Aber ohne mich. Doch was andere als fehlende Fürsorge bezeichnen würden, war für mich die große Freiheit. Alleine, mein Ding durchziehen. Das war Urlaub!

Die Schule war ein fremder Raum für mich. Sie war ein Gefängnis, in dem man nichts fürs Leben auf der Straße lernte. Wenn ich mit der Morgenlatte, die verzweifelt versuchte, sich einen Weg durch meine Jeans ins Freie zu bahnen, im Unterricht saß, hatte ich die ganze Zeit dasselbe im Kopf wie mein Pimmel: raus hier! Nach der letzten Stunde rannte ich los – der Himmel über mir, der Wind im Gesicht.

Ich war ein sehr mittelmäßiger Schüler. Hausaufgaben machte ich nie (wo hätte ich die Zeit hernehmen sollen?), was irgendwann auch den Lehrern klar zu sein schien. Zu Hause kontrollierte eh niemand, ob ich lernte oder nicht. Anfangs hatte ich mich noch auf die Schule gefreut, aber schon bald merkte ich, dass sie mich nicht interessierte. Mich interessierte das Leben auf St. Pauli. Nicht irgendein unnützes Wissen. Die Leute im Kiez schlugen sich durchs Leben, sie arbeiteten irgendwas, drehten irgendwas. Nichts davon stand auf dem Lehrplan. Und für das, was ich werden wollte, brauchte ich weder Differenzialrechnung noch eine Ahnung von den Punischen Kriegen. Ich wollte Zuhälter oder Ganove werden. Das waren glamouröse Jobs. So stellte ich mir das als kleiner Junge zumindest vor. Die Luden führten ein tolles Leben. Sie trugen teure Anzüge, waren wie italienische Gigolos behangen mit Rolex, Goldketten und Ringen. Sie hatten lange, lockige Haare und immer ein paar tausend in der Tasche. Sie bestimmten, wo es langging.

Aber ab und zu ließ ich mich doch in der Schule blicken. Bei den Normalbürgern. Denn für die war die

Schule. Dort wurden die Normalbürger auf ihr normales Leben vorbereitet. Jungs wie ich lernten auf der Straße. Das Leben war unsere Schule. Für den Normalbürger waren wir Underdogs. Das aber gefiel mir. So wollte ich gesehen werden: ein Underdog. Ich wollte anders sein. Dafür war ich bereit zu kämpfen.

Nur der Sportunterricht in der riesigen Halle machte mir zuweilen Spaß. Meine stinkenden Socken, die ich seit Tagen trug, meine schon ewig ungewaschenen Sportsachen – das hielt mich nicht davon ab, zumindest hin und wieder zum Sport zu gehen. Es war die Zeit von Ronald Reagan, von Rambo und von den Grünen. Es war die große Zeit der Underdogs, der Einzelkämpfer, der Helden, die sich gegen das System auflehnten und dann später selber zum System wurden. In dieser Zeit wurde ich groß. Aber bis auf Rambo ging mir der ganze Kram am Arsch vorbei.

Als ich zehn Jahre alt war, kam ich auf die Bruno-Tesch-Gesamtschule, unweit der Reeperbahn. Die Mädels dort waren wild und knutschten miteinander, schon lange bevor Madonna und Britney Spears das auf der Bühne taten. Ich wusste: Hier wehte ein anderer Wind als auf der Grundschule. Hier musste ich gleich zeigen, wer die Schelle hat, wenn ich nicht ganz unten in der Hierarchie landen wollte. Es ist immer besser, gleich am Anfang den Harten zu machen, bevor die anderen auf die Idee kommen, einen stetig auszutesten und zu piesacken. Also machte ich in den Pausen Kung-Fu-Übungen, die ich aus Filmen kannte. Die Kranichstellung und die Tigerkralle konnte ich schon recht gut, wie ich fand. Ich hatte mir das alles selbst beigebracht. Seitdem ich denken kann, fühle ich mich zum Kampfsport hingezogen. Später wurden die Sonntagsvorstellungen im Aladin-Kino auf der Reeperbahn zu meinem Unterricht. Meine Oma kannte den Besitzer des Kinos, und so durfte ich mir dort auch die ganz harten Filme anschauen. Zu jener Zeit waren Kung-Fu und Karate noch so neu in unserer Welt, dass niemand wusste, ob sie wirklich etwas taugten – im harten Kampf auf der Straße. Als ich anfing, belächelte man mich noch. Aber das war mir egal. Ich trat und schlug weiter während der Pausen in die Luft und machte dabei ein sehr böses Gesicht. Immerhin, es war das erste Mal, dass meine Eltern sich Gedanken über mich zu machen schienen, denn sie schickten mich mit Verdacht auf ADHS zur Kur.

Der Schule begegnete ich mit demonstrativer Gleichgültigkeit. Auf der Gesamtschule gab es einige linke Lehrer, die ein Herz für Underdogs wie mich hatten. Immer wieder versuchten sie, mich aus der Reserve zu locken und zu fördern. Aber Erfolg hatten sie damit nicht. Ganz im Gegenteil. Mehr und mehr schwänzte ich. Meinen Ranzen versteckte ich unter Treppen, in Hinterhöfen und zog durch St. Pauli, klaute Platten und Klamotten und hing auf der Straße ab.

Ich war gerade ein Jahr auf der Bruno Tesch, als etwas passierte, was mein Leben verändern sollte. Wieder einmal hatte ich verschlafen. Ich würde also ohnehin zu spät zur ersten Stunde kommen. Also ging ich in den Park gleich neben der Schule, um dort (ausnahmsweise) ein paar Hausaufgaben zu machen. Ich setzte mich auf eine Bank und begann mit den schwachsinnigen Matheaufgaben. Plötzlich sah ich einen jungen Mann, etwa siebzehn, achtzehn Jahre, der in einem Gebüsch verschwand.

Dann kam er gleich wieder heraus und rief: »Hey, da unten liegt mein Freund. Der ist die Treppe runtergefallen.« Hinter dem Gebüsch stand ein kleines Haus mit einer Treppe, die zu einem Keller führte. Ich erinnere mich noch, wie ich sofort dachte: *Da kann ich jemandem helfen.* Also sprang ich auf, rannte ins Gebüsch und schaute die Treppe hinunter – wo zu meiner Verwunderung aber niemand lag. In diesem Moment packte mich der Kerl und begann mich zu würgen. Ich werde nie vergessen, wie er aussah: Er war blond und trug eine schwarze College-Jacke mit weißen Ärmeln. »Sei still! Kein Mucks!«, befahl er mit eindringlicher Stimme. Zunächst war ich vollkommen perplex und aufgebracht. Dann stieß ich mich von ihm ab und schrie. Mein Leben war in Gefahr. Der Typ würgte mich weiter und stieß mich gegen die Wand. Der Typ versuchte, mich die Treppe hinunterzustoßen. Ich ruderte mit den Armen und bekam einen kleinen Baum zu fassen. Aus dem Augenwinkel sah ich einige Passanten, ich schrie, aber keiner kam, um mir zu helfen. Mein Puls raste. Ich geriet in Panik. Ich dachte: *Losreißen. Ich muss mich losreißen!* Ich sammelte all meine Kräfte, zog und zerrte und riss mich schließlich los. Doch er hatte meine Tasche gepackt, der Riemen schnürte mir den Hals ab. Mit aller Kraft wehrte ich mich, bis der Riemen riss. Mit einem Ruck flog ich nach vorn, ich fing mich und rannte wie ein Verrückter los. Ich rannte zur Schule, ins Klassenzimmer. So schnell war ich noch nie in der Schule gewesen.

Mein Herz schlug wie wild. Mein Kopf dampfte vor Aufregung. Meine Halsschlagader pochte. Ich hustete und schnappte nach Luft. Alle starrten mich an. Einige kicherten. »Beruhig dich, Michel, was ist los?«, fragte die Lehrerin. Sie wirkte hilflos, überfordert. Ich setzte mich, mein Körper war heiß, ich war nicht wirklich da, ich war irgendwo. Allmählich wurde mir klar, dass all meine Kung-Fu-Übungen mir nicht hatten helfen können. Ich hatte dem Tod ins Auge geblickt. Ich blutete am Hals. Das war nicht bloß ein Gerangel gewesen, nein! Das war diese eine Situation gewesen, vor der die Großen einen immer gewarnt hatten. »Geh nie mit einem Fremden mit!« Aber ich war doch schon elf. Trotzdem war ich überfordert. War ich gar nicht so stark, wie ich dachte? Ich fühlte mich verlassen.

Die Polizei kam. Ich beschrieb den Typen. Dann wurde ich zwei Stunden lang in einem Peterwagen herumkutschiert. Mir wurden alle möglichen Typen gezeigt, die der Polizei als Sittentäter bekannt waren. Nichts. Natürlich fanden wir ihn nicht. Also fuhren mich die Polizisten ins Hotel zu meiner Oma. An der Bar erzählte ich, was passiert war. Alle schauten mich nur verdutzt und sprachlos an. Allmählich aber fingen sie an zu spekulieren, vielleicht war es ja der Vater eines Jungen, den ich mal verprügelt hatte. Er wollte mir eine Lektion erteilen. Aber das alles war nicht mehr als Ausdruck ihrer vollkommenen Hilflosigkeit, keiner wusste, was er mir sagen sollte, wie er mich hätte trösten können. Auch meine Oma nicht. Stattdessen gab sie mir die Schlüssel für ihre Wohnung.

Ich schlief auf der Couch im Wohnzimmer ein. Als ich aufwachte, fühlte ich mich wie in Watte gepackt. Dann schoss mir gleich wieder durch den Kopf, was alles hätte passieren können. Ich war am Leben, glücklicherweise. Das war ein beruhigendes Gefühl. Ich aß eine Frikadelle mit Ketchup. Ich schaute mir die Frikadelle an und den roten Ketchup. Minutenlang starrte ich die Frikadelle an. Langsam lief der rote Ketchup hinunter. *Geil,* dachte ich. *Dieses schöne Rot, und wie langsam das läuft.* Dann sah ich aus dem Fenster – in den Himmel. Hörte die Vögel zwitschern, mitten hier auf St. Pauli. Vorher war es mir noch nie aufgefallen, dass es auch hier Vögel gibt. Mir wurde klar, wie schön das Leben ist. Wie wertvoll. Und wie wichtig es ist, das Leben zu verteidigen.

Dieser Tag verändert mich. Ich wurde melancholisch, introvertiert, malte Bilder, die Gewalt und Brutalität zum Thema hatten. Die Lehrer sagten, ich sei brutaler in meiner Körpersprache und in meiner Wortwahl geworden. Meine Leichtigkeit sei verschwunden. Mir war klar: Ich musste lernen, mich zu verteidigen. Gegen solche Typen, die älter, stärker und böser waren. Nie wieder wollte ich so ausgeliefert und hilflos sein. Dieser Gedanke setzte sich in mir fest. Er verfolgte mich. Ich wusste, was ich zu tun hatte.

Ich begann, meine Mutter zu nerven. »Ich will Kung-Fu machen«, sagte ich. »Ich will Kung-Fu machen.« Wie genau ich auf Kung-Fu kam, weiß ich heute nicht mehr. Vielleicht wegen David Carradine und dessen Fernsehserie »Kung-Fu«. Später sicherlich wegen der Kung-Fu-Filme, die ich mir sonntags im Aladin ansah. All das reichte mir nicht mehr, es war an der Zeit für wirkliches Wissen und Können und hartes Training in den geheimen Techniken der asiatischen Kampfkünste. Doch bevor es so weit war, stand eine große Aufgabe bevor: Ich musste meine Eltern überzeugen. Außerdem gab es noch etwas, das mich in dem Glauben bestärkte, den Weg des Kämpfers gehen zu müssen.

Feiertage waren immer langweilig. Ich streunte einfach durch St. Pauli, die Große Freiheit hinauf und hinunter. Zwischen den Kneipen und Oben-ohne-Bars. Einfach wunderbar. Ich brauchte kein Geld. Die großen Mädchen, die in Dessous und High Heels an den Bars saßen, riefen mich zu sich und gaben mir 'ne Fanta oder Perri aus. Sie kannten mich. Mit elf konnte ich ihnen noch unauffällig auf die Beine starren. Ganz ungeniert nuckelte ich am Strohhalm und studierte ihre Beine. Diese endlosen, übereinandergeschlagenen und in Netze oder feine Seide gehüllten Beine. Während ich ihre Beine bewunderte, fragten die Animiermädchen mich immer dasselbe: »Na, was macht die Schule? Bissu auch schön fleißig?« Dann lachten alle, und ich grinste schelmisch. »Schule?«, fragte ich ahnungslos. »Joaaa. Aber ich mach Kung-Fu.« Auch wenn ich mir die Tricks noch in den Filmen abschaute und selbst beibrachte, ich wusste, welchen Weg ich gehen wollte. Am liebsten hätte ich mit den Mädchen immer nur über Kung-Fu geredet. Irgendwann – ich war wieder mal zu einer Perri eingeladen worden – zeigte eines der großen Mädels mir ein Foto. »Hier, das bin ich, und das hier ist Karate Tommy. Der hat was auf'm Kasten.« Ich sah mir das Foto genau an. Ich sah einen sehr muskulösen, langhaarigen Mann, die Arme vor dem nackten, kräftigen Oberkörper verschränkt. Links und rechts von ihm je eine Schönheit. *Super,* dachte ich. So wollte ich werden – wie dieser Karate Tommy. Er hatte es geschafft. Er sah gut aus. Er war stark und er hatte Schlag bei den

Frauen. Für mich war es wie ein Märchen aus Tausendundeiner Nacht. Ich verließ die Bar, träumend. Es dämmerte, die Lichter der Großen Freiheit glitzerten. Ich hatte ein Ziel. Ich wollte der Prinz aus dem Märchen werden. Teure Autos, tolle Mädchen, tierische Muskeln. Ich würde hart trainieren, Schlägereien suchen und kein Pardon zeigen. Also nervte ich meine Mutter – jeden Tag. Ich quatschte ihr morgens, mittags und abends die Ohren von Kung-Fu voll. Anfangs ließ sie sich nicht beeindrucken. Ebenso wie Kalle, der das Ganze als lächerlich abtat. »Asiatische Kampfkünste? Pa!« Aber es kam der Tag, an dem ich meine Mutter knackte.

Wir waren auf'm Kiez unterwegs. Wieder hatte ich sie den ganzen Tag genervt, als sie plötzlich stehen blieb und sagte: »Kannsu mal aufhören, mir ständig davon zu vatellen!« – »Joa, kann ich. Aber ich muss das lernen, damit mir nicht mehr so was passiert wie neulich« – »Ja, ich hab's ja begriffen«, sagte sie genervt. »Ich will's nicht mehr hören.« – »Okay, aber kann ich dich wenigstens einmal am Tag daran erinnern?« – »Ja, gut. Einmal am Tag darfst du darüber reden.« – »Okay, das is gut. Weissu, weil da lern ich echt Disziplin und …« Meine Mutter unterbrach mich und wurde laut. »Is jetzt mal gut? Ich hab's ja begriffen!« Ich gab mich kleinlaut. »Okay, dann erzähl ich nichts mehr. Aber kann ich noch kurz erzählen, welche Stile es gibt?« – »NEIN!«, schrie meine Mutter. »Aber das is wichtig, weil …« – »NEIN!!!« Kurze Stille. Dann sprudelte es wieder aus mir heraus. »Darf ich aber noch ein kleines Ding sagen?« – »Was denn?«, fragte sie neugierig. »Guck ma, die Stile sind so unterschiedlich, da …« Sie drehte sich genervt um und ging.

Ich stand da wie ein Trottel – mitten auf dem Schulterblatt. In beiden Händen Einkaufstüten. Die hatte meine Mutter tatsächlich vergessen, weil sie kein Bock mehr auf mein Geschnatter hatte. Aber ich war fest entschlossen. Ich wollte Kung-Fu!

Das Taiyo Sportcenter war damals die bekannteste der Kampfsportschulen auf St. Pauli. Als Belohnung dafür, dass ich weiterhin so hartnäckig meine Mutter genervt hatte, bekam ich tatsächlich eine Jahresmitgliedschaft geschenkt – zu Weihnachten. Und einen Karateanzug. Ich war überglücklich. Die Mitgliedschaft kostete damals fünfzig Mark im Monat. Das war viel Geld für meine Eltern. Kalle war dafür sogar über seinen eigenen Schatten gesprungen, was so gut nie vorkam. Wenn ich ihm vom Kung-Fu erzählte, meinte er nur: »Michel, kanns du nich Boxen lernen? Was 'n das für 'n Schwachsinn mit diesem Kung-Fu? Beim BC Sportmann war ich früher auch, und da zahlst du nur sechs Mark im Monat!« – »Joaa, ich weiß«, spulte ich meine immer gleiche Antwort ab. »Aber ich will ja auch treten lernen. Was macht 'n Boxer, wenn da einer kommt und ihn tritt?« Obwohl Kalle es sicherlich besser wusste, schwieg er.

Das Taiyo Sportcenter befand sich in der Stresemannstraße und wurde von Herrn Täubrich geführt. Täubrich war einer der Judo-Pioniere in Deutschland, ein untersetzter, starker Mann mit dunklen Haaren und einem eckigen Gesicht. Er konnte recht aufbrausend sein. Aber er war ein Herz von einem Menschen. Vor allem für uns Kinder tat er viel. In seinem Porsche nahm er mich oft zu den Judo-Wettkämpfen mit. Er wollte mich überreden, Judo zu machen. In meiner Unwissenheit hielt ich Judo damals für harmlos, einen Sport für Weicheier. Ich war eben der Meinung, dass man sich richtig hauen müsse, wenn es ums Kämpfen ging. Ringen konnte ich ja schon ganz gut. Das hatte ich jahrelang auf diversen Schulhöfen geübt. Im Tayo begann ich schließlich mit Shotokan-Karate. Aber das wurde mir bald zu langweilig. Ich wechselte schließlich zu meiner Traumsportart: dem Kung-Fu. Ich trainierte fast jeden Tag wie ein Verrückter.

Die Disziplin und der Fleiß, die beim Training abverlangt wurden, beeinflussten mich positiv. Die Kultur des Kung-Fu gab mir Halt im Leben, und für meine Träume gab sie mir eine gewisse Schwerelosigkeit. Das intensive Training brachte mich nach dem Überfall wieder auf die Spur. Auf dem Kiez war es wichtig, so etwas wie Kampfsport zu können. In anderen Gegenden war es wichtig, ein gutes Abitur zu haben. Hier aber half einem ein Durchschnitt von 2,0 nichts, wenn man einem Typen gegenüberstand, der seinen Standpunkt ausschließlich mit einer geraden Rechten vertrat.

5

Kinder von St. Pauli!?

Für mich gab es nur einen Grund, zumindest ab und zu in die Schule zu gehen. Dieser Grund hieß Claudia. Ich begehrte sie. Ich liebte sie. Sie saß direkt vor mir. Claudia war die Anführerin der Mädchen von St. Pauli. Immer wenn ich auch nur in ihrer Nähe war, vergaß ich alles um mich herum. Allein der Anblick ihres Rückens und ihres vollen, dunklen Haares machte mich wahnsinnig. Was für eine Frau! Eine Frau, wie ich sie mir wünschte. Die ich aber niemals bekommen sollte. Claudia war keine Frau, die man erobern konnte und die einem dann ein Leben lang dankbar und treu an der Seite blieb, ohne dass man sich weiter bemühen musste.

Mit fünf bin ich Claudia zum ersten Mal begegnet. Auf dem Spielplatz am Paulinenplatz. Es war Winter, und der Hügel, den es auf dem Spielplatz gab, war mit Schnee bedeckt. Ich hatte einen Schlitten, mit dem ich den Hügel hinunterrodelte. Als ich mal wieder am Fuße des Hügels gelandet war, kam ein kleines Mädchen auf mich zu. Es war eingepackt in eine dicke rote Jacke. Mir fielen sofort seine wunderschönen blauen Augen auf, die so weit auseinanderstanden. Auf der Nase hatte es eine kleine Narbe. »Darf ich auch mal?«, fragte es in einem sehr bestimmten Ton und zeigte auf meinen Schlitten. Mit seinen kleinen, feurigen Augen fixierte es mich. Ich hatte keine andere Wahl. Ich musste ihr meinen Schlitten geben. »Klar«, stammelte ich wie hypnotisiert. »Hier!« Ich gab ihr den Schlitten und beobachtete sie wie verzaubert. Sie stieg den Hügel hinauf, setzte sich auf den Schlitten und steuerte ihn so gekonnt und schnell den Hügel herunter, dass sie die anderen Jungs hinter sich ließ. Immer wieder stapfte sie den Hügel hinauf und schoss herunter. Ich stand unten und bekam den Mund nicht mehr zu. Was für ein Mädchen! Zwanzig Minuten stand ich regungslos da und beobachtete sie. Ich vergaß sogar die Kälte. Als sie wieder mal unten angekommen war, ging ich auf sie zu und fragte: »Darf ich auch wieder rodeln?« Sie schaute mich an, und ohne eine Antwort ging sie an mir vorbei und kletterte wieder den Hügel hinauf. Mit meinem Schlitten. Auch wenn ich erst fünf Jahre alt war, das beeindruckte mich. Jedes Mal, wenn dieses Mädchen wieder unten ankam, fragte ich: »Gibst du mir den Schlitten bitte zurück?!« Aber sie ignorierte mich einfach und rodelte weiter. Ich war wie gelähmt. Sie ignorierte mich, weil sie das bekommen hatte, was sie wollte. Das sollte mir eine Lehre sein. Fast eine Stunde ging das so. Claudia rodelte. Ich stand da wie ein zu kurz geratener Schneemann. Dann kam meine Oma und nahm Claudia den Schlitten weg. »Was soll das?«, schrie sie. »Ich will noch rodeln.« Ich war noch nicht mal wütend. Ich stand nur da und starrte sie an. Wer war sie, was war sie? So ein selbstsicheres, starkes und wunderschönes kleines Mädchen. Sie hatte mich vollkommen in ihren Bann geschlagen. Schwupp, da war ich verliebt!

Ebenso plötzlich, wie sie in mein Leben getreten war,

war sie auch wieder verschwunden. Es vergingen sechs Jahre, ehe ich sie das nächste Mal sah – doch ich dachte während der ganzen Zeit immer an sie. Erst auf der Bruno Tesch sah ich sie dann wieder. Wir wurden zusammen eingeschult. Wir kamen in dieselbe Klasse. Wir befreundeten uns. Bereits nach zwei Wochen lud mich Claudia zu sich nach Hause ein. Sie lebte zusammen mit ihrer Oma in einer Dreizimmerwohnung am Paulinenplatz. Dort, wo wir uns im Winter vor sechs Jahre kennengelernt hatten. Jetzt saßen wir in ihrem Zimmer, sie zündete ein paar Kerzen an und legte eine Platte von Diana Ross auf. Ich betrachtete ihr Gesicht. Die Narbe auf ihrer Nase leuchtete rot im Schein der Kerzen. Die Narbe war ihr Markenzeichen. Sie machte sie zu einer Amazone. »Wo hast du die Narbe her?« Sie sah mich an, fixierte mich, wie es die großen Männer auf St. Pauli machten. »Gut, ich erzähl's dir. Als ich noch klein war, haben sich meine Eltern mal gestritten. Sie haben sich andauernd gestritten. Aber dieses eine Mal sind Gegenstände durch die Wohnung geflogen. Teller, Tassen. Ich hatte vielleicht 'ne Angst. Eine Tasse hat mich getroffen. Bums. Voll auf die Nase! Ich bin hingefallen, hab geheult. Die Nase hat geblutet. Seitdem hab ich die Narbe und wohne bei meiner Oma. Noch Fragen?« Ich schüttelte den Kopf. Sofort hasste ich Claudias Eltern. Wut stieg in mir auf. Ich wollte Claudia beschützen. Wie konnte man ein solches Mädchen nur so behandeln! Claudia beobachtete mich mit zusammengekniffenen Augen und einem Lächeln. Sie wusste, was ich dachte.

Später knutschten wir unter der Bettdecke, und ich versuchte alles so zu machen, wie ich es in den französischen Filmen gesehen hatte, wenn ich durch den Schlitz der Schlafzimmertür meiner Eltern heimlich Fernsehen geschaut hatte.

Auch wenn wir beide wussten, dass es mehr als nur ein Techtelmechtel war, wir sehr viel mehr füreinander empfanden als bloßes Verknalltsein, so wurde mir doch später klar, dass wir unmöglich hätten zusammen sein können. Claudia brauchte ebenso wie ich das Gefühl, ständig jemand Neuen von sich zu beeindrucken. Es gehörte zu unseren täglichen Auftritten auf der Bühne St. Pauli, dass wir nach dem Respekt und der Anerkennung anderer verlangten. Die Vorstellung von einem trauten Liebespaar, das Händchen hielt, sich verliebt in die Augen sah und Süßholz raspelte, gehörte für uns in die Welt der Normalbürger – ganz egal, was auch immer wir tief in uns spürten. Als Halbstarker auf St. Pauli wollte man so viele Frauen wie möglich erobern, so wie es die Luden taten. Je mehr Frauen man eroberte, desto mehr Respekt bekam man auf der Straße. Und als Frau träumte man davon, dass die Männer einen umwarben und sich gegenseitig überboten im Kampf um die Gunst.

So blieb es trotz alldem, was wir füreinander empfanden und was wir uns bedeuteten, bei Annäherungen. Aber nur schon diese Annäherungen waren so schön und sind mir bis heute so wertvoll, dass sie mir nie wieder aus dem Kopf gehen werden.

Anders als ich stapfte Claudia sehr früh ins richtige Leben. In der »Motte«, einer Art Kulturzentrum mit Jugendclub, gab es immer wieder heftige Streitereien zwischen ihr und anderen Mädchen. Ich kann mich nicht erinnern, dass sie dabei auch nur ein einziges Mal als Verliererin das Feld verlassen hat. Claudia tanzte viel in den Jugenddiskos der Gegend. Wenn an einem dieser

Abende eine Fremde da war, der die Jungs hinterherschauten oder die Claudia als Eindringling in ihr Revier empfand, ging sie los, beschmierte die Widersacherin mit Senf, schrie sie an und beleidigte sie aufs übelste. Claudia war mutig und immer bereit, sofort in den Kampf zu ziehen. Genau das erwartete sie auch von ihren Männern. So zog es sie schon sehr früh zu den Kiezgrößen von St. Pauli.

6

Allein zu zweit

Claudia war die Frau meines Lebens. Trotzdem war ich getrieben von dem Gedanken, andere Mädchen zu erobern. Viele Mädchen. So wie es die Luden machten. Eines Nachts träumte ich von Revuetänzerinnen. Sie tanzten in dem Spiegel, der bei meiner Oma im Flur hing. Ich stand davor, und eine Stimme sagte zu mir: »Diese Frauen werden dein Untergang sein, Michel! Dein Untergang!« Schweißgebadet wachte ich auf. Diesen Traum werde ich nie vergessen. Doch auch danach jagte ich jedem Rock hinterher – vielleicht, um die Prophezeiung möglichst schnell wahr werden zu lassen.

Nachts war der Hamburger Berg eine lustige Gegend für die Großen, die sich dort versammelten und feierten. Der Tag aber war unsere Zeit. Dann trafen wir uns dort. Dann gehörte die Straße uns. Wenn unsere Eltern noch schliefen, bis die Sonne unterging. Direkt über einer Kneipe am Berg wohnte Mia. Eine junge Deern, halb Deutsche, halb Chinesin. Ihre Mutter arbeitete als Animierdame in der Kneipe.

Mia und mich verband ein stilles Verstehen. Wir trafen uns häufig. Sie war sehr melancholisch – ein Gefühl, das ich schon lange in mir entdeckt hatte. Manchmal kam es mir so vor, als hätte mir meine Mutter nicht nur ihre Sehnsucht nach einem anderem Leben ins Nest gelegt, sondern auch noch ein wenig von der Traurigkeit darüber, dass sich diese Sehnsucht für sie nie erfüllen würde.

Mia und ich konnten stundenlang schweigend nebeneinander am Kai sitzen. Wenn wir unsere Blicke an die ausfahrenden großen Schiffe hefteten und uns ausmalten, wohin sie fuhren, empfanden wir die gleiche Sehnsucht. Mia hatte einen geheimen Ort, der auf der anderen Seite der Elbe lag. Wenn sie nachts nicht schlafen konnte oder wenn sie Ruhe brauchte, zog es sie dorthin. Ihre Mutter machte oft auch noch nach der Schicht Party. Von Mias geheimem Ort aus hatte man einen tollen Blick. Alles war ruhig, und St. Pauli wirkte von dort wie ein beschauliches, harmloses, unschuldiges Städtchen. Oft saßen wir zusammen dort und träumten uns weg, weit weg.

Mia sprach häufig von ihrem Vater, den sie nie gesehen hatte. Ihre Sehnsucht war es, dass er sie eines Tages abholen und mit nach China nehmen würde. Da wollte ich mit. In China, stellte ich mir vor, würde ich dann Kung-Fu lernen. Selbstverständlich in einem Shaolin-Kloster. Ein Jahr lang gingen wir zusammen zu ihrem Versteck auf der anderen Seite der Elbe, ohne dass etwas passiert wäre. Mia war wahrscheinlich die einzige platonische Freundin meines Lebens.

Eines Tages kam ich an der Kneipe vorbei, über der sie wohnte. Sie war geschlossen. Mia war nicht mehr da. Sie war weg. Ich hatte keine platonische Freundin mehr.

Bei mir zu Hause häuften sich die Auseinandersetzungen; mit meiner Mutter, mit Kalle, der beim kleinsten Laut explodieren konnte wie eine Landmine. Es war eine aufregende Zeit. Sehr aufregend. Die Aufregung trieb mich auf die Straße. Denn nur dort hatte ich meine Freiheit. Zu Hause (war das überhaupt mein Zuhause?) blieb mir keine Luft zum Atmen. Ich kam mir vor wie ein Fremdkörper. Ich musste raus. RAUS! Dort sog ich sie ein, die klare, scharfe Brise, die durch die Straße trieb, atmete tief durch und lief los.

Um mich von meinen Eltern abzugrenzen, begann ich alle möglichen Fremdwörter zu benutzen. Stolz präsentierte ich jeden Tag ein neues Wort. »Pass mal auf, Michel!«, regte sich meine Mutter auf. »Wenn du mir blöd kommst, kannssu zusehen, wo du bleibst.« Oder sie schimpfte: »Red nicht so gestelzt, sonst scheuer ich dir eine.« Ersteres wäre mir nur recht gewesen. Alleine zusehen müssen, wo ich bleibe, das fand ich toll. Die Androhung von Schlägen kitzelte nur meinen Stolz. Kalle spürte meine wachsende Kraft. Er machte alles nieder, was mich interessierte, versuchte mir meine Neugier auszutreiben, versuchte mich zu provozieren. Ab und an kassierte ich eine Backpfeife von ihm. Dann stand er vor mir, der Boxer, die Fäuste geballt, bereit für einen Kampf mit seinem elfjährigen Stiefsohn. Aber irgendwann schneiden sich solche Typen an ihrer Vergangenheit. Irgendwann, das wusste ich, würde er sich an mir schneiden. Ich schaute ihn an und versuchte, meine Tränen zu unterdrücken. Es war völlig egal, was ich machen würde. In Kalles Augen konnte es nur falsch sein. Sah ich ihn bestimmt und ernst an, nahm er es als Provokation. Weinte ich, war ich eine erbärmliche Memme. Er wollte, dass ich auf den Boden schaute. Aber das tat ich nicht. Mein Blick hielt stand. Beim geringsten Widerwort gab's ein paar geballert. Um meine Standhaftigkeit zu beweisen, drückte ich meinen Rücken durch.

Dann ging ich in mein Zimmer, schlug mit den Fäusten immer wieder gegen die Wand, packte meine Sachen und lief auf die Straße.

Auch dort häuften sich die Auseinandersetzungen. In der Schule gab es immer öfter Ärger und Streitereien. Denn dort konnte niemand weglaufen. Aber es gab eine Regel: Mit Freunden raufte ich mich nicht. Ich hatte einmal einem Freund eine eingeschenkt. Danach hatte ich ein derart schlechtes Gewissen, dass ich ihm all mein Spielzeug schenkte. Das war mir eine Lehre. Denn entschuldigen kann sich jeder. Aber auf dem Kiez muss man es wiedergutmachen, wenn man Mist gebaut hat. Worte sind Silber, Taten sind Gold.

Ich prügelte mich nicht, weil mich etwas dazu trieb. Nein! Aber die Schlägerei, der Schlagabtausch wurde mein bevorzugtes Ausdrucksmittel. Es versetzte mich in einen Rausch, worauf ich nicht sonderlich stolz war. Meist tat mir mein Gegenüber leid. Oder ich schämte mich. Manchmal weinte ich sogar danach, wenn ich jemanden verletzt hatte. Absurd! Aber so war es.

Auf St. Pauli waren Schlägereien eine diffuse Attitüde des Mannseins. Sie bedeuteten das, was in anderen Kreisen der Gesellschaft höfliche Floskeln waren. Mit einer gekonnten Schlägerei verschaffte man sich Respekt, man setzte sich durch, man eroberte sich einen Platz und damit eine Stimme. Diese Attitüde kam zu mir. Einfach so, weil ich auf dem Kiez aufwuchs. Und ich hieß diese Attitüde willkommen. Denn als Schläger wollte mich meine Umwelt sehen. Ich hatte den aufrechten Gang eines Gockels, mit herausgestreckter, aufgepumpter Brust. Wie mein Vater. Es war die Ich-bin-bereit-Haltung. Ein deutliches Signal an die anderen Gockel auf St. Pauli. Denn ein Gockel will mit seinen Hennen alleine bleiben. Mit anfangs harmlosen Kämpfen, die ich dankbar annahm, machte ich mir einen Ruf. Nicht, dass ich mich als schlagkräftiger Hauer bewies! Wir rangelten nur. Wir probierten uns aus, testeten unsere Körper und unsere Kräfte. Es kam vor, dass ein Lehrer dazwischenging. Leider, denn so nahm er dem Verlierer die Lehrstunde. Das Verlieren, das Winseln um Erbarmen waren notwendige Erfahrungen, wenn man seine Kraft richtig einschätzen und beherrschen wollte. Sehr schlimm war es, wenn man sich aus irgendeinem Grund einem Kampf nicht stellen konnte. Dann wurde man wochenlang von Schamgefühl gequält.

Aber nicht alle trugen Konflikte offen und körperlich aus. Mein Onkel Peter beispielsweise war immer ein ruhiger Zeitgenosse. Zumindest äußerlich. Innerlich schrie er – jahrelang – ganz laut. Seine Frau Mona war promisk. Sie hatte was mit meinem Vater, mit ihrem Nachbarn, mit vielen anderen netten Männern. Sie war lebenslustig und es dürstete sie nach Abenteuern, nach Liebe. Sie wollte sich verschwenden. Onkel Peter arbeitete immerzu und fraß alles in sich hinein. Der Kühlschrank war sein Freund, und er verbrachte viel Zeit mit ihm. Bis er Tante Mona eines Nachts erwürgte. Da ließ er seinen Körper sprechen, und er sprach mit einem Griff um ihren Hals alles aus, was ihm weh tat, all die Jahre schon. Es gab keine Widerworte. Die ließ er nicht mehr zu. Sie wollte ja etwas sagen. Aber sein Argument war klar und konsequent. Es war das Letzte, was er ihr sagte. Mona sprach nie wieder, sie lachte ihn auch nie wieder aus. Danach wurden meine Cousinen von der Feuerwehr aufgeweckt. Mona von Ärzten verdeckt. Peter von der Schmiere eingelocht. An diesem Tag war ordentlich was los bei uns. Die gesamte Familie kam. Mir wurde nichts gesagt. Alle weinten und diskutierten. Die Männer unter sich. Diskutierten. Die Frauen unter sich. Weinten. Da musste Bossi ran. Der Staranwalt, der schon unseren Stammgast im Betten Voss verteidigt hatte, weil er Ruth in einer Mauer hat verschwinden lassen. Bossi war gut. Das wusste er. Oma setzte all ihr Erspartes (das eigentlich für meine Ausbildung gedacht war) für die Verteidigung von Onkel Peter ein. Der Fall war in aller Munde und in jeder Zeitschrift. Ich erfuhr von dem Mord nur, weil ich irgendwann bei meiner Oma die *Praline* las. Ich wollte mir ein paar nackte Frauen anschauen, stattdessen bekam ich die nackte Wahrheit präsentiert. Ein besonderer Leckerbissen, diese Ausgabe. Onkel Peter kam nach Santa Fu. Für drei Jahre. Bossi hatte den Richtern klarmachen können, dass all die Scham, der Zorn und die Demütigungen, die Onkel Peter jahrelang in sich hineingefressen hatte, in diesem Moment so stark in ihm gewirkt hatten, dass er die Kontrolle verlor. Er plädierte auf minder schweren Totschlag – Omas Erspartes war gut angelegt. Einundachtzig war ein ereignisreiches Jahr für meine Familie. Auch aus einem noch anderen Grund.

Kalle wollte eines Nachts nach seiner Schicht mit einer Kollegin noch schnell wohin. Er liebte die rasante Fahrt, und so nahm er einen massiven Betonpfeiler voll auf die Hörner. Platz machen war nie seine Stärke. Die Kollegin wurde vom Motorblock zerquetscht und war sofort tot. Kalle, sportlich, wie er war, flog, weil er nicht angeschnallt war, Kopf voraus durch die Windschutzscheibe. Typisch Kalle – immer mit dem Kopf durch die

Wand. Diesmal rettete es ihm das Leben. Neun Monate musste er im Krankenhaus bleiben. Für mich waren es neun Monate der Ruhe. Das erste Mal war mein Zuhause mein Königreich. Als ich ihn im Krankenbett sah, musste ich an Jesus denken: leidend, vernarbt am ganzen Körper und mit einem Bart. Obwohl er immer ein Tyrann gewesen war, tat er mir nun leid. Er war zertrümmert, am Boden, am Arsch. Kalle war außer Gefecht gesetzt. Mir brachte das für eine gewisse Zeit neue Freiheiten. Während dieser Zeit lernte ich jemanden kennen, der mein Leben in eine neue Richtung stoßen sollte.

Wie so oft hing ich vor unserem Haus ab, als ein muskulöser Junge mit markantem Gesicht und Schnauzer auftauchte. Er trug seine dicken, schwarzen Haare lang, vorne hatte er einen Pony. Er sah südländisch aus, ein Türke vielleicht. Er zog einen Handkarren hinter sich her. Ich hatte ihn schon häufig gesehen. Er verteilte bei uns in der Gegend das *Hamburger Abendblatt*. »Ey, du wohnst hier?«, fragte er mich. Das erste Mal sprachen wir miteinander. »Ja, im elften Stock.« – »Wo gehst du zur Schule?« – »Auf St. Pauli.« Eine kurze Pause. »Kommst du mit? Dann unterhalten wir uns.« Er hieß Ümet, und wir fanden sofort dieselbe Sprache. Auf dem Weg von St. Pauli nach Eimsbüttel redeten wir über Kung-Fu, über Bodybuilding und Muskeln, von denen Ümet, deutlich mehr hatte als ich. Seine Muskeln waren äußerst beeindruckend. In meinem Umfeld gab es damals noch nicht viele, die einen solch trainierten Körper hatten. »Du musst nur Klimmzüge machen und Liegestütze. Das reicht, Michel.« Aber Ümet war auch älter. Ich war zwölf, er sechzehn.

Wenn ich ehrlich bin, beneidete ich ihn auch um seinen männlichen Oberlippenbart. »Du musst jetzt schon anfangen, dich zu rasieren, Michel! Auch wenn noch nichts da ist. Dann wachsen die Haare schneller.« Sofort fing ich an, mir heimlich die Oberlippe zu rasieren – erfolglos.

Es war der Beginn einer Freundschaft. Wir hatten ein gemeinsames Idol: Bruce Lee. Bruce-Lee-Poster waren meine Tapete! Ich imitierte die Kampfschreie von Bruce Lee. Auf dem Schulhof kämpfte ich wie Bruce Lee. Zumindest dachte ich das. Bruce Lee imponierte uns. Als Schüler musste er sich gegen seine britischen Klassenkameraden durchsetzen. In den USA musste er sich als Einwanderer durchschlagen, sich sein Leben erkämpfen – gegen alle Widrigkeiten. Er hat es zu etwas gebracht. Er begeisterte mich nicht nur wegen seiner Lebenskraft und seiner herausragenden Kampfkünste, sondern auch wegen seiner Filme, die ich natürlich alle im Aladin gesehen hatte, immer und immer wieder: »Todesgrüße aus Shanghai«, »Der Mann mit der Todeskralle« oder »Mein letzter Kampf«. Bruce Lee war sein eigener Herr, einer, der sich von keinem etwas sagen ließ. Ein freier, kluger, wilder Typ, körperlich und mental stark. Er hatte Selbstbewusstsein, und wenn ich seine tänzelnden Kämpfe sah, fing ich an zu träumen. Für ihn schien es keine Grenzen zu geben – nicht einmal die Gesetze der Natur schienen ihm Einhalt gebieten zu können. Er verteidigte die Schwachen, gegen Verbrecher, gegen die Mafia. Er war der Held der Ausgestoßenen und Underdogs. Ümet und ich, wir wollten wie Bruce Lee sein.

Ümet gefiel mir. Er war klug, stark, er hatte eine natürliche Autorität und einen tollen Humor. Für mich war er wie der ältere Bruder, den ich nie hatte. Seine Eltern waren Gastarbeiter der ersten Generation. Er selbst war erst vor acht Jahren aus der Türkei nach Deutschland gekommen. Ümet fühlte sich als Außenseiter, weil er aus der Türkei stammte und seine Eltern von den Deutschen nicht voll akzeptiert wurden. Aber es war nicht so, dass er diese Andersartigkeit kultivierte – durch gebrochenes Deutsch oder die Ablehnung der deutschen Gesellschaft. Ganz im Gegenteil. Er sprach ein einwandfreies Deutsch ohne Akzent, und er war sehr interessiert und las viel. Dennoch rechnete Ümet sich keine großen Chancen aus, wenn er versuchen würde, einen »normalen« Weg einzuschlagen. Das verband uns: das Außenseitertum und der Wille, sich seinen Weg zu erkämpfen. Als Junge vom Kiez stand ich außerhalb der bürgerlichen Gesellschaft. Ich stand außerhalb meiner Familie, die das, was ich wollte – das wurde mir immer mehr bewusst –, nicht verstand oder nicht verstehen wollte. Ümet und ich, wir hatten unseren Platz in dieser Welt noch nicht gefunden. Wir waren auf der Suche nach einer Identität, die zu uns passte. Aber schon bald sollten wir sie uns selbst erschaffen.

So spazierten wir stundenlang und schnackten. Ich hatte einen Seelenverwandten gefunden. »Du bist ein Guter«, sagte Ümet beim Abschied. »Ich melde mich.« Es war schon spät, ich musste nach Hause. Euphorisiert von dem Treffen, lief ich durch St. Pauli, Ideen strömten durch meinen Kopf, die Energie pulsierte. Ich fühlte mich wie neu geboren.

Am nächsten Tag wartete ich vor dem Haus auf Ümet. Ich wartete und wartete und starrte Löcher in den Hamburger Himmel. Aber Ümet kam nicht. Auch die nächsten Tage saß ich vor dem Haus, aber Ümet tauchte nicht auf. Er hatte nicht den Eindruck gemacht, als würde er sein Wort nicht halten. Im Gegenteil: Er schien mir ein Mann des Wortes zu sein. Doch Ümet blieb verschwunden, als hätte es ihn nie gegeben. Nach einer Woche verschwendete ich keinen Gedanken mehr an ihn. »Den«, dachte ich, »seh ich eh nicht wieder.« Etwa sechs Monate gingen ins Land, da klingelte es eines Tages an unserer Tür. Ich öffnete. Da stand er, tatsächlich: Ümet. Als hätte ihn der Himmel ein zweites Mal ausgespuckt. »Ümet!«, sagte ich überrascht. »Ey, Michel. Hast du Zeit?« – »Natürlich hab ich Zeit.« – »Dann komm mit. Ich will dir was zeigen. Es hat sich viel verändert.«

Ein Satz wie aus einem Western von Sergio Leone. Kurz, prägnant, trocken. Ümet war kein Mann der vielen Worte. Das wusste ich. Deswegen sparte ich mir die Frage, wohin es gehen sollte. Ich war mir sicher, dass es einen Grund gab, dass Ümet mich nach sechs Monaten direkt aufsuchte. Ich zog schnell meine Jacke über und machte die Tür hinter mir zu. Den ganzen Weg schwiegen wir, genau wie in einem Western. Das Ziel war ein Spielplatz, der sich ein paar Straßenzüge entfernt befand. Ein Spielplatz! Was sollte ich auf 'nem Spielplatz?

Aber zwischen Schaukel, Rutsche und Sandkasten tummelten sich etwa zwanzig Jungs, alle offensichtlich älter als ich und alle sehr sportlich gebaut. Einige kannte ich vom Sehen, die meisten aber waren mir unbekannt. Einer warf immer wieder mit einem Messer auf ein Holzhäuschen, die anderen quatschten miteinander und hatten eine sehr erwachsene Attitüde. »Michel!«, sagte Ümet. »Das ist meine Gang. Wir nennen uns die ›Breakers‹.« Die Jungs nickten zum Gruß. »Okay«, sagte ich.

Was anderes fiel mir vor Aufregung nicht ein. Der Name der Gang gefiel mir sofort: BREAKERS. Das klang richtig geil! Alles Englische und Amerikanische stand ja damals bei uns hoch im Kurs. Von Gangs hatte ich schon gehört. Von großen Jungs, die in Horden durch die Straßen zogen, Kampfsport machten, Bomberjacken, lange Haare trugen, sich prügelten und die großartigsten Partys feierten, die man sich nur vorstellen konnte. Kleine Bruderschaften der Underdogs, die sich als Opposition zum bürgerlichen Mainstream verstanden, die aber auch gegen Punks, Skins oder andere jugendliche Subkulturen waren. Doch das war alles nur Gerede. Das war nicht meine Welt. Allerdings hatte ich in der Schule schon mal Jungs gesehen, die bei den »Streetboys«, einer anderen Gang, waren. Die Streetboys waren damals schon Kiezgespräch. Meine Eltern redeten über sie, die Leute in den Kneipen redeten über sie. Es war eine Jugendbande nach amerikanischem Vorbild, die für einen Generationenwechsel im Milieu sorgte. Die Streetboys hatten schon Anfang der Achtziger Nutten für sich laufen. Ein paar Jahre später machten sie traurige Schlagzeilen, weil einer der Anführer ein ehemaliges Gangmitglied mit einem Baseballschläger erschlug.

Anfang der Achtziger begann sich das Milieu langsam zu verändern, und die Gangs waren Teil dieser Veränderung. Sie hießen »Jacksons«, »Champs«, »Bombers«, »Panthers« oder »Destroyers«. Sie stießen in die Freiräume, die entstanden, wenn Luden ihren Job aufgrund des Alters oder des Drucks aufgaben. Bis Mitte der Achtziger wurden Gangs zu einem Phänomen im Kiez. Aber nicht nur die Gangs eroberten sich schrittweise ihre Pfründe, sondern auch die Albaner und Russen oder die Hells Angels. Vorher kannte jeder jeden auf St. Pauli. Konflikte wurden untereinander geregelt. Extreme Gewalt wurde dabei vermieden. Man war alles andere als zimperlich im Umgang miteinander, aber es gab klare Regeln, an die sich jeder hielt. Und auf das Wort eines Mannes konnte man sich auf St Pauli verlassen.

Doch als die Waffen und die Drogen kamen, änderte sich alles. In den Siebzigern galt noch das Faustrecht. Wilfried »Frieda« Schulz kontrollierte Gewalt und Geschäfte. Er war seit Ende der Fünfziger vom Hafenarbeiter zum Millionär aufgestiegen und hatte dabei auch solche miesen Schläger wie Hans-Jörg »Schweinehans« Chlastak verdrängt. In meinem Lieblingsrestaurant, dem Cuneo (der erste »Italiener« Hamburgs, vielleicht sogar ganz Deutschlands – er wurde am 5. Mai 1905 eröffnet) in der Nähe der Davidwache, zierte das Monogramm des »Paten von St. Pauli« die Servietten. Kam es zu Ärger unter St. Paulianern, berief Schulz ein Gericht ein. Schulz kontrollierte den Kiez fast zwanzig Jahre. Und so war er auch der Vorsitzende dieses Gerichts, das sich aus seinen engsten Vertrauten und Freunden zusammensetzte. Wer für schuldig erklärt wurde, musste St. Pauli verlassen. Schulz' Wort war Gesetz. Die Behörden haben immer wieder versucht, ihn als einen der Drahtzieher der Hamburger Halbwelt zu überführen. Er galt als jemand, dem »vieles zuzutrauen, aber nichts nachzuweisen« war, wie die *FAZ* über ihn schrieb. Letztlich gelang es nur, ihm Steuerhinterziehung sowie die Fälschung eines Bootsführerscheines zur Last zu legen. Aber Anfang der Achtziger hatte er sich bereits zurückgezogen.

Damals war auch die GMBH groß im Geschäft. Die

vier Manager der GMBH waren Gerd, Mischa, Beatle und Harry. Sie kontrollierten gemeinsam um die einhundertzwanzig Zuhälter und Hunderte von Prostituierten. Bis die Nutella-Bande ihnen das Geschäft streitig machte. Die Nutella-Jungs waren jünger, mutiger, draufgängerischer. Sie wurden anfangs als Milchbubis verlacht, die sich morgens Nuss-Nougat-Creme auf das Brot schmieren, daher der Name. Doch sie machten den alten Platzhirschen das Leben schwer. Aber nicht die Nutellas oder die GMBH waren es, die den alles verändernden Tabu-Bruch begingen. Es war noch einer der Alten: der »Wiener-Peter«. Der Wiener-Peter, eigentlich Josef Nuss, war ein österreichischer Ex-Kellner, der sich auf St. Pauli einen Namen als brutaler, rücksichtsloser Bordellchef gemacht hatte. Angeblich war er es, der hinter dem ersten Auftragsmord im Milieu steckte. Fritz »Chinesen-Fritz« Schröder wurde 1981 in der »Ritze«, auf einem Barhocker sitzend, in den Kopf geschossen. Aufgeklärt wurde die Tat nie. Aber Wiener-Peter ist heute vor allem als der Auftraggeber von Werner »Mucki« Pinzner bekannt, der seit 1984 Angst und Schrecken unter den harten Jungs auf'm Kiez verbreitete. Bis zu seinem Ende am 29. Juli 1986, als Pinzner im damaligen Hamburger Polizeipräsidium am Berliner Tor zunächst den Staatsanwalt, danach seine Frau und sich selbst erschoss, soll er bis zu dreizehn Morde begangen haben. Die Zeit der großen Worte und der Kämpfe Mann gegen Mann war vorbei. Es regierte der, der die besseren Waffen hatte. Die »Bleivergiftung« wurde neben Aids zur tödlichsten Krankheit auf St. Pauli.

Die Gangs waren eine der vielen Erscheinungen, die der Umbruch im Kiez mit sich brachte. Ich hatte, wie gesagt, von den Streetboys und anderen Gangs gehört. Diese auf dem Spielplatz etwas gelangweilt abhängende Bande aber sagte mir gar nichts. Ich war etwas eingeschüchtert. Denn mit zwölf war ich für diesen Haufen Typen, die alle ein paar Jahre älter waren und sich schon sehr erwachsen fühlten, noch ein Bubi. Aber dadurch, dass Ümet, der Gangchef, mich eingeführt hatte, wurde ich sofort akzeptiert. Es bot mir auch den nötigen Schutz vor blöden Sprüchen wegen meines Alters.

Die Breakers bestanden vor allem aus Ausländern: Türken, Jugoslawen, Portugiesen. Daneben gab es eine Reihe von Deutschen. Aber es ging nicht um die Herkunft. Man definierte sich allein über die Zugehörigkeit zu einer Gang, die zu einem bestimmten Stadtviertel gehörte. Es ging um den Kiez oder die Straße, in der man wohnte. Die Gangs gaben denjenigen Identität und Heimat, die sich sonst nirgendwo zugehörig fühlten. Wir waren alles recht verwahrloste Jungs. Nicht in dem Sinn, dass wir asoziale Penner waren. Wir waren nur alles Jungs, die mehr oder weniger auf der Straße aufgewachsen waren, weil wir uns zu Hause nicht wohl fühlten, weil unser Zuhause eher ein Schlachtfeld war, weil wir keinen Platz in der kleinen Welt hatten, die uns umgab. Eine Gang aber war genau dieser Platz. In der Gang fühlte man sich stark. Das machte sie für uns so interessant und wichtig. Ich mochte die Türken und Jugos von Anfang an, ihr starkes Gefühl für Freundschaft, ihre Lässigkeit und ihr ausgeprägtes Gefühl der Zusammengehörigkeit. Anders als der typische Deutsche, der mir damals engstirnig und stumpf vorkam, waren diese Jungs keine Arschlöcher, keine egoistischen Einzelgänger. Deswegen war ich froh, in der Gang mit Leuten aus anderen Kulturen abzuhängen. Die sollten mich bloß nicht mit den Deutschen allein lassen!

Unsere Gang hatte natürlich ein Vorbild. Straßenbanden und Gangs gab es in den US-amerikanischen Städten ja schon immer. Sie entstanden in den Slums und in den Ghettos, und sie waren so etwas wie das Auffangbecken für die, die den amerikanischen Traum ausgeträumt hatten: Einwanderer, Schwarze, Schattengestalten, die Verlierer und Vergessenen der Gesellschaft. Der Film »The Warriors« aber bedeutete einen neuen Stimulus für die Gangs, die sich in den USA Ende der Siebziger in den Städten breitmachten. Der Film aus dem Jahr 1979 – in den USA ein mäßiger Erfolg, in Deutschland bis heute nicht sonderlich bekannt – ist inzwischen Kult. Er bot das Grundmuster für das Phänomen der Gangs, das in den Achtzigern auch in Hamburg, Berlin oder Frankfurt zu beobachten war.

Die Handlung ist schnell erzählt. New York: Die Stadt wird von Hunderten Gangs beherrscht, die alle einen gemeinsamen Gegner haben – die Polizei. Der Anführer der »Riffs« will die Gangs vereinen, zu einer »Armee der Nacht«. Er ruft eine Versammlung ein. Bei der wird er von einem Mitglied der »Rogues« hinterrücks erschossen. Der Mörder ist der Anführer der Rogues: Luther (was natürlich an Martin Luther King erinnern soll; Luther als Symbol für die dunkle Seite des Traumes, von dem Luther King 1963 vor dem Lincoln Memorial gesprochen hat). Luther beschuldigt die Warriors des Mordes und fordert, dass man ihm den Mörder tot oder lebendig bringen solle. Die Warriors müssen sich von da an gegen Polizisten und andere Banden behaupten. Sie müssen sich den Weg durch die nächtliche

Stadt zu ihrem Stammrevier erkämpfen. Die Welt scheint sich gegen sie verschworen zu haben. So romantisch das alles klingt, es war genau die Weltsicht, die wir als Jungs auf St. Pauli hatten: wir gegen den Rest der Welt. Nur gemeinsam konnten wir es schaffen, nur als Gang.

Bei den Breakers gab es alle möglichen Leute, vom Arbeitslosen bis zum Abiturienten. Selbst ein paar Frauen gab es. Sie waren natürlich häufig der Grund für Konflikte untereinander oder mit anderen Gangs. Was uns alle verband, war der Glaube daran, dass wir Underdogs waren, die sich behaupten mussten. Die Gang war unsere Ersatzfamilie. Denn ein echtes Zuhause gab es nicht. Computer und Spielkonsolen, hinter denen man sich hätte verschanzen können, waren damals noch nicht so verbreitet. Die Gangs waren eine Welt, die wir bestimmen und beleben konnten – nach unseren Vorstellungen und Regeln. Der Rest der Welt war von Eltern, Lehrern, von Erwachsenen bestimmt und kontrolliert. Zu Hause und in der Schule wurde man ständig beurteilt, beäugt und kategorisiert hinsichtlich Leistung und Benehmen. In den Gangs konnten wir so sein, wie wir waren, wir konnten uns entfalten. Dort konnten wir uns über alles unterhalten, was uns interessierte.

Wer trifft sich heute noch täglich mit einem Freund und redet über die Dinge, die ihm am Herzen liegen? Wer hat in einer Freundschaft noch vorurteilsfreies Vertrauen und ist nicht von hohen Erwartungen belastet? Die besten Freunde sind manchmal gar nicht so fern, ohne dass man es weiß. So eine Freundschaft hatte ich mit Ümet. Deswegen hatte er mich wohl auch zu den

Breakers geholt. Er mochte mich einfach – vom ersten Augenblick an. Es war eine besondere Zeit mit ihm. Er hatte in mir einen Gesprächspartner gefunden, der ihm nicht ständig beweisen wollte, wie cool er war, oder wie stark, und der seine Religion, Philosophie oder Gedanken in Frage stellte. Das Wort »cool« gab es nicht in unserem Wortschatz. Andere Wörter waren tabu. Wir wollten zwar harte Jungs sein, aber Wörter wie »ficken«, »bumsen« oder »geil« nahmen wir kaum in den Mund. Die Hemmschwelle war noch viel höher als heute. Zigaretten, Alkohol und Drogen spielten (zumindest anfangs) keine Rolle. Wir lehnten das alles sogar ab. Wir empfanden es als ein Zeichen von Schwäche. Unser Ethos war sehr idealistisch und romantisch. Wir interessierten uns für Kampfsport. Wir wollten stark, gut und schön aussehen, gewappnet sein im Kampf gegen die bürgerliche Gesellschaft, die wir zu unserem Feind erklärt hatten.

Die Struktur der Breakers war locker und dabei doch auch recht militärisch und hierarchisch. Es gab keine Mutproben oder Initiationsriten. Es gab die Aktiven, die Schläger und Starken und solche, die nur Mitläufer waren. Und es gab die, die was zu sagen hatten. Der Vizechef der Breakers war Ümets Bruder. Er sah mit einer Popperfrisur aus wie ein Student.

Wir unterhielten uns über Frauen, Kampfsport und Musik. Soul war für uns die Musik der Unterdrückten. Es war die Zeit des Kalten Krieges, die Zeit des NATO-Doppelbeschlusses. 1982 – Schmidt ging, Kohl kam. Doch Politik spielte für uns keine Rolle. Wir interessierten uns stattdessen für Breakdance, der damals in Mode kam. Für Ümet war die Tanzfläche seine Bühne, er war ein starker Tänzer. Wir trafen uns häufig mit anderen Gangs auf dem Heiligengeistfeld. Wo sonst dreimal im Jahr der Hamburger DOM stattfand, wurden dann Breakdance-Wettbewerbe ausgetragen. Oder wir gingen in Jugendzentren, um zu tanzen. Die Moves hatten wir uns selbst beigebracht, wir hatten sie uns aus Filmen und Videos abgeschaut. Wir waren ein Generation von Autodidakten. Wir hatten gelernt zu lernen und wir waren hungrig.

7

Die Breakers lassen grüßen

Gleich an meinem ersten Tag ging es los bei den Breakers. »Jungs, ihr wisst Bescheid«, rief uns Ümet mit eindringlicher Stimme zu. »Wir gehen nach Eimsbüttel und machen die Typen klar.« Alle nickten. Ich hatte keine Ahnung, worum es ging. Aber natürlich ging ich mit. Ich wollte ja keinen schlechten Eindruck machen. Vor allem nicht bei Ümet. Wir machten uns auf den Weg nach Eimsbüttel, nördlich von St. Pauli. Die anderen erzählten mir, dass wir auf dem Weg zu einem McDonald's waren, vor dem wohl ein paar Jungs herumlungerten, denen wir einen Besuch abstatten wollten, weshalb auch immer.

Immer wieder stießen neue Leute zu uns, so dass wir schließlich mit einer Meute von rund dreißig Jungs durch die Straßen zogen. Mich befiel ein starkes Glücksgefühl, als ich zwischen den anderen Breakers marschierte. Ich fühlte mich stark, mächtig und anerkannt. Die Älteren nahmen mich mit, vertrauten mir offensichtlich. Meine Eltern wussten gar nicht, was Vertrauen bedeutete. Passanten beäugten uns mit ängstlichen Blicken. Dreißig junge Typen in Bomberjacken. Meine Brust schwoll an. Wut stieg in mir auf. Ich war berauscht. »Lass uns die richtig vorn Kopp haun«, rief einer. »Wir zeigen heudde, wer die Breakers sind«, rief ein anderer. Wir schaukelten uns gegenseitig hoch. Jeder wollte sich beweisen in dem anstehenden Kampf. Auch ich war fest entschlossen mitzumachen.

Einer der Jungs trug einen dieser fetten Ghettoblaster auf den Schultern. Soul und Funk krachten aus den Boxen – unsere Party- und Schlachtmusik. Die Musik der Gangs: Black Music von Kool & the Gang, Fatback, der S.O.S Band, der Sugarhill Gang oder Gil Scott-Heron. Die Musik, die in den Kneipen und Läden auf St. Pauli gespielt wurde. Die Musik der unterdrückten Schwarzen in den nordamerikanischen Ghettos, denen wir uns im Geiste verbunden fühlten. Auch wir sahen uns ja als Kinder des Ghettos, die sich gegen das spießige Establishment auflehnten. Soul war ehrlich, lässig, hatte Groove, und er sprach uns aus dem Herzen. Die dröhnende Musik begleitete unseren Marsch. Sie peitschte uns an, trieb uns voran.

Dann, endlich, erreichten wir unser Ziel: McDonald's in Eimsbüttel. Drei, vier Jungs hingen davor ab. Auch sie waren älter als ich. Besonders furchterregend sahen sie allerdings nicht aus, eher so Hänger, Asis. Wie sich herausstellte, hatten ihre Kumpels sie wohl im Stich gelassen, als sie von unserem Aufmarsch hörten. Wir scharten uns um die Typen. Ich sah Angst in ihren Augen. Nur Ümet sprach jetzt. Er machte ihnen klar, dass es das nächste Mal schlimmer für sie ausgehen würde, wenn sie sich nicht aus unserem Viertel raushalten würden. Ümet, so sympathisch er mir auch war, konnte von einer auf die andere Sekunde seine Autorität und Härte unter Beweis stellen: mit einem düsteren Blick und klaren, direkten Worten. Er sprach mit ruhiger, besonnener Stimme. »Ich will nicht ungemütlich werden. Ich will nicht, dass ich eure Gesichter noch einmal bei uns sehe. Ihr seid hässliche Menschen und ihr stinkt wie Schweine. Habt ihr das verstanden? Soll ich es noch mal mit den Fäusten erklären, was ich gesagt habe? Schau mir nicht ins Gesicht, du hässlicher Mensch! Das ist eine Beleidigung. Du beleidigst damit die Breakers. Willst du spüren, wie sich das anfühlt, wenn man die Breakers beleidigt? Oder wollt ihr ab jetzt immer artig sein?« Die Typen nickten.

Wir standen da und schwiegen und versuchten, alle möglichst grimmig zu schauen. Es war still in diesem Moment. Eine Stille, die ich körperlich spüren konnte. Ich hatte das Gefühl, mich in einem Vakuum zu befinden. Die Geräusche der Straße, das Reden der Passanten konnte ich nicht mehr hören. Alles still. Ich stand direkt vor den Typen, auf die Ümet einredete. Ich sah sie böse an. Ich wusste, dass sie Respekt vor mir haben würden, wenn sie mich auf der Straße träfen. Denn hinter mir stand eine Armee. Diesen Augenblick kostete ich aus. Dieses Gefühl der Zugehörigkeit war neu für mich. Ich genoss es. Wir waren die gefährlichste Gang der Welt. Zumindest bildeten wir uns das ein.

Ümet machte eine klare Ansage. »Ihr wisst Bescheid. Das nächste Mal kommt ihr nicht ungeschoren davon.« Dann gab es als Zugabe noch 'n paar Backpfeifen. Das war's. Abmarsch!

Dann sah ich den Peterwagen auf der anderen Straßenseite. Offensichtlich hatte man uns beobachtet. Doch es passierte nichts. Die Polizei griff nicht ein. Wir waren wohl einfach zu viele.

Geschlossen machten wir uns auf den Weg zurück in

unser Revier. Als wir an einem Klamottenladen vorbeiliefen, sah ich, wie zwei Jungs sich an einem Ständer bedienten, der auf der Straße stand. Die Jungs jubelten über die T-Shirts und Hemden, die sie gerade geklaut hatten. Passanten beobachteten die Aktion. Niemand griff ein. Wir spazierten seelenruhig weiter. Wir waren hier die Chefs. *Jo!*, dachten wir. Auf dem Weg erklärte mir Ümet, warum die Aktion vor dem McDonald's so wichtig war. »Pass auf, Michel! Es ist nicht immer wichtig, dass es gleich 'ne Schlägerei gibt. Du musst Macht demonstrieren und denen dadurch zu verstehen geben, wer das Sagen hat. Das verschafft Respekt. So erweitern wir unser Territorium. Angst machen. Das hilft. Verstehst du?« Ich nickte, wie ein gelehriger Schüler. Wie wohl Kalle reagieren würde, wenn er mich so sehen könnte?

Zurück auf unserem Spielplatz, belohnten wir uns für die erfolgreiche Aktion. Es gab Wassereis mit Waldmeister-, Himbeer- oder Erdbeergeschmack. Dieses Wassereis aus Plastikstreifen. Wir berieten, welche Aktionen am Wochenende anstanden und welche Gang mal wieder eine Abreibung verdient hatte. Einige redeten sogar schon davon, als Zuhälter Geld verdienen zu wollen. Doch noch waren wir nur ein paar Halbstarke, die zusammen abhingen und romantische Ideen hatten.

Allmählich verabschiedeten sich die meisten. Ein paar von uns aber wollten noch mehr Wassereis. Doch keiner hatte mehr Geld. »Ich hab 'ne Idee«, sagte Ümet. »Los, wir gehen nach Planten und Bloomen.« Planten und Bloomen war ein großer Park in der Hamburger Innenstadt. Dort flanierten die Soliden und die verliebten Pärchen. Aber das sollte uns weniger interessieren. Wir machten uns auf den Weg, zu siebt.

Im Planten und Bloomen angekommen, spazierten wir ein wenig umher, als Ümet drei Typen ansprach, offensichtlich Engländer. »Hey, Jungs. Könnt ihr mir die Uhrzeit sagen?« Einer der Typen schaute auf seine Uhr. »17 Uhr.« – »Danke«, sagte Ümet und ließ eine weitere Frage folgen. »Hättet ihr noch 'ne Zigarette für mich?« Ich hatte keinen blassen Schimmer, was Ümet da anstellte. Der Engländer verstand nicht, und Ümet sagte: »Cigarette?« Er bekam eine Zigarette. Der Typ gab ihm sogar noch Feuer. Dann sagte Ümet: »Habt ihr vielleicht mal ein bisschen Geld? Money?« Ümet grinste. In diesem Augenblick verstand ich. Die Engländer verstanden auch. Alles ging blitzschnell. Einer der Typen zog CS-Gas aus der Tasche. Ümet, Thomas und Hasan konnten nicht mehr ausweichen und bekamen die volle Ladung ab. Die Typen rannten los. Ich stand wie angewurzelt da, während sich die drei die Augen rieben, jammerten und schließlich zu einem Brunnen liefen und ihre Gesichter hineintunkten. »Okay. Hat nicht geklappt«, sagte Ümet. »Kann passieren. Lasst uns nun nach Hause gehen. Jeder für sich. Wegen der Polizei.«

Es mag komisch klingen: aber ich war glücklich. So einen Tag hatte ich noch nie erlebt, so etwas Aufregendes. Ich kam mir vor wie ein Filmstar. Ich gehörte zu einer Gang, zu einer richtigen Gang. Ich war ein BREAKER!

8

Wladimir
und der politische Untergrund

Es war eine aufregende Zeit für mich, als ich zwölf Jahre alt war. Ich lernte Leute kennen, die mich mit verschiedenen Welten bekannt machten. Während Fritz mein Begleiter wurde, wenn es darum ging, die Rituale der Männlichkeit auszutesten, lernte ich bald jemanden kennen, der mich mit einer ganz anderen Welt bekannt machte. Wladimir war schon von mehreren Schulen geflogen. Er kam nirgendwo wirklich klar. Seine antiautoritäre Erziehung hatte ihm schon früh Probleme bereitete. Den Lehrern gelang es einfach nicht, ihn unter Kontrolle zu bekommen. Schließlich kam Wladimir zu uns. Weil er das Schuljahr vergeigt hatte, musste er noch eine Ehrenrunde hinlegen und landete in meiner Klasse.

Wladimir hatte blonde Haare, war so groß wie ich und trug lustige Hippieklamotten. Das Erste, was er uns beibrachte, war: I don't know. »Heißt, leck mich am Arsch«, sagte er stolz. Da wir noch kein Englisch hatten, glaubten wir ihm. Auf englische Schimpfwörter waren wir ohnehin scharf. Als dann das erste Mal unsere Englischlehrerin vor uns trat und fragte, welche englischen Wörter wir denn schon kennen würden, sagten wir ganz stolz im Chor: »I don't know.« Natürlich verfehlte der Satz seine Wirkung. »Schon nicht schlecht«, sagte die Lehrerin. Fritz und ich schauten Wladimir fragend an. Aber der grinste nur.

Wladimir hatte bei seiner Reise durch die Klassen und Schulen nicht sonderlich viel gelernt. Aber er brachte eine neue Qualität der Unterrichtssabotage mit. Weil Wladimir dafür bekannt war, den Unterricht möglichst effektiv zu stören, saß sogar seine Mutter in den ersten Tagen hinten in der Klasse und beobachtete uns mit strengem Blick. Eine unserer liebsten Sabotagemethoden war es, so laut wie möglich zu schreien, sobald die Lehrer den Klassenraum betraten. Wir hörten erst damit auf, wenn uns die Puste ausging. An jeder anderen Schule wären wir hochkant geflogen, aber nicht an unserer. Dort hatte man ein Herz für Revoluzzer und seltsame Vögel. Zu meinem großen Glück, wie sich später herausstellen sollte.

Waldimirs Mutter war Mitglied im Kommunistischen Bund. Außerdem war sie Unternehmerin (Sachen gibt's!). Mit ihrem Partner betrieb sie eine Druckerei. Mit dem Geld finanzierten sie irgendwelche dubiosen linksradikalen Projekte. Es floss wohl auch Geld in die PKK, die Arbeiterpartei Kurdistans, der man sich als Linker in den Achtzigern verpflichtet fühlte.

Die rote Gesinnung seiner Eltern war auch der Grund für Wladimirs Namen. Eine Hommage an den russischen Revolutionär Wladimir Iljitsch Uljanow, genannt Lenin. Aufgrund seines roten Hintergrunds hatte Wladimir bei unseren Lehrern von Beginn an einige Pluspunkte. Schließlich galt unsere Schule ja als kommunistische Kaderschmiede. Einige unserer Lehrer waren in der KPD gewesen und hatten deswegen zeitweise Berufsverbot. Die Hamburger Kommunisten hatten ein Herz für schwierige Fälle, sie kannten sich untereinander, und so war Wladimir bei uns gelandet. Als seine Mutter schließlich ihre Aufsicht einstellte, zündete sich Wladimir erst einmal eine Zigarette an – während des Unterrichts. *Was für ein Spaßvogel,* dachte ich. Wir wurden Freunde und verbrachten viel Zeit miteinander. So lernte ich auch Wladimirs Eltern kennen, die in einer linken Kommune mit sechs, sieben anderen Genossen lebten. Wladimir war ständig von linken Debatten umgeben.

Für Wladimirs Eltern war ich ein neuer potenzieller Genosse, den man versuchte auf die richtige, also auf die linke Seite zu ziehen. Wir kannten uns gerade mal eine Woche, da nahmen mich die Genossen schon mit auf eine Demonstration. Auf eine Demonstration! So was kannte ich nur aus dem Fernsehen. Es war eine Demo gegen Nazis. Das klingt jetzt sehr bescheuert: Aber ich wusste damals noch nicht, was Nazis sind. Den Begriff hörte ich zum ersten Mal. Zu Hause hatte ich ihn nie aufgeschnappt, und in Geschichte waren wir noch nicht bis zum Nationalsozialismus vorgedrungen. Glaube ich zumindest. Ich war ja aber auch nicht allzu häufig da.

»Du hast noch nie von Nazis gehört?« Wladimir schaute mich mit einem prüfenden Blick an. »Nee!« Ich schüttelte den Kopf. »Das sind die Vollidioten. Die Vollwichser! Die totalen Arschlöcher.« Nun wusste ich Bescheid. Gegen Vollidioten und Arschlöcher war ich natürlich auch. Ich war also bereit für meine erste Demo. Bereit für den Kampf.

Es war ein sonniger Tag, als wir durch das Schanzenviertel demonstrierten. Die Schanze, ein Quartier zwischen St. Pauli und Elmsbüttel, war Sammelbecken der Linken. Dreitausend waren zu der Demo gekommen. Rote Flaggen wehten. Die Leute schrien Parolen und sangen Lieder. Das machte alles einen großen Eindruck auf mich. Ich fühlte mich stark, wie sonst nur in meiner Gang. Ich hielt mich für einen gefährlichen Staatsfeind, der das System stürzen und die Macht übernehmen würde. Eine der vielen Träumereien, für die ich ja anfällig war. Die einzige Folge der Demo war, dass ich mir meinen ersten Fußpilz zuzog. Denn in guter Kommunistenmanier war ich barfuß gelaufen.

Die Achtziger waren die Zeit der linken Demonstrationen. Mit Wladimir, seinen Eltern und den Genossen aus der Kommune ging ich ständig auf irgendwelche Demos. Mal ging es um die Hafenstraße, die seit 1981 besetzt war. Dann wieder gegen das Kernkraftwerk Brokdorf, wohin wir im Konvoi zogen. Später waren wir auch beim berüchtigten Hamburger Kessel dabei, als am 8. Juni 1986 rund 800 Demonstranten von der Polizei auf dem Heiligengeistfeld dreizehn Stunden lang festgehalten wurden.

Mit Wladimir genoss ich aber auch die sonnigen und die regnerischen Vormittage. Wir schwänzten die Schule, so wie es uns passte. Wenn wir nicht gerade irgendwo abhingen, klauten wir Süßigkeiten, Limo, Kleinzeugs. Wladimir war ein Meisterdieb. Kein Supermarkt war vor ihm sicher. Und weil er ein anständiger Kommunist war, teilte er das Diebesgut mit mir. In vielerlei Hinsicht war Wladimir ein Angsthase, vor allem, wenn es um Hauereien ging. Aber beim Klauen war er an vorderster

Front mit dabei. Da zeigte er einen ausgesprochenen Mut. Dadurch lernte ich, dass jeder Freund seine eigenen Stärken und Schwächen hatte – von denen ich lernen konnte oder von denen ich eher Abstand halten sollte.

An einem Frühlingstag – die Hamburger Sonne brannte auf unsere Köpfe, und wir waren mal wieder sehr lässig unterwegs – spazierten wir die Mönckebergstraße entlang, als sich uns drei Jungs in den Weg stellten. Wladimir machte einen Schritt zurück. Ich aber war nicht gewillt, auch nur einen Zentimeter zu weichen. Mit festem Blick sah ich den Größten der drei an. »WAS?!«, sagte der laut. »Hab bloß Respekt!«, wollte er damit sagen. Also antwortete ich noch viel lauter: »WAS???« – »Ich hab keine Angst vor dir!«, sagte ich damit. Urplötzlich waren wir von zwanzig Jungs umzingelt, eine ganze Gang. Keine Ahnung, wo die so schnell hergekommen war. Ich weiß nicht, was das für eine Gang war. Aber ein paar der Typen hatte ich schon mal auf dem DOM gesehen. Wladimir war plötzlich verschwunden. War er geflüchtet? Mich trafen Tritte und Schläge. Das Übliche, um jemanden zu verängstigen und unter Druck zu setzen. Der Anführer, ein athletischer Typ mit dunklen Haaren, rief seine Jungs zur Räson. »Lasst den Penner in Ruhe!« Mittlerweile war ich wohl von über fünfzig Jungs eingekreist. Da erst sah ich Wladimir wieder. Er stand mitten im Pulk, sah mich mit leeren Augen an – als wäre er auf einem anderen Planeten.

Ich hatte Glück. Sie ließen mich ziehen. Nur mit ein paar Schrammen war ich davongekommen. Der Moment aber, als Wladimir vollkommen unbeteiligt dagestanden und mich angestiert hatte wie ein Zombie, der hat sich mir eingebrannt. Wenn ich an diesen Moment denke, muss ich immer etwas schmunzeln, weil es so absurd war. Ich, eingekesselt, kurz vor der Schlachtbank, und Wladimir, der sich innerlich auf den Mond gebeamt hatte. Grandios! Auch wenn ich ihm das niemals übelgenommen habe – von diesem Moment an war mir klar, dass ich mich auf Wladimir nicht verlassen konnte, wenn es eine Schlägerei gab.

Andererseits hatten wir sehr viel Spaß zusammen. Wir inspirierten uns gegenseitig, vielleicht weil wir aus derart verschiedenen Leben kamen. Im Kino sahen wir zusammen »E.T. – Der Außerirdische«. Der Soundtrack von John Williams haute mich um und brachte mich zur klassischen Musik. Bei Wladimir führte die Faszination dazu, dass er Klavier zu lernen begann, was seine Eltern natürlich unterstützten. Als ich den Wunsch äußerte, Klavier spielen zu lernen, lachten mich meine Eltern aus.

Ich verbrachte viel Zeit in Wladimirs Kommune im Schanzenviertel. So kam ich in Berührung mit einer sehr politischen Welt, die nichts mit dem Milieu zu tun hatte, in dem ich groß geworden war. Da Wladimir kein eigenes Zimmer hatte, hingen wir meist auf der Straße rum. Nachts, wenn Kommunarde Manfred auf seiner Freundin Barbara zuckende Bewegungen wie ein Kaninchen machte, tat Wladimir so, als würde er schlafen. Erst als die ganze Kommune in eine Wohnung hinter dem Schlachthof im Schanzenviertel zog, bekam Wladimir sein eigenes Reich. Auch ich konnte dort wohnen, wenn es zu Hause mal wieder sehr schräg zuging. Seitdem ich auf Demos ging und politisches Zeugs redete, stieg zu

Hause das Konfliktpotenzial. Meiner Mutter und Kalle passte mein neues, politisches Leben überhaupt nicht. In ihrer Welt drehte man manchmal zwar krumme Dinger, aber man lebte politisch unauffällig.

Sechs bis acht Genossen lebten in der Kommune. Jeder hatte sein eigenes Zimmer, und es gab einen Gemeinschaftsraum. Es waren häufig Leute aus anderen Städten zu Besuch. Die Szene war gut vernetzt. Ständig wurden Debatten geführt, die bestimmt waren von der Devise: »Schweigen ist Silber, Reden ist Gold«. Es ging um Demos, um den Kapitalismus, die unterdrückten Völker, die Sowjetunion, um den Imperialismus der Amerikaner und natürlich die RAF. Für mich war das aufregend und neu. Auf St. Pauli war die Politik fern. Hier aber war ich mittendrin. Und sie war nicht so langweilig, wie ich es mir vorgestellt hatte. Durch die Kommune wurde ich zwar nicht zum strammen Linken, aber ich lernte noch mehr Fremdwörter, mit denen ich meine Mutter zur Weißglut bringen konnte. »Ich differenziere da sehr genau«, wenn sie mich etwas fragte, meine Pauschalantwort, oder: »Wir sind da wohl klassisch in zwei Fraktionen gespalten, ich kann deine fundamentalistische Denkweise nicht unterstützen«, wenn ich nicht ihrer Meinung war, oder: »Du musst das bitte konkretisieren und explizit deine Intentionen schildern«. Meine Mutter fand das überhaupt nicht komisch. Ich hingegen lernte, eine kritische Haltung zu entwickeln, Dinge zu hinterfragen, das Gegebene nicht als selbstverständlich zu akzeptieren und dass man etwas erreichen kann, wenn man daran glaubt. Die Zeit mit Wladimir und seinen Eltern bedeutete für mich die große, weite Welt. Sie holten mich das erste Mal aus St. Pauli und zeigten mir neue Perspektiven. Für diese Aufklärung bin ich ihnen noch heute dankbar. Für Wladimirs Eltern galt ich – obwohl aus St. Pauli – als guter Einfluss für ihren Sohn. Ich trieb Sport, rauchte nicht (im Gegensatz zur Kommune, die ständig in einer dichten Tabakwolke lebte), trank nicht und nahm keine Drogen. Für Barbara und Manfred war ich anfangs vor allem der heimatlose Kung-Fu-Junge aus St. Pauli. Barbara war der Meinung, dass ich mit meinen Kampfkünsten eine willkommene Bereicherung für jede Demo sei. Um die Bullen zu attackieren. »Da darfst du dein Können mal richtig ausprobieren«, sagte sie. Das fand ich natürlich geil. Ich wollte ja ein harter Kämpfer werden.

Das war ständig Thema in der Kommune: wie man die Bullen fertigmachen konnte, wie man sich besser verteidigen konnte. Auf den Demos ging es nicht zimperlich zu. Der Hass, den sich Polizisten und Demonstranten damals entgegenschleuderten, war extrem. Viele gingen mit Platzwunden und Prellungen nach Hause. Parolen schreien, Ketten bilden, schauen, dass dein Nebenmann und Genosse nicht verhaftet wird, notfalls zuschlagen. Mit Rohren, Knüppeln, mit allem, was gerade zur Hand war. Steine werfen oder mit Zwillen schießen. Das war völlig normal. Entweder dachte man nicht drüber nach, dass man jemanden töten konnte, oder es war einem egal.

Ich liebte die Action und das Abenteuer der Demonstrationen. Aber es schockierte mich auch. Manchmal lag ich abends im Bett und dachte an diejenigen, die ordentlich verprügelt worden waren. An den aufgestauten Hass und den Mob, der wutentbrannt und entfesselt auf Polizisten losging. Auf einer Demo wurde ein Polizist mal von einer Horde gejagt, er fiel in einen Kanal und wäre fast ertrunken. In der Kommune wurde darüber dann bis tief in die Morgenstunden diskutiert: Wie weit darf Gewalt gehen? Nimmt man Opfer in Kauf, wenn es um eine wichtige politische Sache geht? Einige waren gewillt, Tote in Kauf zu nehmen für ihren ideologischen Irrsinn.

Eine in der Kommune hatte nicht nur was mit Keith Richards gehabt. Sie hatte auch Kontakt zur RAF – die in den Achtzigern ja nur noch von den Hardcore-Linken unterstützt wurde – und zu den Revolutionären Zellen. Das war geheim, und immer wieder wurde ich darauf hingewiesen, dass solche Gespräche auf gar keinen Fall nach außen dringen durften. Häufig wurde diskutiert, ob man in den Untergrund gehen solle, um am bewaffneten Widerstand teilzunehmen. Die Kommune hatte Angst, dass sie von den Bullen und dem Verfassungsschutz überwacht wurde. Im Nachhinein betrachtet muss ich sagen: Der Gang in den Untergrund stand kurz bevor. Keine Frage: Wladimir und ich wären bereit gewesen (ich fand die Mädels in der Kommune sehr süß und wäre gern mit denen im Untergrund verschwunden). Aber uns fragte ja niemand.

9

Halbe Stärke, großes Maul

Wladimir und ich wurden so gute Freunde, dass die Kommune zeitweise zu meinem Zuhause wurde, als das Leben mit meiner Mutter und Kalle unerträglich wurde und alles zu explodieren drohte. Wenn ich abends nach dem Training in die Wohnung kam, war ich erschöpft, fühlte mich aber frei. Es roch nach Essen, das ich verabscheute. Mein Zimmer war gleich vorn rechts. Wenn ich etwas aus dem Kühlschrank holen wollte, das mir wirklich schmeckte, musste ich mich an Kalle und meiner Mutter vorbeischleichen, die im Wohnzimmer saßen und in den Fernseher starrten. Das klappte nie. Jedes Mal spürte ich sofort ihre Blicke wie spitze Messer in meinem Nacken. Wenn Kalle wütend wurde, dann war er mit ganzer Leidenschaft dabei. Die Ausbrüche waren nach seinem Unfall noch häufiger und intensiver geworden. Außerdem war Kalle nun auch noch politisch geworden. Allerdings ging es bei ihm nach rechts. Er trug Hakenkreuz-Abzeichen im Portemonnaie herum und las rechte Zeitungen. Aus seiner diffusen Sympathie für die RAF, die er ursprünglich einmal gehabt hatte, wurde eine für die NPD. Na ja, auch drei Buchstaben.

Meine Freunde mochte er nicht. Die meisten waren

keine Deutschen. Wladimir war in seinen Augen Kommunist. Für Kalle war ich der Feind im eigenen Haus. Manchmal stand ich minutenlang vor dem Wohnzimmer und beobachtete die beiden. Meine Mutter kraulte Kalle die Haare. *So läuft's also im Leben,* dachte ich. *Abends liegt man vor der Glotze und erzählt sich, wie hart der Tag war. Toll. Wo liegt der Sinn im Leben? Im Malochen? Dann Kinder großziehen? Die dann das Gleiche machen? Es muss doch noch was anderes geben! Etwas, das einen Sinn ergibt. Ist diese Sinnlosigkeit wirklich der Sinn des Lebens?* Sie kraulte ihn weiter. Ich starrte, sie kraulte. Ich starrte, wie sie starrten. *Wenn ich mal verheiratet bin,* dachte ich nur, *lieber Gott! Dann lass mich nicht so werden wie die beiden.* Ich musste weg. Ich brauchte Luft.

Ich nutzte jede Gelegenheit, um auf die Straße zu kommen. Nachmittags standen nicht die Hausaufgaben auf dem Programm, sondern die Breakers. Kleine Streitereien waren an der Tagesordnung, auch untereinander. Heute war der Tag, an dem ich mich als richtiges Mitglied beweisen sollte.

Ich hatte geahnt, dass dieser Tag kommen würde. Ümet hatte mich zwar in die Gang geholt. Aber das allein reichte nicht. Meine Stellung darin musste ich mir selbst erkämpfen. Schließlich war ich einer der wenigen, die wirklich Kung-Fu und Karate konnten. Zumindest erzählte ich das den Jungs ständig.

Wir hingen auf unserem Spielplatz ab. Zwanzig, dreißig Breakers. »Upside Down« von Diana Ross krachte aus dem Ghettoblaster. Die Bomberjacken glänzten in der Sonne. Ümet kam auf mich zu. »Pass auf, Michel!«, begann er, und ich wusste, dass es nun ernst für mich werden würde. »Du machst Kung-Fu. Wir wollen sehen, was du drauf hast. Zeig uns, wie das aussieht.« Sofort sprang ich auf, zeigte ein paar Bewegungen, Tritte, Schläge. Ich stieß ein paar Schreie aus und kam mir vor wie Bruce Lee. Ümet beobachtete meine Kunststücke leicht desinteressiert. »Sieht ja ganz nett aus, Michel. Aber wir wollen dich in Aktion sehen. Wir wollen sehen, wie du einen Gegner weghaust.« »Genau«, raunten die anderen im Chor. Mir stockte der Atem. Ich hatte mich noch nie wirklich geschlagen. Ich hatte Leute geschubst, an den Haaren gezogen, zu Boden gerungen oder sie in den Schwitzkasten genommen. Aber das war alles Kinderkacke. Ich war mir nicht sicher, ob Kung-Fu gegen einen Schläger half, der mit allen Tricks und Sauereien des Straßenkampfes gewaschen war. »Okay«, sagte ich. »In der Eggerstedtstraße wollen wir den Red Tampons aufs Maul hauen. Die sind schon seit längerem frech«, sagte Ümet. Von den Red Tampons hatte ich bereits gehört. Entweder konnten die kein Englisch oder die hatten einen schrägen Humor. »Wer so einen beschissenen Namen hat, der verdient es auch nichts anders. Alles klar. Bin dabei.« Was blieb mir anderes übrig.

Ich hielt mich tatsächlich für den Kung-Fu-Meister von St. Pauli. Die Red Tampons sollten richtig was an die Backen kriegen. Ich trainierte zwar erst seit ein paar Monaten, aber ein bisschen was hatte ich doch schon gelernt. Außerdem kannte ich jede Menge Kung-Fu-Filme. Mein Selbstbewusstsein als Kung-Fu-Experte versiegte aber so schnell, wie es aus den Tiefen meines Ichs gesprudelt war. *Scheiße. Ich soll mich hauen?!*, dachte ich. Mir wurde übel. Dennoch versuchte ich einen Ausdruck der Entschlossenheit auf mein Gesicht zu zaubern. »Gut!«, sagte Ümet. »Ich wusste, dass wir uns auf dich verlassen können.« Ich war kurz davor, mich zu übergeben.

Unsere kleine Armee setzte sich in Bewegung. Wie ich diese Märsche durch den Kiez genoss. Hier waren wir! Die Breakers! Wollt Ihr eins auf die Fresse? Wie immer stießen auf dem Weg noch weitere Breakers zu uns. Wir waren jetzt sechzig, vollgepumpt mit Selbstbewusstsein und halbstarken Gedanken. Das Ziel der Attacke sollte ein gewisser Marco sein, erklärte mir Ümet. Beim Billard hatte er einen von uns übel beleidigt. Es war also klar, dass wir den Red Tampons eine blutige Überraschung bereiten würden. »Die werden die Breakers nie wieder vergessen«, stellte Ümet in seiner ruhigen Art fest. »Und du, Michel, wirst uns dabei helfen. Ich setze auf dich. Und du wirst mich nicht enttäuschen.« Er klopfte mir auf die Schulter, dass mir das Herz in die Hose rutschte. Mein Gewissen biss mich. Und ich schämte mich dafür. Ich kam mir vor wie einer der Spießer in der Schule. Aber ich wollte keiner von denen sein, die den Schwanz einziehen! Also sagte ich: »Ümet, kannst dich auf mich verlassen.«

»Aller, ich fühle mich wie Moses, der die Juden durch Ägypten führt«, sagte ich zu meinen Nebenmann, während wir durch den Kiez zogen. Es sollte ein Witz sein. Aber er lachte nicht. Er starrte mich reglos an. Das Adrenalin stieg uns zu Kopf. Unser Übermut steigerte sich ins Grenzenlose. Aus den Boxen des Ghettoblasters schepperte Sly & the Family Stone und kündigte allen unser Kommen an. Wie in einem Musikvideo bewegten sich viele im Takt, sangen mit. Ich trug meine dreckige, viel zu enge Jeans und Boxerstiefel. Eine Bomberjacke hatte ich noch nicht. Meine Haare waren lang und glatt. Ein sauber gekämmter Mittelscheitel brachte die entsprechende Ordnung auf den Kopf. Ein leichter Flaum auf der Oberlippe sollte belegen, dass es sich bei mir um einen richtigen Mann handelte. *Ein ordentlicher Aufmarsch für eine kleine Sache,* dachte ich. Doch es war keine kleine Sache. Es ging um die Ehre eines Breakers!

Rote Ampeln galten für uns nicht. Wir marschierten, wie wir wollten, über Kreuzungen und durch Straßen. Wir gaben die Regeln vor, nicht die Straßenverkehrsordnung. Kein Autofahrer wagte es zu hupen. Hinter den Windschutzscheiben sah ich nur erstaunte Gesichter mit Respekt in den Augen. Die Straße gehörte uns. »Everybody is a star«, dröhnte aus dem Blaster, mein Lieblingslied. Ich war high. Ich war unbesiegbar, sowieso. Mein Körper bewegte sich im Takt der Musik. Schweißperlen standen mir auf der Stirn. Angst vermischte sich mit der protzigen Unbändigkeit eines Halbstarken, mit Abenteuerlust und dem Gefühl der Unbesiegbarkeit. Ich tanzte zu dem Typen mit dem Blaster, drehte die Lautstärke bis zum Anschlag. Das ganze Viertel sollte uns hören.

Diese Märsche waren ein Ritual. Sie machten uns heiß, schweißten uns zusammen, gaben uns Mut, bereiteten uns auf die Schlacht vor. Und sie flößten unseren Gegnern Angst ein. Ich fühlte mich leicht. Meine Brüder waren bei mir. Nichts und niemand konnte uns etwas anhaben. Wir erreichten Altona, die Alsenstraße. Die Leute blieben stehen, beobachten uns. Wir hatten Hunderte von Zuschauern. Der DJ legte ein Liebeslied auf. Ein Liebeslied und diese Horde Halbstarker. Großartig! Wir hielten uns für smart und cool, wir konnten uns selbst ein Liebeslied leisten, sogar kurz vor dem Kampf.

Die Red Tampons wussten längst, dass wir auf dem Weg zu ihnen waren. Als wir die Eggerstedtstraße erreichten, wagte sich kein Mensch mehr vor die Tür. Die Eckkneipe hatte die Schotten dicht gemacht. Die Leute schauten ängstlich von ihren Balkons auf uns hinunter. Keine Polizei weit und breit. Es war gespenstisch.

Plötzlich tauchte ein Typ auf, vor uns, etwa fünfzig Meter entfernt. Blitzschnell setzten wir uns in Bewegung, verfolgten ihn. Keiner wusste, ob es einer der Red Tampons war. Aber jeder, der sich noch auf die Straße traute, war für uns verdächtig. Als er sechzig Halbstarke auf sich zu rennen sah, hielt er das wohl für einen Traum, denn er machte keinen Schritt. Wir umstellten ihn. Ümet nahm ihn sich vor. »Gehörst du zu den Red Tampons?« Der Kleine zitterte und brachte fast kein Wort raus. »Nee. Nee. Echt nicht. Ich kenn die nicht. Ich wohn nur hier.« Er hatte Glück. »Alles klar«, raunte Ümet. »Mach die Fliege.« Der Kleine rannte los und verschwand in einem Hauseingang. Nun standen wir wieder da. Kein Red Tampon war zu sehen. Ich hoffte schon, dass meine Mutprobe ausfallen würde. Doch ich hatte mich zu früh gefreut. »Ich weiß, wo der Typ wohnt. Da vorn«, rief Mehmet. »Lass uns dahin. Dann macht Michel ihn fertig.« – »Okay«, murmelte ich. Mehr konnte ich nicht sagen. Die Musik hatte nun keine Wirkung mehr auf mich. Das Gefühl, unbesiegbar zu sein, war verschwunden. Ich fühlte mich schwach, hilflos, allein.

Wir marschierten auf das Haus zu. »Der Typ wohnt im Erdgeschoss«, rief Mehmet uns zu. »Los«, befahl Ümet. Ich wusste, was zu tun war. Ich klingelte. Nichts.

Mein Puls raste. Ich hörte Schritte, das Knacken des Türschlosses. Leise murmelnd wiederholte ich immer wieder die Worte, die ich mir zurechtgelegt hatte: »Wer einen Breaker beleidigt, muss bestraft werden.« Das klang nach Kino, und es passte zu dem, was gleich passieren sollte. Die Tür ging auf, und eine Frau stand vor mir, Mitte dreißig etwa. Ängstlich sah sie in die grimmigen Gesichter der neunundfünfzig Mann in Bomberjacken, die vor ihr standen. Ich aber stand mit offenem Mund vor der Frau, die nur ein vorsichtiges »Äh! Ja?« herausbekam. »Wo ist Marco?« Ümet war die Treppe hinaufgestiegen und sah die verängstigte Frau direkt an. Er hatte keinen Respekt vor ihr. Keinen Respekt vor Älteren, so wie ich ihn gelernt hatte. »Er ist nicht da«, flüsterte sie. Ich war erleichtert. Die Frau hatte Angst, ganz offensichtlich. Sechzig Mann, die vor ihrer Wohnung standen und es auf ihren Sohn abgesehen hatten. Da musste es jede Mutter mit der Angst zu tun bekommen.

»Da vorn«, schrie plötzlich jemand. Am Ende der Straße standen sieben Jungs, die sofort versuchten abzuhauen. Wir liefen los. *Hoffentlich sind die schneller*, dachte ich nur. Doch die Schnellsten von uns hatten sie bald eingeholt. Sofort kesselten wir sie ein. »Ah, der Marco«, raunte Ümet in Richtung eines blonden, großgewachsenen Jungen. Der schwieg. Aber einer der Red Tampons zog gleich sein T-Shirt aus und präsentierte kampfbereit seine Fäuste. Der war offensichtlich komplett wahnsinnig. Wollte er es mit sechzig Mann aufnehmen? Das imponierte mir. Das war Mut im Angesicht des sicheren Todes. Aber es half ihm nichts. Erst bekam er von hinten einen Schlag in den Nacken, und als er am Boden lag, gab es Tritte. Alle lachten. Doch das war nicht die Art zu kämpfen, wie ich es mir vorstellte. Ümet knallte dem Typen noch ordentlich einen vor den Latz. »Halt's Maul, du Penner!« Plötzlich war sie wieder da, diese Stille. Dann drehte sich Ümet zu mir: »Nun du, Michel!« Alle Blicke lagen auf mir. Auch Marco schaute mich an. Er machte nicht den Eindruck, als sei er auf eine Schlägerei aus. Er wusste, dass alles gegen ihn sprach. Selbst wenn er gegen mich eine Chance sah, blieben noch immer die anderen neunundfünfzig Breakers. Aber ganz ohne Gegenwehr würde er sich nicht ergeben, das sah man ihm an.

Ich baute mich vor Marco auf und verpasste ihm einen Kick gegen den Bauch. Er taumelte kurz, schnappte nach Luft. Er schien sich nicht wehren zu wollen. Er stand einfach nur da. Ich wusste nicht, was ich tun sollte. Ich hatte noch nie jemandem mit der Faust ins Gesicht geschlagen. Als ich ein paar Moves macht, wich er aus. »Mach ihn fertig«, schrien die Jungs. »Aller, kick ihn weg! Mach Chop Suey aus ihm! Los, Michel! Hau ihm mal richtig eine rein!«

Marco stand regungslos vor mir. Er wusste, dass das alles erst ein Ende hatte, wenn er am Boden lag und winselte. Ich holte aus, setzte zu einem gedrehten Backkick an. Den konnte ich ganz gut. Doch ich trat ins Leere. Stattdessen erwischte ich ihn aus Versehen mit meiner Rückhand. Während Marco rückwärtsstolperte, gab ich ihm einen weiteren Kick. Er fiel und keuchte.

»Alles klar, Michel. Lass ihn leben.« Ümet hatte sich zwischen uns gestellt. Ümet lächelte stolz, siegesgewiss. Marco hockte am Boden und schwieg. Er schien froh zu sein, dass der Kampf vorbei war. Ich hingegen war unzufrieden mit meinem Auftritt. Die Kicks und Schläge hatten nicht die gewünschte Wirkung gezeigt. Gut, ich hatte ihn besiegt. Aber Marco hatte sich nicht wirklich gewehrt. Außerdem standen neunundfünfzig Breaker als Unterstützung hinter mir. Es war kein fairer Kampf gewesen. Kein Kampf Mann gegen Mann. In dem Augenblick machte sich eine tiefe Leere in mir breit. Ich wollte ein Kung-Fu-Kämpfer sein. Aber ein Kung-Fu-Kämpfer zu sein, wenn dein Gegner kein Kung-Fu konnte, war auch nicht leicht. Ein Kampf wird nicht nur durch deine Stärke und Fähigkeiten schön, sondern auch durch die deines Gegners.

Auf dem Heimweg sagte ich kein Wort. Mir war es vollkommen egal, ob wir mit sechzig Mann die Straßen kontrollierten. Einige der Jungs versuchten mich aufzumuntern, klopften mir auf die Schulter. »Gut gemacht, Michel!« – »Dem hast du es richtig gezeigt.« – »Der wird sich nicht noch mal so was trauen, wenn er sich erholt hat.« Mir war das alles egal. Als wir wieder auf unserem Spielplatz waren, berauschten sich die anderen noch weiter an dem Ausflug zu den Red Tampons. Nur ich saß auf einer Schaukel und blickte in den Sand. Ümet kam mich auf zu. »Michel, mach dir keine Sorgen. Du bist noch jung. Du wirst deine Chance bekommen. Je öfter du dich schlägst, desto besser wird's. Du bist gut, und du wirst der Beste, das weiß ich!«

Als es anfing zu regnen, verabschiedete ich mich und trottete in Richtung Kiez. Auf der Reeperbahn traf ich zufällig Claudia. »Hey, Michel«, rief sie und strahlte mich aus ihrem verregneten Gesicht heraus an. In dem Augenblick, als ich sie sah, schien aller Frust vergessen. Wir liefen schnell durch den Regen und fanden Schutz in einem Holzhäuschen auf einem anderen Spielplatz.

Da saßen wir nun, schweigend. Der Regen trommelte von allen Seiten gegen unser Versteck.

»Glaubst du an Gott?«, fragte Claudia plötzlich.

»An Gott? Keine Ahnung. Ich weiß nichts über ihn.«

»Hier, nimm!« Sie streckte mir ihre Hand entgegen. Ein goldenes Kruzifix. Ich war baff. Claudia, meine große Liebe, schenkte mir ein goldenes Kruzifix.

»Wenn du nicht an Gott glaubst, kannst du auch keine Kraft schöpfen, wenn du sie brauchst. Das wird dir helfen.«

»Okay«, stammelte ich, »okay.« Ich wusste nicht, was ich sonst hätte sagen sollen.

Ich hielt das Kruzifix in der Hand und schaute es an. Wir saßen weiter schweigend nebeneinander. Mehr als eine Stunde hörten wir dem Regen zu. Dann kam die Sonne wieder und wärmte unsere Gesichter.

»Danke!« Mehr sagte ich nicht zum Abschied. Claudia schien die ganze Zeit schon gespürt zu haben, dass ich mitgenommen und enttäuscht war, obwohl ich ihr nichts erzählt hatte. Egal, wie jung sie noch war oder wie aggressiv sie manchmal auftrat, sie war ein Mensch voller Liebe und Zuneigung.

10

Der Mülleimer war voll mit Kondomen, das Geschäft lief gut

Als Butsche nahm mich meine Oma häufig mit auf die Reeperbahn und führte mich bei ihren Bekannten ein. Meine Oma kannten alle. Sie war so was wie die gute Seele vom Kiez. Ihre Haare ließ sie sich bei einem Frisör im Eros-Center machen – so kam ich das erste Mal dorthin. Dreimal die Woche gingen wir zur Konditorei Möller, Torte essen. »Na, Lilo!«, sagte die Verkäuferin dann zu meiner Oma – sie wurde von allen nur »Lilo« oder »Oma Lilo« genannt –, »wie isses?« Meine Oma antwortete hamburgisch-kühl: »Mutt, mutt.« Bei Möllers traf sie häufig Bekannte. »Na, watt macht die Wirtschaft so?«, fragte sie ein älteres Ehepaar, das gleich ums Eck ein Bordell hatte. »Mutt, mutt!«, antworteten die beiden.

Als Junge war ich am liebsten allein auf dem Kiez unterwegs – vor allem auf der Großen Freiheit, wo die Bars auch tagsüber geöffnet hatten und wo die schönen Animierdamen, die mich von klein auf kannten, auf der Straße standen. Je älter ich aber wurde, desto weniger war ich der Butsche von Oma Lilo. Es gab dann auch keine Perri mehr von den großen Mädels, sondern gleich eins aufs Maul vom Wirtschafter, wenn ich einfach so in die Bars hineinstarrte und meine Sprüche machte. Ich war nicht mehr der harmlose Butsche, sondern wurde immer mehr zu einer Bedrohung für die Platzhirsche auf dem Kiez. Die Männer auf St. Pauli hielten sich für die Krone der Schöpfung. Ich wurde allmählich ein Mann. Andauernd redete man darüber, was es bedeutete, ein Mann zu sein. »Ein Mann wird erst im Knast ein richtiger Mann! Ein Mann ist gerade! Ein Mann redet nicht, ein Mann schlägt zu. Ein Mann – ein Wort. Der steht seinen Mann.« Diese Sprüche waren wie Gebote. Als Junge hatte man das Gefühl, es gehe um etwas Heiliges. So war es schließlich auch: Männer waren die Könige auf St. Pauli. Als Freier, als Wirtschafter, als Lude. Wir wollten Männer werden, Könige sein – und das so schnell wie möglich. Noch aber waren wir nur Halbstarke – bestenfalls Bordsteinkönige.

Jeder, der auf St. Pauli ein richtiger Mann sein wollte, musste bestimmte Rituale absolvieren. Rituale, die seit Jahrhunderten galten und um die sich viele Legenden rankten. Eines der Rituale war der Kampf. Das hatte ich also schon hinter mir. Aber es gab da noch eines, das nicht weniger wichtig war.

Wie schon gesagt: 1982. Der Kiez stand kurz vor der Apokalypse. Aids verängstigte Freier und Nutten. Der Virus schoss der freien Liebe und dem liegenden Gewerbe gewaltige Torpedos vor den Bug. Das alles passierte gerade dann, als ich auf dem Sprung zum Mann war. War ich sauer auf diese Welt!! Gerade, als ich anfing, ständig ans Ficken zu denken, tauchte so ein bekloppter Virus auf. Großartig!

Mittlerweile hatte ich kapiert, dass mein Schwanz erigiert, steif, hart sein musste, um in die rosafarbene, süßlich riechende Welt der Damen eindringen zu können. Seit einiger Zeit kam die Erektion unweigerlich jeden Morgen. Ich musste nichts dafür tun. Ich hatte im Bett eine Latte. Ich hatte beim Kaffee eine Latte. Ich hatte auf dem Weg zur Schule eine Latte. Auch in der Schule hatte ich ständig eine Latte. Manchmal überfiel mich die Angst, dass ich ewig einen Ständer haben würde. Zum Glück waren Jogginghosen damals groß in Mode. Ich trug mehrere Unterhosen übereinander, die meinen Schwanz an den Körper pressen sollten, damit ich nicht immer mit einer Beule in der Hose herumlaufen musste. Ich konnte mich schon gar nicht mehr konzentrieren, weil ich ständig diese Latte hatte. Die einzige Erlösung gab es, wenn ich auf die Toilette ging. Dann verschwand der Ständer. Alles wurde schlaff, zumindest für ein paar Minuten. Ich atmete tief durch. Doch nach ein paar Minuten stand er wieder. Mir kam es vor, als wäre mein Schwanz die Nadel eines Kompasses, der immer in Richtung St. Pauli zeigt.

Es schien so, als wäre ich bereit, das erste Mal ein Mädchen zu lieben. Ganz egal, wie sie aussah. Irgendeine. Hauptsache, ich hätte es endlich getan. Das hätte nämlich auch bedeutet, dass ich mir keine Sorgen mehr darüber machen musste, ob ich vielleicht schwul sei. Schwulsein auf St. Pauli – unterste Kante!

»Bissu schwul, oda was?«, hieß es oft, wenn man jemandem doof kam auf dem Kiez. »Was für eine schwule Ratte, dieser schwule Wichser, schwul, alle schwul!«, schimpfte Kalle, wenn er sich über irgendwen geärgert hatte. Wenn mir jemand mit »Bissu schwul, oda was?« kam, gab's als Antwort darauf etwas, das körperliche Folgen hinterließ. »Schwul« war das Schimpfwort. Um nichts in der Welt wollte ich schwul sein. Es mag seltsam klingen, aber das war es, womit man sich als Teenager auf St. Pauli beschäftigte. Die Angst, schwul zu sein, war groß. Also versuchte man, so schnell wie möglich ein Mädchen klarzumachen, damit man über jeden Zweifel erhaben war.

Damals war Kemal einer meiner guten Kumpel. Wenn jemand mit mir Streit hatte, dann hatte er auch mit Kemal Streit – und umgekehrt. Das war Ehrensache! Wir waren fast wie Brüder. Eines Tages nahm er mich mittags mit zu zwei Freundinnen. In einer großen, aber bieder eingerichteten Wohnung trafen wir Ulrike und Sandra, beides schöne dreizehnjährige Mädchen. Die Eltern waren auf der Arbeit. Sie lächelten uns an, und schneller als ich entscheiden konnte, welche von beiden mir besser gefiel, hatte sich Kemal Sandra geschnappt und war mit ihr im Schlafzimmer der Eltern verschwunden. Ich setzte mich neben Ulrike aufs Sofa. Wir schwiegen. Ulrike bot mir ein Glas Wein an. »Nein danke. Ich bin Kung-Fu-Kämpfer!«, sagte ich stolz. Das war die Wahrheit. Ich war Kämpfer, trainierte wie ein Verrückter, und Alkohol lehnte ich ab, wie sich das für einen Kämpfer gehörte. Wir schwiegen weiter und blickten uns an. Langweilig. Ich entschied, in die Offensive zu gehen. Ich küsste sie. Sofort schob Ulrike mir ihre warme, feuchte Mädchenzunge in den Mund und ließ sie kreisen. Wir knutschten zehn Minuten lang. Mir ging nur eines durch den Kopf: »Ich bin bereit. Ich bin bereit. Ich werde mit ihr schlafen, ich werde endlich mit einem

Mädchen schlafen. Der Moment ist da. Ich mach das. Ich schaff das. Halleluja!«

Ulrike dachte wohl dasselbe. Denn sie stand auf und begann sich auszuziehen. Ich starrte sie an. Sie hatte keine so schöne Figur wie meine Cousine. Auch ihre Haut war nicht so samtweich. Aber sie war willig. Wir knutschten wieder. Allerdings schien irgendetwas in mir nicht sonderlich beeindruckt von Ulrike und der Knutscherei zu sein. Denn mein Schwanz verweigerte sich. Er wollte nicht steif werden. Das versuchte ich sofort zu ignorieren. Wie ein hungriges Baby hing ich an ihren Lippen, bis sich die Tatsache, dass ich keinen Steifen hatte, ganz laut in meinem Schädel bemerkbar machte. *Michel! Du hast keinen Steifen. Wie kommst du aus der Nummer wieder raus?* Plötzlich war ich ganz klar im Kopf, und meine Leidenschaft kam mir gespielt und absurd vor. Wenn die Leidenschaft nicht zu einem Steifen führt, was ist das dann für eine Leidenschaft? Ulrike war schon nackt, ich war noch in voller Montur. Ich wollte einfach nicht, dass sie meinen schlaffen Schwanz sah. Was wäre das für eine Blamage gewesen! Was für eine Erniedrigung! Ich entschied mich für den Rückzug. »Äh. Ich geh mal kurz aufs Klo, nech?«, flüsterte ich ihr zu. Sie nickte. Auf dem Klo schloss ich mich ein. Ich blickte in den Spiegel. Panik stand mir im Gesicht. Ich war blass. Kalter Schweiß tropfte mir von der Stirn. *Aller*, ging es mir durch den Kopf. *Aller, bissu doch schwul? Bidde nich. Bidde nich.* Ich zog meine Hose runter. Mein Schwanz bot einen erbärmlichen Anblick. Wie ein nasser Waschlappen hing er da. Schlaff, klein und traurig. Wo war nur die Latte hin, die ich ständig durch die Gegend trug? Mein Schwanz. Jetzt, wo er gebraucht wurde, versagte er. »Na, warte. Dir zeig ich's!« Ich nahm ihn in die rechte Hand und drückte zu, fast als wollte ich ihn würgen. »Wenn du jetzt nicht machst, was ich will, dann ...«, knirschte es zwischen meinen Zähnen hervor. Oh, mein Gott. Jetzt sprach ich schon mit meinem Schwanz. Und ich würgte ihn. Ich rieb ihn. Ich schüttelte ihn. Ich zog an ihm, zerrte. »Aller, bitte! Lass mich nicht allein! Nicht jetzt!! Du Arschloch! Du Wichser!« Es nützte nichts, er blieb leblos. Stur und schlaff. Passiven Widerstand nennt man so etwas im politischen Jargon.

Enttäuscht gab ich auf, zog die Hose hoch, schloss die Tür auf und ging mit zitternden Knien ins Wohnzimmer. Ulrike hatte sich schon wieder angezogen. »Kemal und Sandra sind unten«, sagte sie. »Wollen wir zu ihnen?« – »Gut«, nickte ich. Es schien so, als hätte sie fast schon wieder alles vergessen. Zumindest aber hatte sie Taktgefühl.

Obwohl ich bald wieder eine Dauerlatte hatte, so als wollte mein Schwanz sich lustig über mich machen, fühlte ich mich in den nächsten Tagen als Versager. Mein Schwanz schien Krieg gegen meinen Kopf und den restlichen Körper zu führen. Vor allem aber hatte er es geschafft, dass ich nun mit der Angst leben musste, vielleicht schwul zu sein. Die einzige angemessene Antwort darauf schien eine totalitäre Diktatur meines Kopfes zu sein. Mein Körper sollte nur einem gehorchen, mir, seinem Diktator! Ich würde ihn unterjochen. Ich trainierte noch härter.

Statt in die Schule zu gehen, spazierte ich auf St. Pauli herum, wo ich »Catcher Mike« traf. Seinen Namen verdankte er seiner Mutter, einer bekannte Show-Catcherin auf dem Kiez. Mikes Familie war irgendwie anders. Sein Vater war wohl auch sein Opa oder sein Onkel. So genau schien das niemand zu wissen. Jedenfalls war Catcher Mike ein guter Typ, und er war mein Freund. Er sah aus wie ein riesiger, blonder Wikinger – mit lustigen Pausbacken.

»Hier, guck ma. Hab ich meiner Muddä geklaut.« In seiner Hand lag ein Hunderter. »Goil«, entfuhr es mir. »Was mach'n wir midde Kohle, Aller?«

Catcher Mike wusste, was zu tun war. »Wir geh'n bumsen, Michel!«

Meine Augen begannen zu leuchten. »Bumsen?«

»Yo, Michel! Wir bumsen mal 'ne Große!«

Sofort dachte ich an die großen Mädels, die mir all die Jahre 'ne Perri ausgegeben und mich an ihre schönen, gut riechenden Dekolletés gedrückt haben, als ich noch Oma Lilos kleiner Butsche war. Ich erinnerte mich an die langen, wohlgeformten Beine, an denen ich mich festgehalten hatte, wenn ich müde war von meinen Spaziergängen durch das Betten Voss oder den Budapester Hof. Der Geruch von Parfum und der süßen Rosawelt stieg mir in den Kopf.

»Goil«, rief ich. »Wir geh'n bumsen!«

Wir taperten die Hein-Hoyer-Straße entlang und liefen zur Großen Freiheit, da waren wir auch schon auf der Reeperbahn! Es stank nach Pisse, Erbrochenem und altem Frittenfett. Der Gestank der Straße vermischte sich mit dem süßen Duft der Frauen. Der Geruch von Abenteuer! Noch war nicht viel los auf der Reeperbahn. Doch ich war hier, bei den funkelnden Lichtern und dem wilden Geglitzer, das ich so sehr liebte. Nur darauf kam es an.

Plötzlich standen wir vor dem Eros-Center, dem lange Zeit größten Freudenhaus der Welt. Eine Stein gewordene Legende. Willy Bartels – den König von St. Pauli nannte man ihn – hatte es 1967 gebaut, unterstützt vom Senat der Stadt! Unter anderem, weil man sich erhoffte, dass die Nutten nun weniger auf der Straße stehen und die Passanten belästigen würden. Ich blickte in die Garageneinfahrt und rechts in den schmalen Abstieg für Fußgänger. Catcher Mike und ich schauten uns an. Wir wollten bumsen, nur deswegen waren wir hier! Fest entschlossen gingen wir den Abstieg hinunter. Wir blickten in einen sehr dunklen Raum. Aber ich konnte sie sehen, die großen Mädels mit den langen Beinen.

»Goil«, raunte Catcher Mike.

Wie zwei Hein Doofs standen wir da und wussten nicht weiter. Neonlicht drang aus den Ecken des Raums. Ich konnte kaum die Gesichter der Frauen erkennen. Mein Herz schlug wie wild. Doch ich gab mir Mühe und blickte ernst wie ein erfahrener Freier in die Runde. *Bloß nicht lachen,* dachte ich, *ernst gucken!* Während ich noch versuchte, cool und erwachsen auszusehen, hatte sich Mike bereits auf die Socken gemacht. Er stolzierte umher und betrachtete die Frauen, als würde er jeden Tag hierherkommen, während ich Angst hatte, dass man uns entdecken würde. Wir waren doch erst zwölf! Kinder! Man würde uns rausschmeißen! Noch schlimmer! Die Polizei würde uns einfangen, und dann müssten mich meine Eltern auf der Wache holen. Die Beamten würden sagen: »Hier, Ihr Junge war im Puff und wollte bumsen! Woher hat 'n der die Kohle?« Ich wollte mir all das gar nicht erst ausmalen. Auf die großen Mädels wollte ich mich konzentrieren, die langen Beine!

Mike war wieder zurück von seiner Runde, als eine der Frauen auf uns zu kam. Mit ihren schwarzen Strapsen und den hochhackigen Schuhen stand sie wie eine Amazone vor uns. Sie war definitiv älter als meine Mutter. »Na, ihr!«, raunte sie mit dunkler Stimme. »Wollt ihr mal mitkommen?« Voller Ehrfurcht sah ich sie an. Die Aufregung pochte an die Innenseite meines Schädels. Sie war sehr groß. Sie war sehr stark geschminkt. Sie hatte eine sehr blonde Dauerwelle! Sie lächelte uns an. Es war ein routiniertes Lächeln. Aber das störte mich nicht. Ihre Lachfältchen gefielen mir. Ihre Augen strahlten, wie ich fand, eine gewisse Weisheit aus.

Mike war sofort dabei und übernahm die Verhandlung. »Wir woll'n aba beide zusammen und aufs gleiche Zimmä. Hundert Märk, aba bumsen!«

»Na, dann kommt mal mit, nech!«

Als die Schuljungen, die wir waren, taperten wir hinter der blonden Nutte her. Einige der anderen musterten uns abfällig, alle machten einen gelangweilten Eindruck. Die Leidenschaft war hier nicht zu Hause. Für viele Freier war das Laufhaus ein Ort der unerfüllten Sehnsüchte. Für die Frauen war es der Ort, an dem ihre Träume von einem besseren Leben und dem großen Geld ein Ende gefunden hatten. Geblieben waren ihnen das Warten auf den nächsten Freier und ein letzter Rest Hoffnung auf ein besseres Leben.

Unsere Blicke hingen starr und etwas ungläubig auf Hintern und Beinen der Amazone vor uns. Durch eine Eisentür betraten wir ein trostloses, kühles Treppenhaus, nackter Stein und ein Stahlgeländer, das nur noch an wenigen Stellen die Farbe hatte halten können. Müde, aber doch auch elegant schleppte sich die Nutte die Stufen zwei Stockwerke hoch. Ein schmaler, dunkler Gang, ausgelegt mit Teppichboden, in dem sich all der Dreck der Jahre gesammelt hatte. Die Geilheit der Freier und der Schweiß der Frauen waren mit Händen zu greifen. Die abgestandene Luft klebte.

Am Ende des Gangs schloss unsere Nutte gelangweilt die Tür zu ihrem Zimmer auf. Hier also sollte es passieren. Das war der Raum, in dem ich das erste Mal mit einer Frau schlafen würde. Er war kleiner als mein Kinderzimmer. Gerade so groß, dass ein Doppelbett hineinpasste. Die Wände waren blau, die Lampen rot, die dunklen Vorhänge ließen die Sonnen nicht herein. Rechts war das, was man unter anderen Umständen hätte das Badezimmer nennen können: eine Abstellkammer mit winziger Dusche, Toilette und einem Waschbecken. So hatte ich mir mein erstes Mal nicht vorgestellt.

Mike gab der Nutte den Hunderter.

»Zieh dich schon mal aus und mach's dir gemütlich«, sagte sie zu mir.

»Ich?«, rief ich erschrocken.

»Ja, du. Oda wolltst du nur mal kieken? Ich mach mich ma frisch.« Sie verschwand in der Abstellkammer. Mike sah mich an und grinste hämisch.

»Schau bloß wech, Aller!«, raunzte ich ihn an.

»Nix da, Aller. Ich will zuschauen, wenn du sie bumst.«

Er stand wie eine Eins! Anders als mir schien ihm die Umgebung egal zu sein. An einer Nutte in solch einem Drecksloch schien er Gefallen zu haben – an einem Mädchen, das sich mir willig hingab, nicht. Mein Herz raste, bei jedem Pulsschlag wippte mein Schwanz auf und ab.

»Bums die ma so richtig durch. Du kanns das, Michel!«

Wie ein Zinnsoldat stand ich vor dem Bett, als sie aus dem Bad kam. Mit einem mütterlichen Blick sah sie mich an: »Na, du bist mir ja einer. Has wohl lange nicht gefickt, hä?«

Ohne dass ich einen Laut hätte machen können, schüttelte ich nur den Kopf.

»Komm, leg dich mal hin, entspann dich.«

Mike saß in der Ecke auf einem Sessel und beobachtete mich aufgeregt. Er fummelte nervös an seinem Hemd.

Mit ihren langen Fingern begann sie meinen Schwanz zu streicheln. Ganz zärtlich. Sie sah mich an und lächelte verständnisvoll. »Ich hab auch einen Sohn. Der ist auch etwa in deinem Alter.« Ich konnte es nicht fassen: Während sie meinen Schwanz in die Hand nahm und ihn zu massieren begann, erzählte sie von ihrem Sohn? Wir sahen uns an. Obwohl es inzwischen egal gewesen wäre, traute ich mich nicht, ihre großen, nackten Brüste anzustarren. »So was tut man nicht!«, hätte meine Mutter gesagt. Als ich meine Mutter endlich vertrieben hatte, konzentrierte ich mich auf das Gefühl, das mir die Frau gerade bereitete, die ihre ältere Schwester hätte sein können. Bei allem, was sie tat, glaubte ich so etwas wie Melancholie in ihren Augen zu sehen. Sie hatte viel gelacht, aber sehr viel öfter hatte sie weinen müssen. Während ich ihr weiter in die Augen starrte, streifte sie mir ein Kondom über. Ihr Griff wurde fester. Die Bewegungen schneller. Sie hatte mich an den Eiern. Mit der einen Hand hatte sie meinen Schwanz fest im Griff, mit der anderen massierte sie meinen Sack. Ich stöhnte.

Dann explodierte etwas in mir, ich zuckte, war nur noch eine Marionette in ihren Händen. Das Kondom war voll. Sie grinste mich an. Mike grinste. Ich atmete tief und frei.

»Soo. Nu mach dich ma frisch«, sagte sie. »Jetzt is dein Freund dran.«

Endlich, ich hatte es geschafft. Zwar hatte ich nicht mit ihr geschlafen, aber das Wichtigste war, für mich stand fest: Ich war nicht schwul.

Das Bad roch nach billigem Parfum, nach Pisse und Desinfektionsmitteln. Der Mülleimer war voller Kondomen, das Geschäft lief gut. Ich sah in den Spiegel. Stolz stand ich da – ich hatte es getan. Doch in mir wuchs die Scham. Ich schämte mich für das, was passiert war, wo und wie es passiert war.

Als ich wieder ins Zimmer kam, war Mike damit beschäftigt, unserer ersten Frau heftig die Brüste zu kneten. Glücklich und zufrieden spazierte ich hinaus auf die Reeperbahn. Ich war ein Mann. Bald würde ich mit einem Mädchen schlafen, ohne Kondom, ohne dafür zu zahlen. Das echte REIN-RAUS.

Mike und ich trafen uns wenig später auf dem Spielplatz wieder. Auch er war sichtlich erleichtert und glücklich. Wir sprachen kein Wort. Gemeinsam schauten wir in den Himmel.

Eine Woche später war Catcher Mike verschwunden, und mit ihm der Rest der Familie. Das Viertel munkelte und tuschelte, aber niemand schien etwas zu wissen. Mike war weg. Doch er hatte mir ein Geschenk hinterlassen: die Leidenschaft für Prostituierte. Von nun an ging ich so oft wie möglich zu ihnen. Es war nicht nur der Sex, der mich zu ihnen trieb. Mir gefiel ihre Melancholie, die meiner so ähnlich zu sein schien. Was ich damals nicht verstand, das weiß ich heute: Melancholie entsteht aus unerfüllter Sehnsucht. Es waren weise Frauen, diese Nutten. Sie waren das Herz und die Seele von St. Pauli.

11

Pimmel im Anker

Männlichkeit bedeutete für uns, dass man die Dinge aus Überzeugung tat, dass man sich nicht unterkriegen ließ vom Spiel des Lebens, das man gern und zünftig spielte, auch wenn es schon mal drei Tage regnete. Wenn ich tagsüber über die Meile spazierte, sah ich häufig die berühmten Luden: Hentschel, Lamborghini-Klaus, Karate Tommy, den Wiener-Peter oder Kalle. Manchmal beobachtete ich sie dabei, wie sie allein durch die Gegend spazierten oder allein einen Drink nahmen. Es kam selten vor, dass sie nicht in Begleitung waren, aber es kam vor. Dabei machte ich eine interessante Entdeckung. Wenn die Luden sich unbeobachtet fühlten, wenn sie nicht im Rampenlicht standen, dann sahen sie irgendwie traurig und einsam aus. Die Blicke der Luden schienen müde und leer. Ihr Lachen, ihr Strahlen waren verschwunden, auch diese Lässigkeit, die ich so sehr an ihnen bewunderte. Ich dachte mir damals nichts weiter dabei, schließlich war jeder mal allein, und jeder war mal traurig – auch die Luden. Doch sobald sie merkten, dass jemand sie ansah, begann die Show aufs Neue: das Strahlen, das Lachen, die Lässigkeit.

Pimmel war kein großer Lude. Aber auch Pimmel

wusste, wie man eine Show abzog. Nicht nur, wenn er besoffen allen seinen Schwanz zeigte. Einmal fuhr er mit einer richtigen Kutsche auf den Großneumarkt. Er trug einen fetten Pelz und einen auffälligen Hut. Er hielt vor seiner Kneipe, dem »Anker«, und genehmigte sich ein paar Getränke, zusammen mit seiner Frau. Pimmel hatte ein oder zwei Frauen laufen, und er hatte den Anker. Wir lungerten ab und an dort herum, aber nur um eine Cola zu trinken oder 'nen Groschen in die Jukebox zu werfen.

Eines Tages kam ein Südländer in den Anker, stellte sich an die Bar und meinte: »Wer ist der Chef? Ich will die Chef sprechen!«

Pimmel stand neben ihm und fragte höflich: »Was kann der Chef denn für dich tun?«

»Müssen unter vier Augen sprechen mit Chef«, entgegnete der Südländer.

Ich wusste: Das gibt Ärger. Aber ich machte mir keine Sorgen. Pimmel, so klein er auch war, so schmal er war, er strahlte absolute Männlichkeit, absolute Souveränität aus.

Ganz ruhig sagte er: »Wir reden doch gerade unter vier Augen. Oder möchtest du mit mir kuscheln?«

Der Typ bekam sofort einen roten Kopf. Der Barmann stand wie angewurzelt hinter seinem Tresen und wagte nicht mehr zu atmen. Ich saß an meinem Tisch und beobachtete die Szene. Außer mir war niemand in der Kneipe.

Pimmel war Herr der Lage. Er ließ sich nichts anmerken, lächelte, strahlte Ruhe aus. *Das ist der Unterschied zwischen einem richtigen Mann und einem*

Waschlappen, dachte ich. Ich war gespannt, was als Nächstes passieren würde. Ich kam mir vor wie im Kino. Der Südländer war kräftig gebaut. Er war einen Kopf größer als Pimmel und sicherlich zwanzig Kilo schwerer. Aber Pimmels Lächeln und seine ruhige Art schienen ihn zusehends zu verunsichern. Er blickte sich nervös um.

»Du gibs mir Geld«, sagte er schließlich. »Verstanden? Jeden Woche ich komm vorbei und du zahlst. Du gib mir.«

»Ach so!«, raunte Pimmel ganz ruhig. »Du willst nur 'n bisschen Geld. Wie viel soll ich dir denn geben?«

Der Südländer stand vor Pimmel und bäumte sich auf. »Mach nicht Maul so weit auf, sonst bring ich dich um, alter Mann!«

Ich weiß nicht, wie lange die Szene dauerte. Ich nuckelte an meinem Strohhalm und trank mittlerweile die Luft aus der Flasche. Gebannt starrte ich auf das ungleiche Paar. Plötzlich packte Pimmel den Typen am Kragen. Gleichzeitig zog er eine Pistole aus seinem Mantel. Der Barmann lief zur Tür und machte sie zu, als habe er solch eine Szene schon mehrmals erlebt. Pimmel war für mich in diesem Moment der absolute Held. Das war männlich. Etwas zu tun und dabei volles Risiko einzugehen, egal was kam. Man musste sein Ding durchziehen.

Der Südländer wurde blass.

»Leg dich auf den Bauch, du Schwachnase«, befahl Pimmel. Dann blickte er zu mir hinüber. »Na, Michel! Angst gehabt? Jetzt mach ma kurz die Ohren zu.«

Er trat auf den linken Arm des Südländers, so dass der die Hand spreizen musste. Pimmel zielte direkt auf die

Hand. »Du denkst also, du kannst bei mir abkassieren? Meinst du, du kannst hier abkassieren?« Pimmel schrie.

Dann knallte ein Schuss durch den Raum. Ein dumpfes Dröhnen rauschte durch meine Gehörgänge. Ich hatte meine Augen weit aufgerissen. Ich musste mir alles ganz genau anschauen. Ein glatter Durchschuss. Direkt durch die Hand. Der Barmann öffnete wieder die Tür. Pimmel riss den Südländer am Kragen hoch.

Während er die Knarre auf den Tresen legte, sagte er mit ruhiger Stimme: »Hassu dir wohl 'nen falschen Laden ausgesucht. Wenn ich dich jemals wiedersehen sollte, mach ich dir 'n Loch da oben rein, du verstehen?«

Pimmel wirkte wie einer meiner Kinohelden. So musste ein Mann sein: entschlossen in seinen Taten, mutig. Wenn man so agierte, konnte einen nichts aus der Ruhe bringen. Für mich war das eines der Schlüsselerlebnisse. So ein Mann wollte ich werden. Einer, der nicht rumeierte, sondern der zu seinen Überzeugungen stand und danach handelte, wenn es drauf ankam.

Dann lachte Pimmel laut auf. Der Typ hatte das Weite gesucht, und Pimmel schrie: »So, jetzt trinken wir mal einen. Nich wahr, Michel?!«

12

Zigeuner-Fritz

Mein Hunger war grenzenlos. Er trieb mich an, neue Wege zu gehen, neue Leute kennenzulernen. Parallel zu den Breakers, mit denen ich mittlerweile fast täglich abhing, führte ich noch einige andere Leben. Dann rauschte jemand in mein Leben, der mir der beste Freund werden sollte. Viele Jahre lang. Wir hatten gerade eine Stunde zusammen mit der Parallelklasse, als mir dieser große, schlaksige Typ mit Segelohren auffiel. Ein Neuer offensichtlich. Er sah aus wie Marius Müller-Westernhagen mit dunklen Haaren und dunklen Augen. Deswegen nannte man seine Familie – wie ich später erfuhr – »die Zigeuner«. Er lachte viel und laut, haute markante Sprüche raus und machte einen sehr lustigen Eindruck auf mich. Der Typ erinnerte mich an die Luden von St. Pauli, wie sie laut und selbstbewusst die Kneipen betraten: Hier bin ich! Sonst noch Fragen?

Unser Klassengrößter wollte sich den Neuen gleich vornehmen (so machte man das damals), als der schon rief: »Nein, nein. Schlag mich nicht. Ich bin deiner nicht würdig.« Die Klasse brüllte vor Lachen. Der Neue lächelte. Zuschlagen konnte unser Herkules jetzt nicht mehr. Der Neue und ich saßen sofort nebeneinander. »Ich bin Fritz«, sagte er. »Michel!«, grinste ich. Es war

Liebe auf den ersten Blick, wenn man das über Männerfreundschaften sagen kann. Wir verabredeten uns für den Nachmittag, und Fritz erzählte mir von seinem bisherigen Leben.

Fritz war zunächst aufs Gymnasium gegangen. Seine Eltern wollten unbedingt, dass ihr Sohn studiert. Fritz allerdings hatte andere Sachen im Kopf: vor allem Faxen und Unsinn. Er war wie ich ein mittelmäßiger Schüler und kam deswegen auf unsere Gesamtschule. Seine Eltern, Uwe und Rosie, hatten lange in der Nähe des Großneumarkts gewohnt, in der historischen Brüderstraße. Fritz' Vater war 'n richtiger Kiezschläger, der mit seinem Bruder Gerd durch die Kneipen zog und Sachen drehte, Streit anfing oder Typen abzog. Gerd war ein bulliger Typ, der den gefährlichsten Kopfstoß von St. Pauli zu seinen Waffen zählte. Den hat er sich antrainiert, als er im Knast war – er hat seinen Kopf immer wieder gegen die Spindtür geschlagen. Mit diesem knallharten Kopfstoß hat Gerd später einen umgebracht, aus Versehen. Kalle kannte die beiden. Fritz' Vater gründete später eine Baufirma, mit der er sehr viel Geld machte. Die Familie zog ins edle, großbürgerliche Eppendorf, nordwestlich der Außenalster. Fritz' Mutter gab sich jede Mühe, das viele Geld auszugeben. In der luxuriösen Wohnung gab es die tollsten Möbel, jede Menge moderne Technik und so einen perlweißen Teppich, der einen schneeblind machte, wenn man ihn zu lang anschaute. Ich musste immer die Schuhe ausziehen, was mir etwas peinlich war. Denn ich wechselte – wie gesagt – meine Socken nicht jeden Tag. Einmal kam Fritz' Mutter nach Hause. Sie war gerade für fünftausend Mark bei Versace einkaufen gewesen. Fünftausend

Mark! Ich konnte mir überhaupt nicht vorstellen, wie man so viel Geld für Klamotten ausgeben konnte.

Fritz hatte – im Gegensatz zu mir – immer Geld. Aber er ließ das nicht raushängen. Er gab mir kein schlechtes Gefühl. Für ihn war es ganz natürlich, dass er mich einlud, wenn wir in schicken Eppendorfer Läden unterwegs waren oder wenn wir in der Pause chinesisch essen gingen. Ich war auch nicht neidisch auf sein Geld und gab das, was ich selbst hatte, genauso freudig mit ihm aus, was unser Verhältnis sehr entspannt hielt.

Fritz hatte das Herz am rechten Fleck und ein unglaubliches Gespür für Menschen. Wir konnten miteinander lachen. Laut und hemmungslos. Manchmal so hemmungslos, dass man uns aus den Kneipen rausschmiss. Wir konnten uns gut die Bälle zuwerfen, zusammen albern sein und Faxen machen. Wir hatten ein blindes Verständnis füreinander. Mit Fritz konnte man Pferde und Äpfel stehlen. So jemanden findet man nicht alle Tage. Wenn ich es mir recht überlege: So viel gelacht wie mit Fritz habe ich nie mehr in meinem Leben. Als Schüler störten wir häufig und ausgiebig den Unterricht. Einmal landeten wir beide vor dem Klassenraum auf dem Gang. Und weil unsere Kreativität für Blödsinn keine Grenzen kannte, kamen wir auf die Idee, unserem Mathelehrer Jahn eins auszuwischen. Der war so 'ne cholerische Type, die sich nie im Griff hatte und ständig herumschrie. Wir stellten also einen Stuhl vor die Tür, nachdem wir zweimal an die Tür geklopft hatten, denn wir wussten, dass er beim dritten Klopfen herausstürmen würde. Wir klopften also ein drittes Mal. Jahn kam heraus, wütend und aufgebracht wie ein angeschossener Bär. Er sah den Stuhl nicht und legte sich mit dem Gesicht auf den kalten, harten Boden. Wir hatten unseren Spaß. Er ist natürlich ausgeflippt. »Wenn ich euch kriege, dann seht ihr alt aus«, hallte seine Stimme durch den Gang. Da waren wir längst über alle Berge, beim Chinesen.

Der Spaß sollte nicht immer so harmlos bleiben. Mit meiner Gang hatte Fritz nichts zu schaffen. Es interessierte ihn nicht, sich irgendwelchen Regeln oder Hierarchien zu unterwerfen. Er lebte ja im schnöden Eppendorf, wo er die meiste Zeit verbrachte. Nur selten kam er aus seinem Viertel raus. Auf eine Art war er sehr offen, auf eine andere sehr introvertiert. Als Freund war er 'ne treue Seele. So treu, dass er sich anderen Freundschaften verschloss. Fritz war zwar kein Rassist, aber er hielt sich für was Besseres. Mit Türken und Jugos, die ja den Großteil der Breakers ausmachten, konnte er nichts anfangen.

Fritz und ich – das war eine richtige Männerfreundschaft. Wir hatten meist nur ein Thema: sich schlagen, sich prügeln wie richtige Männer – auf der Straße. Fritz wollte sich immer austesten. Wir stellten uns Mutproben, schlugen Scheiben ein, machten Leute an. Das Nichtzurückweichen trieb uns an. Zu Beginn war Fritz noch ein Schisser. »Das ist Michel«, hat er immer gesagt, wenn er mich irgendwem vorstellte, »der ist ein Schläger und mein Beschützer.« Ich war kein Schläger, aber es stimmte: Ich war sein Beschützer. Zumindest am Anfang unserer Freundschaft.

Wir wollten im Kampf noch härter werden, wir wollten Dinge erleben, in denen es um etwas ging, in denen man sich als Mann beweisen konnten. Voll auf die Fresse! Voll reinwichsen! Ich betrieb zwar wie ein Irrer

Kampfsport, aber das reichte mir nicht. Ich lernte Kung-Fu. Dann wechselte ich zum Wun Hop Kuen Do, einem kombinierten Faustkampfstil, der von Al Dacascos kreiert wurde. Ich probierte alles aus. Aber wenn es auf der Straße Ärger gab, konnte ich mit meiner Kampfkunst nichts anfangen. Im Training kämpften wir ausschließlich mit Semikontakt. Das heißt: Man touchiert ganz leicht den Kopf und unterbricht den Kampf nach einem Treffer. Auf der Straße aber ging es genau an diesem Punkt erst richtig los. Und auf der Straße musstest du mehr können als ästhetisch und technisch saubere Bewegungen und Schlagkombinationen: schnell und hart schlagen, ausweichen, schnell auf überraschende Tritte und Schläge antworten. Es ging darum, sich selbst zu überwinden, keine Hemmungen zu haben und den Gegner mit einem einzigen Schlag ausknocken zu können. Zickzack! Das wollten alle können. Wir wollten ja harte Kerle sein. »Herz haben!«, nannten Fritz und ich das.

Es zeigte sich: Auf der Straße waren wir ein Paar, das sich ergänzte und das sich gegenseitig anheizen konnte. Wir waren schnell und gut darin, unsere Gegner weich zu kochen. Mit Beschimpfungen, Sprüchen, subtilen Verbalattacken. In Windeseile wurden wir Meister der psychologischen Kriegsführung. Aber was nützte das schon, wenn wir nicht in der Lage waren, das, mit dem wir drohten, auch wirklich umzusetzen? Seitdem wir uns kennengelernt hatten, redeten wir über nichts anderes: wie wir uns schlagen könnten, mit wem, wie wir noch härter werden konnten. Wir steigerten uns mit einer Konsequenz und Intensität in diesen Männlichkeitswahnsinn hinein, dass es mir heute noch verrückt vorkommt. Wenn wir kämpften und dabei nicht mit unserem Gegner am Boden rangen, sondern ihn mit Fäusten schlugen, war das ein großer Erfolg. Wir wollten Backpfeifen austeilen und dafür Respekt ernten. Wie unsere Väter. Die schnackten ja auch nicht lange. Da gab es gleich 'ne Schelle, aber vom Feinsten! Für uns waren das richtige Männer. Wir bewunderten sie für ihren Mut und ihre Schlagkraft. Auch wenn ich Kalle sonst nicht verstand, eines habe ich von ihm gelernt: Reden ist Silber, Taten sind Gold. Mit Fritz fand ich den Weg zu der Konsequenz, die ich mir erträumt hatte. Wann immer möglich, gingen wir auf die Straße und schlugen los: Fritz und ich!

13

Es muss klatschen, das Blut muss strömen

Ich war bei meiner ersten Nutte gewesen. Ich war in einer Gang. Ich war ein Mann. Zumindest kam ich mir so vor. Mein Leben verlief gut und war aufregend. Aber zum vollkommenen Glück brauchte ich noch eine Bomberjacke. Alle hatten Bomberjacken. Ohne Bomberjacke war ich kein richtiger Breaker. Wieder fing ich an, meine Mutter zu nerven, wieder gab sie irgendwann nach. Wir machten uns auf nach Altona in die Große Bergstraße und dann zu Paul Hundertmark. Ich wusste ganz genau, was ich haben wollte. Es musste eine amerikanische Bomberjacke sein. Der Stoff durfte nicht zu weich sein. Der Reißverschluss musste eine bestimmte Farbe haben. Meine Mutter hatte für solche Details keinen Sinn. Sie dachte nur an den Preis. Doch schließlich bekam ich sie: eine richtige, feste blaue Bomberjacke.

Zu Hause hängte ich die Jacke auf den Stuhl neben meinem Bett. Vor lauter Stolz machte ich die ganze Nacht kein Auge zu. Immer wieder schaute ich auf die Jacke, befühlte sie und sagte: »Die ist echt. Die ist geil.« Ich hatte eine original Bomberjacke. Ich war ein richtiger Breaker.

Der Stoff war fest. Die Bündchen saßen stramm. Die Passform war sportlich. Der Windfang unter dem Reißverschluss war fünf Zentimeter breit und mit einem Zickzackmuster runter gesteppt. Am linken Ärmel war oben eine Tasche. Man konnte Stifte reintun, oder Geld. Das Innenfutter war orange. Man konnte sie wenden, aber dann sah man aus wie ein Müllmann. Der Reißverschluss musste silberfarben sein. Auf keinen Fall goldfarben. Auf dem Zipper stand: »Ideal«. Der Zipper war schwarz und hatte einen Lederanhänger. Die Jacke gab einem eine gute Figur und das Gefühl, sich frei bewegen zu können. Sie hatte zwei Taschen an jeder Seite. Die benutzte ich nie. Denn, wenn die erst mal ausgebeult waren, gab es kein Zurück mehr. Ihr seichter Glanz symbolisierte Stärke und Lässigkeit. Das sportliche Aussehen der Jacke bedeutete, dass ihr Träger immer bereit war für 'ne Keilerei. Die Polster machten die Schultern breiter. Sie war ein Signal: »Ich gehöre dazu. Ich kämpfe auf der Straße. Ich bin nicht allein.« Sie war unsere Uniform. Ein Mod hatte eine andere Uniform. Er trug seine Modkutte, ein Popper trug seine verweichlichten Mädchenklamotten. Die Skins trugen englische Klamotten. Wir die amerikanischen. Das war klar aufgeteilt. Doch es war nicht immer ganz leicht zu unterscheiden. Denn auch die Skins trugen Bomberjacken, irgendwann trugen sogar die Popper Bomberjacken. Für uns war es das reinste Geschenk. Wir mussten nur nett fragen, und schon rückten die Popper ihre Bomberjacke und ihre neuen Turnschuhe raus.

Als ich am nächsten Tag in die Schule kam, betasteten alle meine Jacke. »Die ist echt, Aller! Sieht gut aus«, meinten die einen. »Die ist nicht echt, die sieht nicht so aus«, meinten die anderen. Mir war das egal, ich war zufrieden. Ich fühlte mich endlich wie ein echter Breaker, ich fühlte mich stark. Die Jacke war meine Rüstung. Noch selbstbewusster als zuvor stolzierte ich nun durch die Schule. Ich genoss es, dass die Jacke meinen Ruf als Schläger unterstrich, auch wenn ich selbst nie etwas dafür getan hatte. Im Gegenteil. Und für den Witz von einer Schlägerei mit Marco schämte ich mich immer noch.

Stolz lief ich mit der neuen Bomberjacke abends über die Reeperbahn. Meist mit einigen Leuten vom Training. Wir gingen in den »Club 88« oder die »Sheila Bar«. Wir stolzierten durch die Läden, als hätten wir Rasierklingen unter den Armen. Wir waren übertrainiert und unglaublich geil auf Keilereien. Wir überschätzten uns maßlos. Wir hatten wirklich Glück. Der Kiez war längst kein Spielplatz für wirre Jugendträume mehr. Er war inzwischen der Vorhof zur Hölle, wo Leute erstochen und erschossen wurden. Als Chinesen-Fritz in der Ritze tödlich getroffen vom Barhocker fiel, veränderte das St. Pauli. Es war der erste Auftragsmord im Kiez. Werner »Mucki« Pinzner war der Erste, der sich einen Namen als Killer machte. Wir hörten zwar all diese Geschichten, aber wir glaubten, sie kämen aus einer anderen, sehr fernen Welt. Wir hielten weiter an unseren wilden Träumen fest, die uns längst zu ihren Sklaven gemacht hatten.

Gemeinsam mit Zigeuner-Fritz suchte ich eine neue Methode, um härter zu werden. Wir schlugen Scheiben ein, Fensterscheiben, Autoscheiben. Mit dem Kopf und mit der Faust. Ich schlug gegen alles Mögliche, wie ich es bei den Kämpfern im Film gesehen hatte. Anders als meine Helden spürte ich den Schmerz aber sofort, und ich holte mir auch noch blutige Knöchel. Dann entdeckten Fritz und ich, dass hinter den Scheiben oft sehr interessante Dinge lagen. Wir nahmen sie mit. So wurde ich zwar nicht härter, aber pragmatischer. Jetzt schlug ich die Scheiben mit einem Stein ein, um meine Knöchel zu schonen. Die Beute – keine großen Sachen – verkaufte ich abends in den Puffs und auf der Reeperbahn. Das brachte mir die Freundschaft des einen oder anderen Zuhälters ein. Ich verlagerte mein Scheiben-Einschlag-Geschäft auf den Kiez. Denn gerade dort gab es alles, was die Loddel, die Nutten und ich begehrten. Ich war damals ganz scharf auf eine Cerrutti-Jacke. Und ich wusste, wo ich sie bekommen konnte.

Mirko, der Cousin vom roten Wladimir, hatte Wind von meinem neuen Geschäft bekommen und wollte unbedingt einmal mit dabei sein, bei mir in die Lehre gehen.

Ein warmer, schöner Sommerabend. Es war noch hell. Die Colonnaden, zwischen Jungfernstieg und Esplanade, mit ihren teuren Boutiquen waren bereits menschenleer. Ich hatte einen ordentlichen Ziegelstein dabei. Ich holte aus, warf, und mit einem gewaltigen Knall ging die Scheibe zu Bruch. Ich riss die Jacke aus der Ablage. Mirko krallte sich eine Jeans, ein paar Hemden. In der ganzen Hektik hatten wir nicht bemerkt, dass ein paar Männer unsere Aktion beobachtet hatten.

Plötzlich rannten sie auf uns zu, schnappten sich Mirko und riefen: »Wehr dich nicht, Kleiner!«

»Schmiere«, schoss es mir durch den Kopf, »nur weg.«

Mit der Jacke in der Hand lief ich los. Mirko hätte ich

unmöglich helfen können. Gerade als ich am »Vier Jahreszeiten« vorbeilief, rief hinter mir jemand: »Stehen bleiben, oder ich schieße.«

Es durchfuhr mich wie ein Blitz: Da stand ein Polizist, etwa fünfzig Meter von mit entfernt, und er hatte seine Waffe auf mich gerichtet. »Schon gut, schon gut!«, rief ich. Der Bulle kam angelaufen, drehte mich um und drückte mich gegen die Wand. Alles war wie in den Filmen: Beine auseinander, Hände hinter den Kopf. Abtasten nach Waffen, Handschellen.

Das erste Mal. Ich kam mir vor wie einer meiner Helden – und alle konnten sehen, wie man mich verhaftete. Stolz. Ich wurde abgeführt. Rein in den Wagen der Zivilstreife, in dem Mirko bereits auf mich wartete. Ich versuchte ein Lächeln. Er aber machte ein Gesicht, als hätte er am liebsten losgeheult. *Typisch*, dachte ich, *diese Kommunisten, alles nur Feiglinge.* »Haben die dich also auch erwischt«, murmelte Mirko. »Halt's Maul, oder ich hau dir gleich so in die Fresse«, schrie einer der Zivis. Mirko fing an zu weinen. Mir war eher zum Lachen zumute. Ich musste mich regelrecht zurückhalten, nicht laut loszulachen. Auf der Wache zeigte Mirko sich ziemlich redselig, während ich keinen Ton sagte, was zur Folge hatte, dass seine (sehr wütenden) Eltern ihn abholten, während ich die Nacht in der Zelle verbringen durfte.

Die Gerichtsverhandlung fand erst ein paar Monate später statt. Mirko rückte mit seinen Eltern an. Wir wechselten kein Wort. Als ich den Gerichtssaal betrat, bekam ich einen Lachkrampf – was allerdings nur ich lustig fand. Der Richter rief mich zur Ordnung und drohte, mich rauszuschmeißen. Diese Herren in ihren

Talaren, das wirkte nur lächerlich auf mich. Ich, der ich einen Flaum über der Oberlippe trug, hielt mich für den Größten. Mein Gesicht wurde knallrot. Ich bekam keine Luft mehr, Tränen liefen mir übers Gesicht. Immer wieder musste ich losprusten. Richter, Staatsanwalt, Mirko und seine Eltern sahen mich an, als wäre ich einer anderen Welt entstiegen. Mein Realitätsverlust war offensichtlich. Wenn ich etwas gefragt wurde, nickte ich nur und versuchte, krampfhaft an etwas anderes zu denken, um nicht wieder lachen zu müssen. Mirko gestand, ohne Wenn und Aber. Ich nickte nur, zeigte keine Reue, sondern lachte. Ich lachte laut. Trotzdem wurden wir beide zur gleichen Strafe verurteilt: zwei Tage gemeinnützige Arbeit auf einem Fußballplatz auf St. Pauli. Wir schrubbten die Böden der Umkleidekabinen und des Vereinsheims.

Der Weg ins Herz der Finsternis von St. Pauli schien mir nun vorbestimmt. In der Schule lernte ich ständig neue Gangmitglieder kennen. Die Lehrer hatten es immer schwerer mit uns Halbstarken. Einmal spuckte ich auf den Boden der Turnhalle und beschimpfte den Lehrer als Arschloch. Die Strafe: sechs Wochen Schulverbot, was für mich allerdings alles andere als eine Strafe war. Ich triumphierte: Endlich durfte ich ganz offiziell der Schule fernbleiben. Außerdem brachte mir die ganze Aktion auch noch den Respekt der ganz Schlimmen ein. Sommerferien im Herbst. Herrlich! Meinen Eltern erzählte ich nichts von dem Verweis. Wozu auch? Jeden Morgen verließ ich die Wohnung, parkte meinen Ranzen wie üblich in einem der umliegenden Treppenhäuser, und los ging's! Ich hing die Vormittage auf St. Pauli ab.

Ich spazierte durch den Kiez, allein mit meinen wilden, unruhigen Gedanken. Die Straßen, in denen ich noch vor kurzem als braver Butsche in den Hinterhöfen gespielt hatte. Ich wollte kein Butsche mehr sein. Ich wollte mitreden. Ich wollte, dass man mich respektierte, dass mein Name bekannt war. Ich wollte, dass man mich fürchtete. Ich wollte Michel der Breaker sein.

Doch dazu musste ich endlich meine Beißhemmungen loswerden. Ich musste meine Angst, jemandem in die Fresse zu schlagen und ihn dabei zu verletzen, überwinden. Im Kopf hatte ich es schon hundertmal durchgespielt. Auch war ich einige Mal schon kurz davor und auf dem richtigen Weg gewesen. Aber immer, wenn ich kurz davor war, passierte Folgendes: Ich stehe dem Gegner gegenüber. Er ist größer, viel größer. Ich weiß: Ich muss als Erster zuschlagen, damit ich eine Chance habe. Es passiert aber nicht. Ich habe das Gefühl, immer kleiner zu werden. Mein Gegner wird immer größer. Ich will mich bewegen, aber ich kann nicht. Alles passiert in Zeitlupe. Ich will mich bewegen. Ich will ihn nicht zerstören, aber ich will gnadenlos sein. Ich will ihm weh tun. Meine Gedanken sind überall, nur nicht bei der Sache. Wird er noch wütender, wenn ich ihn schlage? Wird er brutal zurückschlagen? Ich muss ihn richtig treffen. Mein Herz rast. Der Weg meiner Faust in sein Gesicht ist lang, so unendlich lang. Ist mein Arm zu kurz? Wird er sich wegducken? Wird er ausweichen? Mein Gegner ist ein Gigant. Er erscheint mir übermächtig. Ich muss alles auf eine Karte setzen. Ich habe nur diese eine Chance. Was ist das, was mich zurückhält? Ich habe immer wieder darüber nachgedacht, wie es ist, richtig und hart zuzuschlagen. Es ist heldenhaft! Jemanden in den Schwitzkasten nehmen, das kann jeder. Das ist eine sichere Nummer. Das interessiert kein Mädchen, wenn man so kämpft. Das habe ich jahrelang so gemacht. Ich will jetzt endlich zuschlagen. Mein Herz klopft wie verrückt. Meine Beine werden schwach. Ist das die Angst? Wenn ich zuschlage, werden alle staunen! Mein Gegner wird zurückschlagen. Ich weiß es. Sein Blick ist böse. Wie wird es sich anfühlen, wenn ich ihn mit der Faust im Gesicht treffe? Wird es weh tun? Werde ich es tun? Ja, ich tue es! Komm, Michel! Komm, Michel! Sei ein Mann! Ein Breaker! Schlag zu! Schlag zu! Kann meine Faust schneller sein als sein Kopf? Mir ist heiß. Ich habe Fieber. Meine Schläfen pochen. Ich muss mich entscheiden. Ich! Ich muss! Ich atme nicht. Ich erstarre. Ich erstarre ... Verdammt!

Meine Gedanken überschlugen sich. Ohne einen richtigen Kampf war ich ein Nichts. Ich lief zur Reeperbahn, wo ich auf Ali, Serkan und Michi traf. Freunde vom Kiez. Keine Schläger. In keiner Gang. Nur Freunde, Mitläufer, Straßenjungs wie ich. Wir quatschten über dies und das, ich prahlte ein bisschen mit der Aktion gegen die Red Tampons. Wir zogen Richtung Hauptbahnhof, als ich bemerkte, dass wir von vier Jungs verfolgt wurden.

»Scheiße«, raunte Ali. »Was machen wir jetzt?«

»Ruhe bewahren«, sagte ich. Die Verfolger kamen näher. Ich hörte ihre Schritte, das Rascheln ihrer Bomberjacken. Ich wusste: Die wollen mit uns keinen Plausch bei 'ner Currywurst halten. Aber die Zeit des Abhauens und Wegduckens war vorbei. Ich war bereit.

Die Typen standen vor uns. Sie waren größer als wir. Ihr Anführer war ein Typ mit dunklen Augenringen und breitem Kiefer. Niemand sagte etwas, wir starrten uns alle nur an, bemüht, dem anderen das Gefühl zu geben, dass er gleich einen großen Fehler machen würde. Mir war klar, dass das nichts Gutes bedeutete. Dann ging alles ganz schnell. Der Anführer holte aus und schlug dem kleinen Michi mit der Faust auf die Brust. Michi stöhnte auf, torkelte, hustete.

»Scheiße, Mann!«, schrie Ali.

Ich kam ihm zur Hilfe und fixierte meinen Gegner, der nach seinem gelungenen Treffer gegen Michi grinsend dastand und den Respekt seiner Männer genoss. Konnte ich ihm ernsthaft etwas anhaben? Es war das alte Spiel: David gegen Goliath. Er schien alle Macht zu haben. Jetzt aber würde ich mir die Macht holen! Es war klar: Nun würde ich zuschlagen! Ich würde die Wand durchbrechen. Den Schritt vom Kind zum Mann machen. Mit diesem einen Schlag würde ich es aus mir herausbrüllen: Hier steht ein Mann! Sein Recht ist die Faust! Er quatscht nicht lange, er hält sich nicht auf! Kalle konnte das. Dafür bewunderte ich ihn. Wenn er sich schlug, war er der ehrlichste Mann der Welt. Der Schlag eines Mannes ist etwas Ehrliches. Er ist eine Antwort, auf egal welche Frage.

Wir standen uns gegenüber. Ich war bereit. Ich wollte ihn klatschen. Es würde klingen wie begeisterter Beifall nach einer Theaterpremiere. Ich wäre ein Held! Er starrte mich an. Ich starrte böse zurück. Die Aura des Unbesiegbaren umgab mich – zumindest glaubte ich das. Alles um mich herum erschien mir nur noch schemenhaft, schwarz-weiße Zerrbilder, extrem verlangsamt. Das Einzige, was meine Ohren noch wahrnahmen, war das dumpfe Pochen meines Herzens. JETZT

ODER NIE! Dann bewegte ich mich. So schnell, wie ich es immer wieder in meinen Gedanken durchgespielt hatte. Ein Schritt nach vorne. Ein Schlag. Drei Mal traf ich ihn mitten ins Gesicht. Meine Knöchel schmerzten. Egal! ENDLICH! Ich schlug wieder zu, noch fester. Kein Gewissen meldete sich. Nur das Gefühl der Erleichterung und noch mehr das des Glücks. Ich begann zu tanzen, ich schwebte wie Bruce Lee. Ein Sidekick. Er wich zurück. Ein Fausthieb. Er wich wieder zurück. Er nahm Anlauf, packte mich an den Beinen und stemmte mich hoch. Er versuchte, mich auf die S-Bahn-Gleise zu schmeißen. Ich krallte mich an ihm fest. In mir brannte es. Diese Hitze gab mir Kraft.

Ali, Serkan und Michi standen nur da und schauten uns zu. Alle anderen auch, zum Glück! Ich versuchte mich aus seiner Umklammerung zu befreien, trat nach ihm, schlug nach ihm. Wir gingen zu Boden und wälzten uns auf dem Boden. Schließlich konnte ich seinen Kopf greifen und hielt ihn im Neckbreaker. Mit der linken Hand versuchte er an seine Jackentasche zu kommen. Ein Messer!

»Serkan! Serkan!«, rief ich. »Tritt ihm ins Gesicht.«

Die anderen standen immer noch da wie Salzsäulen. Serkan löste sich, holte aus und erwischte den Typ am Hinterkopf. Ich packte sein linkes Handgelenk und schlug es immer wieder auf den Boden, damit er das Messer fallen ließ. Ich hatte ihn immer noch im Würgegriff. Ich ließ ihn los, sprang auf und trat zu. Er lag am Boden, seine Nase blutete. Er atmete schwer. Ich ließ ihn liegen.

»Abmarsch!«, rief ich und sprang in die offene S-Bahn. Serkan, Ali und Michi dicht hinter mir. Die Türen schlossen sich. Durchs Fenster sah ich, wie er langsam wieder aufstand, gestützt von seinen Leuten.

»Auf nach St. Pauli!«, schrie ich.

»Auf nach St. Pauli!«, schrien Serkan, Ali und Michi.

Ich fühlte mich leicht, so geil leicht. Ich strahlte. Meine Stimme war lauter als sonst. Meine Schultern waren breiter, und ich war um fünf Zentimeter gewachsen. Mindestens! Ich war ein Held. Endlich!

Es war da, das Gefühl. Es durchströmte mich. Ich hatte es getan, und es fühlte sich gut an. Serkan, Ali und Michi klopften mir anerkennend auf die Schulter. »Mann, Michel«, sagte Serkan. »Dem hast du ordentlich eingeschenkt. Den hast du alle gemacht.« Ich fühlte mich wie ein Vater, der sich schützend vor seine Kinder gestellt hatte. Eine Flamme der Unbändigkeit loderte nun in mir. Gewalt ist wie Feuer! Du kannst es nicht bändigen, wenn es ausgebrochen ist. Hast du die Gewalt einmal gerufen, dann musst du mit den Geistern leben, die die Gewalt beschwört.

Während meiner Zeit in den Gangs habe ich eines gelernt: Wenn du die Gewalt nicht kontrollieren kannst, dann wendet sich die Gewalt irgendwann gegen dich. Sie ist wie Feuer, das sich in alle Richtungen ausbreitet und ständig Nahrung sucht. Dieses Feuer holt sich alles. Es wird immer größer und vernichtet alles, was ihm im Weg ist, auch dich. In mir hatte sich dieses Feuer in dem Moment entzündet, als ich dem Typen ein paar eingeschenkt habe. Es wärmte. Ich brannte! Es war mir gelungen, das Feuer zu kontrollieren. Ich hatte den Typen nicht kaputt gemacht, als er am Boden lag. Anderen gelingt das nicht, sie entfachen gleich eine Feuersbrunst, in der sie später selbst zugrunde gehen.

Ali, Serkan und Michi brachten die Geschichte auf dem Kiez unter die Leute: in den schillerndsten Farben. Mit der Zeit wurde sie immer größer und gewalttätiger. Aber so sind Legenden nun mal. Sie entwickeln irgendwann ihre eigene Dynamik. Was soll's. Mir brachte die Nummer eine Menge Respekt ein.

Vom S-Bahnhof lief ich zurück zum Treffpunkt der Breakers, um den anderen alles zu erzählen. Ich wollte mich feiern lassen. Endlich ein Mann! Ein Kämpfer! Aber der Spielplatz war leer, niemand war da. Also ging ich nach Hause, allein, nur mit meiner Geschichte, in der ich der Held war. Als Held ist man manchmal sehr einsam.

14

Glatzköppe klatschen

Auf dem Kiez sah man die Gangs nicht gerne. »Solche Gruppen tun nicht not«, hieß es, wenn die Angst bei den Leuten mitschwang. In ihren Augen waren wir Breakers und auch andere nur ein Haufen verwahrloster Jungs. Diejenigen, die im Kiez das Sagen hatten, belächelten uns vermutlich als junge Angeber, denen mal richtig der Kopf gewaschen werden müsste. Aber wir waren überall, und wir waren viele. Man erkannte uns an dem Schriftzug auf dem Rücken unserer Bomberjacken, wir brauchten keine Ausweise.

Manche der Gangs entwickelten sich zu Schulen, aus denen St. Paulis Unternehmen ihren Nachwuchs rekrutierten. Wir waren ein neuer Unruhefaktor im Kiez, und nicht nur dort. Ende 1984 berichtete der *Spiegel* unter der Überschrift »Wir nehmen das ganze Land auseinander« von der neuen Gangkultur, die sich in Großstädten wie Hamburg, Essen, München oder Frankfurt zu einem Phänomen entwickelt hatte. Es gefiel uns, dass wir es geschafft hatten und die Presse über uns berichtete. Wir waren berühmt – und berüchtigt! Wir nahmen das ganze Land auseinander! Allerdings hatte der Autor sich gar nicht erst die Mühe gemacht und versucht zu verstehen, wer wir waren und was wir wollten. Stattdessen sah er in uns nur konsumorientierte Schläger aus sozial schwachen Familien, die »einen aggressiven Anschluss an die Gesellschaft« wollten. Manche seiner »Beobachtungen« waren dabei so absurd, dass wir uns nur noch amüsieren konnten. Ohne uns jemals wirklich gesehen zu haben, wusste er: »Witzige Sprüche, die den Spontis zu literarischem Ruhm verholfen haben, fallen ihnen schon deshalb nicht ein, weil sie es schwer haben, sich zu artikulieren.« Bei uns gab es viele, die sich besser artikulieren konnten als die politischen Aktivisten in Wladimirs Kommune. Ich habe in den Gangs sehr intelligente Menschen getroffen, viel mehr als später an der Uni. Sie haben ihr Talent nur anders genutzt. Leute wie Ümet, die treffsicher Menschen, Kunst und politisches Geschehen einordnen konnten – ohne das, was die Normalbürger »Bildung« nannten. Eyhan, der Chef der Champs, hatte ein enormes Talent, Menschen zu führen. Er konnte intelligente Entscheidungen treffen. Er konnte mit allen gut, egal ob Polizeichef oder Richter. Sicher, viele nutzten ihre Talente mit kreativer krimineller Energie. Doch so, wie die meisten von uns aufgewachsen waren, kannten wir es gar nicht anders. Es war der Weg, den wir von Kindesbeinen an als den einen sahen, der zum Erfolg führen kann – zumindest aber als den Weg, der einen überleben ließ.

Man sollte an Intelligenz nicht nur moralische Maßstäbe setzen!

Wir waren umgeben vom Diktat der Achtundsechziger. Wir mussten ausbrechen. Wir wollten unseren Eltern nicht wie Gänse hinterherlaufen (diesen Spruch hatte ich immer auf den Lippen, seitdem ihn Romy

Schneider in »César et Rosalie« gesagt hatte). Die Achtundsechzig mutierte zu einer moralischen Diktatur der Gutmenschen. Dabei vergaß man, uns Jungen einen kreativen Freiraum zu lassen, in dem wir uns ausprobieren konnten. Wie alle Jugendlichen sehnten auch wir uns danach. Etwas in uns ließ uns keine andere Wahl. Wir wollten kämpfen, lieben und unsere Schlachten schlagen, ohne dabei bevormundet zu werden. Wir wollten unseren eigenen Weg entdecken. Und es musste einer sein, auf dem nicht schon unsere Eltern gegangen waren.

In den achtziger Jahren wurde alles reflektiert. Alle waren auf Sicherheit bedacht. Bloß kein Risiko eingehen! Es war die Zeit der Yuppies, der Verkopfung, der Vereinsamung, der harten Drogen. All das wollten wir nicht. Wir hörten die Musik der unterdrückten schwarzen Minderheit Amerikas, weil wir genauso fühlten. Wir waren die unterdrückte soziale Schicht, verachtet vom Bürgertum. Wir nahmen keine Drogen, weil wir uns nicht selbst zerstören wollten. Wir wollten stark sein, sportlich, und wir wollten lachen. Wir wollten nicht die Resignation unserer Eltern leben. Das politische Terrain war weitgehend abgegrast. Die Kultur wurde kommerzialisiert. Es gab kaum noch Schwarz-Weiß-Feindbilder. Die Welt war komplexer geworden.

Der Autor des *Spiegel* beklagte, dass wir keine politischen Ambitionen hätten. Wenn er nur etwas genauer hingesehen hätte: Die politischen Visionen und Konflikte der sechziger und siebziger Jahre waren in den Achtzigern kaum noch zu spüren. Man nahm Heroin, frisierte sich die Haare wie ein Außerirdischer, trug Glitzerklamotten, tauchte ab in eine andere Welt, oder man machte sich kaputt. Die Endzeitvisionen jener Zeit, die nukleare Katastrophe als mögliche Folge eines Konflikts der beiden Supermächte USA und Sowjetunion, Brokdorf und Tschernobyl, Waldsterben, NATO-Doppelbeschluss – all das trieb die Jugend nicht nur zu den Grünen, sondern auch in den Eskapismus des Pop. Die RAF und die Revolutionären Zellen waren zu reinen Mordkommandos verkommen, deren politische Ideen kaum noch jemanden interessierte. Unsere Revolte bestand darin, dass wir nicht so werden wollten wie unsere Hippie-Eltern. Ausgerechnet Punk war ganz im Sinne der Achtundsechziger-Mamis und -Papis. Punk lebte die Depression und die politische Enttäuschung der Eltern aus. So waren die Punks mit ihrer No-Future-Philosophie die radikalste Gegenströmung zu uns. Wir in den Gangs empfanden unsere Kultur als krassen Schnitt mit der politischen Kultur der Eltern. Wir wollten anders sein. Wir wollten die Last, die sie uns aufgebürdet hatten, abschütteln – wenn nötig mit Gewalt. Wir wollten wir sein. Wir, die Kinder der Arbeiter und Migranten. Doch niemand traute uns etwas zu. Deswegen waren wir bei den Breakers, den Champs und den anderen Gangs.

Die Breakers wurden im *Spiegel* nicht erwähnt. Dazu hätte sich sein Autor die Mühe machen und ordentlich recherchieren müssen. Wir waren eine kleine Gang, die am Anfang der Bomberjackengangkultur stand. Wir waren ein romantischer Haufen, noch immer auf der Suche nach Idealen und Strukturen. Das mag einer der Gründe dafür sein, dass mit der Zeit viele von uns (mich eingeschlossen) zu anderen Gangs abwanderten. Zu Gangs, die einen Namen hatten und die mit der Zeit professioneller, aber auch brutaler geworden waren. So wie es uns der Kiez jeden Tag vorlebte. In den ersten Jahren hielten wir den Ehrenkodex sehr hoch. Doch wie auf dem Kiez verschwand auch in den Gangs bald die alte Ganovenehre. Aber noch galt: Wenn wir in den Gangs einen gemeinsamen Feind hatten, dann rotteten wir uns zusammen. Und unser schlimmster gemeinsamer Feind waren die Nazis!

Eines Tages war ich zusammen mit Cem, einem anderen Breaker, in der S-Bahn Richtung Landwehr unterwegs. Keine Ahnung, was wir da wollten. Vielleicht nachsehen, ob es auch außerhalb von St. Pauli intelligentes Leben gab. Aber das schien uns sehr unwahrscheinlich. An einer Station stiegen Skinheads ein, rechte, das sah man. Es gab Zeichen an jeder Uniform, und linke konnte man von rechten Skinheads anhand der Schnürsenkel ihrer Doc Martens unterscheiden: rote bei den Red Skins, weiße bei den Naziskins. Diese hier trugen weiße.

Cem sah die drei grimmig an. »Solche Typen machen mich krank«, murmelte er mir zu.

Kaum hatte er das gesagt, stand er auf, stapfte zu den drei Skins und schlug zu. Cem hatte noch nicht mal eine Ansage gemacht. Die überraschten Skins kamen gar nicht dazu, sich zu wehren, sie beugten sich mit Händen über den Kopf nach vorn. Zwei hatte er fest im Griff. Ich stand auch auf und schob dem dritten gleich meine Hand ins Gesicht. Ich tat es mühelos, er konnte mir nichts entgegensetzen. Die Skins duckten sich immer weiter vor unseren Schlägen und Tritten, bis sie ein einziges Knäuel mit weißen Schnursenkeln am Boden waren. »Ihr Wichser! Nazis seid ihr!«, schrie Cem.

All die Wut, die sich im Laufe der Jahre bei mir angestaut hatte, war kurz vor der Explosion, als mein Gegenüber dann doch Anstalten machte, sich zu wehren. Ich musste aufpassen, dass ich nicht die Kontrolle verlor.

Doch bevor ich weiter wie wild auf den Nazi einschlagen konnte, stoppte die Bahn. »Los, ihr Penner. Aussteigen. Endstation!«, brüllte ich. Cem jagte sie mit Tritten nach draußen. Von der Tür aus sahen wir ihnen hinterher; weg waren sie, hoppelten wie ängstliche Hasen über den Bahnsteig.

»Scheiß Nazis!«, rief ich.

»Geile Aktion!«, rief Cem.

Da war es wieder, das Adrenalin, das drohte, mich um den Verstand zu bringen.

An der nächsten Haltestelle stiegen wir aus. Wir wollten weiterkämpfen! Meine Brust war ganz warm, fast heiß. Ich spürte das Feuer wachsen.

»Wo sind wir?«, fragte Cem.

»Keine Ahnung«, sagte ich. »Lass uns mal schauen.«

Wir spazierten los, fanden ein Einkaufspassage, wo uns die Leute anstarrten, als wären wir Außerirdische. Kein Wunder. So, wie wir durch die Gegend stolzierten. Mit Gockelgang und breiter Brust, in engen Jeans, Boxerstiefeln, Bomberjacken, mit langen Haaren und Oberlippenbart. Wer heute so herumläuft, der ist eine ausgemachte Lachnummer. Aber damals flößte das den Leuten Respekt ein, wenn nicht sogar Furcht! Trotz Oberlippenbart! Wie sich die Zeiten doch ändern können. Ich war erst vierzehn, aber ich kam mir vor wie ein ganz großer, unbesiegbarer Kämpfer.

Wir streiften durch die Gänge eines kleinen Klamottenladens. Die Verkäuferin zeigte einer Kundin gerade ein Kleid – und hatte bei der letzten vergessen, die Kasse wieder zu schließen. Cem sah sich kurz um, dann griff er zu und packte die Scheine ein. In aller Seelenruhe verließen wir den Laden. Auch wenn ich froh über die Beute war, Klauen war nicht mehr mein Ding, seitdem ich bei meinem letzten Fensterjob erwischt worden war. Aber mitgehangen, mitgefangen. Und die Kohle war willkommen. Zweihundertfünfzig Mark für jeden.

Auch wenn die Gegend anderen gehörte, stolzierten wir selbstsicher umher. Aber ich wusste, dass ich wachsam sein musste. Es war eine brave, biedere Gegend, altdeutsch. Nur sahen wir ganz sicher nicht wie brave Deutsche aus. »Ey, lass uns zur Schilleroper«, raunte ich Cem zu. »Da treffen wir die anderen.« Die Schilleroper, zwischen dem Schanzenviertel und St. Pauli, war unser Treffpunkt. Doch an der nächsten Ecke standen sie dann: acht bis zehn Skinheads. »Lass uns kehrtmachen«, meinte Cem. Also stiefelten wir zurück zur Einkaufspassage. Aber die Nazis hatten schon die Verfolgung aufgenommen. *Das wird ein Krankenhaustag*, dachte ich. Ich war nicht sonderlich wild darauf zu erfahren, wie es ausgeht, wenn wir zehn wütenden Skins gegenüberstehen. Sie suchten ganz sicher nicht das Gespräch mit uns. Seelenruhig verfolgten sie uns. Sie wussten, dass wir nicht entkommen konnten. Angst stieg in mir auf. Mein Mund wurde trocken. St. Pauli kam mir in den Sinn. Wie schön doch das Leben dort sein konnte. Wir gingen in ein Treppenhaus, suchten nach Notausgängen. Die Skins hinter uns. Ich hörte ihre Schritte. Blöde Idee! Das Treppenhaus bot uns nicht einmal den Schutz der Öffentlichkeit. Ich schaute die Treppe hinunter und sah ihre Hände, die schnell am Geländer entlang griffen. Plötzlich fühlte ich mich sehr einsam. Ich hatte keine Lust, gestiefelt zu werden, und hier, in einem leeren Treppenhaus, war sogar viel Schlimmeres denkbar.

Wir kamen in einen langen, leeren Gang. Ich begann zu beten: »Lieber Gott, wenn ich hier lebendig rauskomme, werde ich immer den Schwächeren helfen.« Wir rannten den Gang entlang, dann links durch eine Tür in einen Lagerraum. »Was machen?«, flüsterte Cem mir zu. »Die Kohle. Wir müssen die Kohle verstecken.« Hektisch stopften wir die Scheine in unsere Strümpfe und Unterhosen. Dann warteten wir, eine halb Stunde oder länger. Langsam öffnete ich die Tür, nur einen Spalt. Es war nichts zu sehen, nichts zu hören. »Los!« Wir rannten zurück in die Passage.

Wie geprügelte Hunde schlichen wir nun zum Ausgang. Als ich den Ausgang sah, überkam mich ein Glücksgefühl. Ich wollte mich am liebsten bei allen Leuten dafür bedanken, das ich noch lebte. Doch dann sah ich sie. Vier Skins in einer Kneipe gleich rechts neben dem Ausgang. Sie hatten uns auch gesehen. »Los, lauf!« Ich rannte, so schnell ich konnte. Cem hinter mir her. Wie die Karnickel schossen wir durch den Ausgang. Die Skins waren direkt hinter uns, ihre wütenden Schreie hatten uns schon längst erreicht. »Wir kriegen euch, ihr Wichser!« Wir liefen buchstäblich um unser Leben und rempelten uns durch die Passanten, die Skins immer noch dicht hinter uns. Meine Beine brannten. Mein Herz ratterte. Ich lief und lief. Cem hielt mit. Das Gebrüll der Skins trieb mich an. Dann plötzlich schrie ich Cem zu: »Warum laufen wir weg?

Es sind nur vier, die schaffen wir!« – »Lauf, Alter«, schrie Cem.

Wir liefen weiter. Das Gebrüll hinter uns wurde leiser und verstummte irgendwann ganz. Inzwischen wusste ich auch wieder, wo wir waren; irgendwo am S-Bahnhof Landwehr. Keine Nazis mehr.

»Wir haben sie abgehängt, Cem!« Vor Erleichterung lachten wir auf. »Wieso sind wir weglaufen?«

Cem hustete nur.

Ohne Umwege machten wir uns auf zu unserem Spielplatz in Eimsbüttel, wo die anderen Breakers schon warteten. Wir erzählten von unserem Tag, den Skins in der S-Bahn, aber auch von der Jagd der Horde auf uns. Nur den Griff in die Kasse verschwiegen wir. So sehr die Aktion in der S-Bahn unseren Stolz aufgepumpt hatte, die Flucht hatte uns doch auch wieder runtergeholt.

»Das können wir nicht auf uns sitzenlassen«, sagte Ümet.

»Die bringen wir um«, rief einer aus den hinteren Reihen und zog eine Pistole aus der Hose. Endlich Action! Das Feuer in mir war wieder voll entfacht, und ich wollte sofort zurück, um mich zu beweisen!

Die Skins hatten uns gedemütigt. Es gibt nichts Schlimmeres, als wegzulaufen. Wir hatten also genügend Gründe, den Kampf mit den Nazis zu suchen. Allerdings kannte sich niemand in deren Gegend aus. Ein paar von uns machten sich auf und sorgten für Verstärkung. Das Wort »Nazis« konnte wahre Wunder bewirken. Die meisten im Kiez hatten ihre Wurzeln woanders, ihre Familien waren aus der Türkei, dem Libanon oder vom Balkan hierhergekommen auf der Suche nach Arbeit, einer besseren Zukunft oder auf der Flucht. Es war für alle eine Frage der Ehre, dass man sich zusammentat und gegen die Nazis zog, egal, ob man ein Breaker war oder einer anderen Gang angehörte. Für die Zeit des Kampfes gegen die Skins waren alle Differenzen untereinander vergessen.

An der Jugenddisko »Schilleroper« trafen wir alle zusammen. Es war klar: Die Nazis würden ordentlich was aufs Maul kriegen. Sechzig Jungs waren wir. Die Stimmung war gigantisch. Wir brodelten und heizten uns gegenseitig weiter an. Wieder zogen wir durch die Straßen von St. Pauli. Auf den Bürgersteigen standen die Leute und starrten uns mit offenem Mund an. In der U-Bahn besetzten wir zwei komplette Waggons. Niemand hätte jetzt den Mut aufgebracht, sich gegen uns zu stellen; kein Streifenpolizist, absolut niemand. Wir waren eine Macht. Die Stadt gehörte uns! Einige taggten sich in die Scheiben der Bahn, andere hinterließen ihr Zeichen auf Sitzen und Wänden. Die normalen Fahrgäste kümmerten uns nicht. Wir hatten keine Angst, keinen Respekt und machten, was wir wollten. Der Zug hielt, die Türen gingen auf, und sechzig Jungs strömten hinaus. Was für ein majestätisches Gefühl! Wir waren gekommen, um uns zu schlagen, um uns zu beweisen und den Respekt einzufordern, der uns zustand. Wir waren gekommen, um den Nazis in ihrem eigenen Revier entgegenzutreten.

Doch wo waren die verdammten Skins? In der Kneipe saßen nur ein paar Typen, darunter sogar zwei Rocker mit Lederkutte. Alle schwiegen und beobachteten uns. Das war auch besser so. Man konnte es spüren, wie aufgeladen wir waren. Das Feuer in uns fing an, die Umgebung zu versengen. Wir schauten böse, rempelten alle, die uns im Weg waren, weg. Alle hatten Angst vor uns. Erst als wir wieder auf die Straße zogen, trauten sich ein paar Typen aus der Kneipe, uns hinterherzurufen: »Verpisst euch, ihr Kanaken! Verpisst euch!« Doch es klang mehr wie eine Bitte. Noch bevor wir sie uns vornehmen konnten, waren sie in die Kneipe geflüchtet und hatten die Türen verriegelt. Stühle flogen im hohen Bogen gegen Fenster. Ein paar von uns sprangen gegen die Türen – so wie Bruce Lee auf seine Gegner zusprang. »Kommt raus, ihr feigen Ratten!« Wie hatte der ahnungslose Redakteur des *Spiegel* doch so schön gesagt: Wir nahmen die Stadt auseinander!

Nazis fanden wir an diesem Tag keine mehr. Sie schienen sich in ihren Löchern versteckt zu haben. Allmählich verflog unsere Kraft, Langeweile macht sich stattdessen breit. Ümet beriet sich mit den anderen Bossen. »Okay. Wir fahren zurück«, hieß es schließlich.

Durch die Langeweile und die Enttäuschung über die entgangene Schlacht kam es zu kleineren Rangeleien zwischen den Gangs. »Ihr habt nicht so gute Kämpfer wie wir!« – »Wir haben euch damals ganz schön was aufs Maul gegeben!« Der gemeinsame Gegner war verschwunden – und mit ihm unsere flüchtige Einheit.

Beim Abschied wünschten sich einige Pech und Schwefel an den Hals. Wir Breakers liefen mit den Panthers zum Jugendheim. Sofort gab es Streit. Es ging um ein dämliches Fahrrad, das einem Panther gehörte. Vor dem Jugendheim hatte es jemand auseinandergenommen. Die Panthers beschuldigten uns. »Ihr könnt ja versuchen, uns zu zeigen, ob ihr die besseren Kämpfer seid«, rief ihr Anführer. Es war schon komisch. Von einer Sekunde zur anderen waren die Nazis vergessen und alles so wie immer. Streit und Stress folgten auf Streit und Stress.

Von Kampf zu Kampf wurden wir rabiater, unsere ursprünglich romantischen Ideale gerieten ins Wanken – wir selbst gerieten ins Wanken. Wer weiß, was passiert wäre, wenn wir an diesem Tag die Nazis doch erwischt hätten. Aber heute denke ich, auch das hätte kein gutes Ende genommen.

15

Heißkalt!

Auch Fritz und ich stachelten uns zu immer neuen und waghalsigeren Mutproben und Aktionen an. Wir träumten davon, irgendetwas zu tun, was noch nie jemand getan hatte. Wir wollten alle Mauern um uns herum niederreißen und die große, weite Welt erleben. Zumindest stellten wir uns das so vor: Wir erobern St. Pauli, denn das war die ganze Welt, die wir kannten. Unsere Träume waren groß, aber unser Horizont war beschränkt.

Für Fritz und seinen Cousin Boris war ich der verwegene, coole Typ aus dem verruchten St. Pauli. Sie selbst kamen aus recht behüteten Verhältnissen. Das, wovon sie romantisch verklärt manchmal träumten, das war für mich oft genug bitterer Alltag. Wir waren Halbstarke, die sich ständig voreinander beweisen mussten und den anderen herausforderten. An jenem Tag, von dem ich erzählen will, war ich mal wieder an der Reihe.

Ich kannte einen Klempner, der ab und zu im Budapester Hof zur Reparatur der Sanitäranlagen gerufen wurde. Er wohnte nur ein paar Straßen vom Hotel entfernt. Er war schwul und machte mir immer wieder schöne Augen, was meine Alarmglocken schon lange hatte läuten lassen. Der Typ schien aber außerdem Geld zu haben. An den Fingern trug er Ringe mit Diamanten, um den Hals und an den Handgelenken goldene Ketten. Nicht sonderlich praktisch für einen, der auch mal in der Scheiße anderer Leute wühlen musste. Aber Handwerk auf St. Pauli hatte ganz offensichtlich goldenen Boden.

»Den zock ich ab!«, prahlte ich gegenüber Fritz und seinem Cousin. »Ich weiß auch, wie. Mit dem verchromten Replikat der 44er Magnum. Du hast die doch noch, oder?«

Boris nickte.

»Aller«, schrie Fritz mich an. »Du bist ja wohl nicht ganz dicht, oder!« Doch das Lächeln in seinem Gesicht passte nicht zu der Entrüstung. Fritz wusste genau, wie er auch den letzten Zweifel in mir beseitigen konnte. Sein Lächeln war eine Herausforderung, die letzte, die es noch brauchte.

»Geile Idee«, sagte Boris. »Aber du darfst dem Typen das Ding nicht so vors Gesicht halten, sonst kann er in den Lauf gucken. Dann sieht er, dass sie nicht echt ist.«

Wir lachten.

Am nächsten Tag drückte Boris mir die Waffe in die Hand. Ich verspürte Ehrfurcht, Respekt und ein wenig Angst. Sie war schwer, sehr schwer. Kein Vergleich zu einem Plastikding. Und was ich vorhatte, das wog ebenfalls schwer. Es konnte mich die Freiheit kosten. Meine Hände schwitzten vor Aufregung und Überforderung. Einerseits fühlte ich mich wahnsinnig stark und überlegen mit dieser Knarre in der Hand. Andererseits war sie das Sinnbild für Tod und Verderben. Was ich vorhatte, konnte mein Leben verändern, es zerstören. Nach außen gab ich weiterhin den überzeugten, coolen Typen vom Kiez. Ein Mann durfte niemals Schwäche zeigen. Auch nicht vor seinen Freunden.

»Aller, ist die schwer«, raunte ich. »Die sieht genau wie 'ne echte aus. Geil!« Dabei hatte ich noch nie eine echte Pistole in der Hand gehalten.

»Hier, du kannst den Schaft abziehen und das Magazin rausholen.« Boris nahm die Waffe und zeigte mir, wie sie funktioniert. Dann hielt er mir das Prunkstück unter die Nase. Ich starrte in den Lauf.

Michel, da war dein Mund wieder schneller als dein Kopf, dachte ich, tolle Idee. 'nen schwulen Klempner mit 'ner falschen Waffe abzuziehen. Aber ich konnte nicht mehr zurück. Dann hätte ich wie eine Lachnummer dagestanden und St. Pauli gleich morgen verlassen müssen. Mit meiner verdammten Angeberei hatte ich mich ganz schön in die Scheiße geritten. Typisch!

Wir verabredeten uns für 18 Uhr. Boris hatte schon den Führerschein. Er hatte sich den Firmen-Kombi von seinem Vater geliehen. Ich war nervös. Mir war übel. Mein Puls ratterte auf Hochtouren.

»Aller, geile Nummer«, rief Fritz übermütig. »Das hätte ich wirklich nicht von dir gedacht, Aller. Respekt, Michel!«

Ich bemühte mich, einen abgeklärten Eindruck zu machen. So wie ich es in Filmen oft genug gesehen hatte.

»Hier, nimm die Brille, Aller!« Boris gab mir seine Ray Ban.

»Aller, das langt nich. Der kennt mich doch. Hassu nich 'ne Maske oder so?«

»Nee, hab ich nich. Lass uns zu 'ner Tanke fahren. Da besorg ich dir 'ne Tüte. Die kannst du dir übern

Dötz ziehen. Hab ich schon mal in 'nem Filmen gesehen, Aller.«

Eine Tüte war zwar kein Bekleidungsstück für einen werdenden Gangster wie mich – aber gut. Gesagt, getan. Wir fuhren zur nächsten Tankstelle. Fritz besorgte Cola und Chips (als würden wir ins Kino gehen) und ließ sich eine Papiertüte geben. Durchs Fenster beobachtete ich Fritz an der Kasse. Alles schien in Zeitlupe vor meinem inneren Auge abzulaufen. Quälend langsam. Ich wünschte mir, die Zeit anhalten zu können. Was war ich nur für ein Idiot! Wie ein langsam im Sumpf Versinkender, der mit letzter Kraft nach einem Ast greift, der ihm doch noch das Leben retten kann, klammerte ich mich an den Türgriff.

Fritz stieg wieder ein, warf die Chips zu mir nach hinten auf den Rücksitz.

»Na, Aller. Schiss?«

»Nö«, entgegnete ich ihm rotzig. »Ich konzentrier mich bloß.«

»Du musst ihm ja nur das Ding an den Kopf halten. Wenn er nicht pariert, dann haust du halt ab«, kommentierte Boris.

HAHAHA! Boris und Fritz lachten. Ich aber schluckte nur. Während wir durch die Straßen von St. Pauli fuhren, rutschte ich immer tiefer in eine Art Trancezustand. Ich flüchtete, verließ das Hier und Jetzt. *Morgen lache ich über den ganzen Blödsinn. Hoffentlich!*

»Hier, Aller!« Fritz reichte mir die Tüte. »Zieh das Ding über.«

Ich riss zwei Löcher für die Augen rein, eins, um atmen zu können. Dann steckte ich den Kopf rein und zog die Sonnenbrille auf.

»Yo, Aller! Aller, siehssu gefährlich aus. Der wird sich bepissen vor Angst.« Wieder lachten die beiden. Ich zog die Tüte wieder runter. Wir fuhren am Budapester Hof vorbei, ich musste an meine Oma denken, dann bogen wir in die Straße ein, wo der Klempner wohnte. Alles wirkte so friedlich. Noch einmal schoss es mir durch den Kopf, dass er vielleicht gar nicht zu Hause war, dass ich klingelte und niemand aufmachte. Ich rief mich selbst zur Ordnung. *Das ist ein Abenteuer, jetzt kannst du zeigen, wer du bist, Michel!* Plötzlich strömte Adrenalin durch meinen Körper. Ich war bereit.

»Yo, da isses«, sagte ich.

Boris und Fritz sahen stumm in Richtung des Hauses, auf das ich deutete. Ich packte die Brille und die Magnum in die Tüte und machte die Tür auf.

Zum Abschied sagte Fritz: »Wenn er dich überwältigt, Aller! Dann lass dir wenigstens schön saftig die Rosette versilbern.«

Ich lachte. War schließlich lustig, der Spruch. Ich ging zum Haus, suchte mir eine Klingel aus und drückte.

»Hallo?« Eine Frauenstimme meldete sich. »Muss hier Werbung austragen.«

Der Öffner summte, die Tür ging auf. Ich ging in den Hauseingang, wartete fünf Minuten, um sicherzugehen, dass von oben niemand hinunterschaute, der wissen wollte, wer da ins Haus gekommen war. Ich atmete tief durch und stieg langsam die Treppen hinauf. Es dämmerte bereits. Der Flur lag in einem diesigen Grau. Zwischen der zweiten und dritten Etage wurde mir schwindelig. Ich atmete wieder tief durch, schnappte nach Luft. Ein tiefes Gefühl der Einsamkeit überfiel mich. »Die Jungs sitzen im Auto, und du musst hier beweisen, was für ein knallharter Gangster du bist. Großartig!« Ich ging an der Wohnung des Klempners vorbei, schielte im Vorbeigehen ängstlich auf die Tür und ging bis zur nächsten halben Etage. Dann zog ich mir die Tüte über den Kopf, die mich schlagartig in einen Verbrecher verwandelte, setzte die Sonnenbrille auf und nahm die Magnum in die Hand. Die Sonnenbrille ließ nun endgültig alles dunkel werden um mich herum, was mir gelegen kam. Ich sah die Treppe nur noch schemenhaft. Ich spürte meinen eigenen warmen Atem auf dem Gesicht. Mein Herz raste, meine Brust brannte. »Okay. Du ziehst das jetzt durch, klingelst, hältst ihm die Knarre vor die Brust und sackst die Ringe ein. Und schon bist du wieder weg, Michel! Ab ins Auto zu Fritz und Boris.«

Jetzt stand ich vor der mächtigen Wohnungstür aus Holz. Sie kam mir vor wie das Tor zu einer anderen Welt. Mein Zeigefinger bewegte sich mechanisch auf die Klingel zu. »Nun gilt's!«

Es läutete. Ein dumpfes Bim-Bam, als wäre es sehr, sehr weit entfernt. Ich machte drei Schritte zurück, damit der Klempner nicht sofort auf mich losgehen konnte, wenn er mich sah. Seine Schritte näherten sich von der anderen Seite der Tür. Ein Krachen, das schwere Schloss öffnete sich. Die Tür ging auf. Da stand er: Klaus, der Klempner. Mit weitaufgerissenen Augen starrte er mich an. Nur das Geräusch der Luft, nach der er schnappte, war zu hören. Mich durchzuckte ein Schrecken. Ich schämte mich. Ich war mir sicher, dass Klaus der Klempner es durch die Tüte hindurch sehen konnte. Bei all der Angst hatte ich vollkommen vergessen, die Waffe auf ihn zu richten. Hektisch hob ich meinen Arm und fuchtelte vor seiner Brust mit der Pistole herum. Da stand ich nun und zielte auf einen Menschen. Und da stand der Klempner. Er musterte mich. Sekunden vergingen. Dann plötzlich schoss es aus ihm heraus: »Michel?!?!? Bist du das? Michel?!?!« Es durchfuhr mich wie ein Blitz. Hatte er wirklich meinen Namen gesagt? Panik erfasste mich. Dann wieder: »Michel?!?!«

Scheiße, er wusste, dass ich es bin. Da stand ich: eine Knarre in der Hand, eine durchnässte Papiertüte auf dem Kopf und eine schiefe Sonnenbrille auf der Nase. Mit allem hatte ich gerechnet, einem Kampf, dass ich ihn würde niederschlagen müsse, dass er versuchen würde, sich zu wehren. Aber doch nicht damit, dass er mich fragte: Michel?!?! Wie auf einem Maskenball. Was für ein großartiger erster Überfall! Was sollte ich nun bloß tun?

Abhauen!, schoss es mir durch den Kopf. Ich raste die Treppen runter, nahm drei, vier Stufen auf einmal. Ich flog über die Stufen. Riss mir die Tüte vom Kopf. Erwachte aus der Trance! Es war vorbei. Ich war froh, dass ich entkommen war. Fritz und Boris starrten mich mit großen Augen an. Eine Mischung aus Neugierde und Angst stand ihnen ins Gesicht geschrieben. Boris startete den Wagen, der Motor heulte auf. Fritz riss die hintere Tür auf, ich sprang auf den Rücksitz. Boris drückte aufs Gas, der Wagen schoss los.

»Scheiße!«, schrie ich. »Der hat mich erkannt. Der hat mich erkannt.«

»Wie, Aller? Der hat dich erkannt? Aber du hattest doch 'ne Papiertüte überm Kopp.«

»Keine Ahnung. Der hat mich erkannt.«

»Echt, Aller?«

»Wenn ich's dir doch sage.«

Mit einem Affentempo heizten wir durch das abendliche St. Pauli nach Eppendorf. Wie spät war es? Ich hatte jedes Gefühl für die Zeit verloren. Boris stoppte den Wagen in einer Seitenstraße. Fritz starrte mich an. Sein Blick verriet, was jetzt kommen würde.

»Das hat ja ewig gedauert. Aller, hast du mit dem gefickt?«

»Na, gib's schon zu«, krächzte Boris. »Du hast dich ordentlich ficken lassen. Wie war's denn?« Boris grinste hämisch.

Fassungslos sah ich sie an. »Habt ihr sie noch alle beisammen? Ihr Arschlöcher!«, schrie ich.

»Hey, beruhig dich, Aller. Wir haben uns Sorgen gemacht, du warst länger als eine halbe Stunde da drin!«, sagte Fritz.

»Was? Wie lange soll ich mit dieser dämlichen Tüte auf dem Kopf da drin gewesen sein??« Ich konnte es nicht fassen. Die ganze Aktion war mir wie ein Augenblick vorgekommen, ein schnelles Manöver, so wie ich es geplant hatte.

»Aller«, fing Fritz wieder an, »wenn wir dich das nächste Mal nur zum Ficken fahren sollen, dann nimmst du besser 'nen Gummi statt 'ne Papiertüte mit.« Wieder lachten beide. Und auch ich konnte mich nicht mehr halten, prustete los. Ich war erleichtert, dass es vorbei war und dass nichts passiert war. Auch wenn ich mich fragte, was Klaus der Klempner wohl nun meiner Oma erzählen würde. Egal, erst einmal war ich in Sicherheit. Das war das Wichtigste.

»Du bist also 'ne Schwuchtel?« Fritz konnte es nicht lassen, er wusste nie, wann es genug war. Mir reichte es. Ich setzte ihm die Knarre auf die Brust. »Das nächste

Mal kannst du ja so 'ne Nummer abziehen. Dann wird sich zeigen, ob du das auch kannst. Ich war da drin und habe es durchgezogen!«

»Hast ja recht. Hast ja recht, Aller!«, versuchte mich Fritz zu beschwichtigen. »Aber was machen wir jetzt? Was machen wir jetzt?«

Plötzlich war Fritz auf 180. Die Aktion hatte auch ihn aufgeputscht, obwohl er nur im Auto gesessen hatte. Ich sah das gleiche Feuer in seinen Augen, das schon länger in mir brannte. Nervös schlug er mit den Händen auf seine Schenkel.

Allmählich kam ich wieder ganz zu mir und fühlte mich jetzt sogar stark und überlegen, obwohl ich ertappt worden war. Das musste Klaus der Klempner erst einmal beweisen, dass ich das unter der Tüte gewesen war.

Auch wenn sie es noch nicht zugeben wollten, die beiden hatten gesehen, wozu ich fähig war. Das verlieh mir eine Macht, die sie nicht hatten.

»Was jetzt, Aller? Was jetzt? Lass uns was machen.« Fritz rutschte nervös auf seinem Sitz hin und her.

»Lass uns den Walkman-Laden da vorn ausrauben!«, rief Boris.

»Ja, Aller!«, schrie Fritz. »Dann geh doch. Hau rein. Los!«

Die beiden schrien sich an – das Adrenalin hatte sie im Griff. Ich hatte mich an meine Dosis schon gewöhnt und blieb ruhig. Wir sahen uns an und wussten, dass wir eine Entscheidung getroffen hatten.

»Lasst uns ein paar Steine von der Baustelle da drüben holen«, schlug Boris vor. Also schnappte sich jeder ein paar große Ziegelsteine, dann gingen wir zu dem Laden. Inzwischen war es dunkel. Mir war alles egal. Ich spürte keine Aufregung, nur eine tiefe, angenehme Ruhe. Nichts würde mich aufhalten können. Es war wie früher bei meinem Scheiben-Einschlag-Geschäft: Ich nahm Anlauf und schleuderte den Stein in Richtung Laden. Fritz und Boris grölten. Der Stein flog – und prallte mit einem dumpfen Knall von der Scheibe ab. Bam! Zuerst machten wir große Augen, dann lachten wir wieder wie die Wahnsinnigen. Es war uns egal, ob wir gehört oder gesehen wurden. Wir waren im Rausch.

»Aller!«, schrie Fritz. »'ne Panzerscheibe.«

Dann war Boris an der Reihe. Er holte aus, warf den Stein, der Stein flog – und wieder prallte er ab. Wir konnten uns nicht mehr halten vor Lachen, hielten uns die Bäuche. Über uns öffnete jemand ein Fenster. Ein Typ im zweiten Stock steckte seinen Kopf durch ein kleines Fenster.

»Mach die Klappe zu, Aller«, schrie Fritz, »sonst komm ich hoch.«

Sofort war das Fenster zu. Fritz nahm Anlauf und warf seinen Stein in weitem Bogen gegen die verdammte Scheibe. Es krachte. Endlich, die Scheibe hatte einen Riss, einen kleinen Riss. Wir applaudierten uns selbst und versuchten es weiter – noch zehn Mal, aber die Scheibe hielt stand. Wie benommen von unserer Macht stiegen wir schließlich ins Auto.

»Geil«, rief Fritz.

»Was für ein Spaß«, grölte ich.

»Und die Bullen haben nix gemerkt«, schrie Boris. Wir waren die Könige von Eppendorf! Aber auch für uns war es nun an der Zeit, nach Hause zu gehen. Wir fuhren zu Fritz' Wohnung.

Kaum hatte Fritz die Haustür aufgeschlossen, überfiel uns das Geschrei seiner Mutter. »Sag mal, spinnt ihr? Ihr seid ja wohl total irre. Glaubt ihr, die sind doof, oder was? Irgendwer hat euch gesehen bei eurer dämlichen Aktion und die Polizei verständigt. Die warten nun bei Boris.« Ich riss sofort wieder die Tür auf und flüchtete in die kühle Hamburger Nacht. Doch anstatt mir Sorgen zu machen: Ich fühlte mich gut, einfach gut. Es war meine Nacht.

Fritz' Eltern verboten ihm den Umgang mit mir. Aber das war schon okay, denn es interessierte uns natürlich nicht. Wir machten, was wir wollten. Wir waren schließlich die Größten! Das musste wohl auch die Polizei mitbekommen haben, denn wir hörten nichts, keine Anzeige, nichts. Auch vor Boris' Haus stand an diesem Abend niemand und wartete auf ihn. Selbst Klaus der Klempner hat nie bei meiner Oma gepetzt oder mir gegenüber etwas gesagt.

16

Der Wahnsinn wird endlich wahnsinniger!

Ich war jung und das Leben prall und geil. Doch dann verschwand Ümet. Er war einfach weg. Einige meinten, er habe Stress mit einem Luden gehabt und sei untergetaucht. Anderen glaubten zu wissen, dass er im Gefängnis sei. Seinen Bruder hatte man angeblich wieder in die Türkei geschickt, damit er keinen Unfug mehr machen konnte. Was auch immer die Wahrheit war: Ohne Ümet waren die Breakers nicht mehr als ein Haufen wilder Jungs. Es gab keinen, der in Ümets Fußstapfen hätte treten können. Zudem veränderte sich etwas. Wir veränderten uns. Wir wurden älter, und für unsere romantischen Gangträumereien war immer weniger Platz. Das Leben fuhr seine Krallen aus und ließ uns allmählich seinen Ernst spüren; das Milieu streckte die Hand aus und hieß uns willkommen. Die Breakers lösten sich auf. Es war 1984. Die meisten schlossen sich den Champs an. So auch ich. Die Champs waren bekannt. Mitte der Achtziger produzierte der NDR sogar eine dreiteilige Doku über uns. Der Titel: »Wild in den Straßen«. Mich hatte nie jemand gefragt, ob ich ein Champ werden wollte, ich war einfach irgendwann einer: ein Champ!

Die Gang, meine Freunde, das Training, die Mädchen; das war es, worum sich mein Leben drehte. Die Jugenddisko *Schilleroper*, die *Motte*, das Jugendzentrum Osterstraße und die Königstraße; das waren unsere Orte. Nach dem Kampftraining bei Dacascos in Bahrenfeld fuhren wir häufig in die Königstraße und schauten den Mädels beim Aerobic zu. Durchs Fenster. Ganz verstohlen. Auch Claudia trainierte dort. Ich drückte mir die Nase am Fenster platt, während Claudia ihren wunderbaren Körper bewegte. Egal, wie nah ich ihr auch immer kam, sie blieb unerreichbar. Sie war meine Sehnsucht. Vielleicht wollte ich auch gar nicht mit ihr zusammen sein? Vielleicht gefiel es mir, dass sie eine Sehnsucht blieb? Etwas, das ich anhimmeln konnte. Denn ich wusste: Wenn ich etwas besaß, wurde es mir schnell langweilig.

Wir steckten mitten in der Pubertät, die Hormone hatten Besitz von uns ergriffen, plötzlich drehte sich alles um Frauen, um diese wunderschönen und so rätselhaften Geschöpfe. Wir wussten nicht recht, wie, aber wir wollten Mädchen erobern. Und St. Pauli hatte uns gelehrt: Wenn du ein Mädchen eroberst, dann gehört es dir. Auf dem Kiez schmückte sich jeder gerne mit 'ner Hübschen. Oder gleich mit mehreren, wenn man es sich leisten konnte. Die Großen machten es uns vor.

Eyhan war der Anführer der Champs. Er war der geborene Anführer. Er hatte eine starke Präsenz. Außerdem hatte er dunkle Locken, stechende grüne Augen und immer ein Lächeln auf den Lippen. Eyhan hatte die Champs im Griff, und das musste er. Wir waren ein harter, wilder Haufen. Auch im Umgang mit der Polizei bewies er sein Talent. Den Chef der Davidwache durfte er duzen, und es kam öfter vor, dass er auf die Wache ging, um einem von seinen Jungs aus der Patsche zu helfen. Ich mochte ihn, weil er Charakter hatte – etwas, was man nicht so häufig traf. Er mochte mich – ich kann es nur vermuten –, weil ich etwas anders war als die anderen Jungs. Eyhan hatte auch eine stark ausgeprägte soziale Ader. Während die meisten auf dem DOM den Macker heraushängen ließen, nahm Eyhan die Kinder von befreundeten Familien mit auf den DOM am Heiligengeistfeld und fuhr mit ihnen Autoscooter oder kaufte ihnen Süßigkeiten.

Die Szene veränderte sich. Es wurde immer schwieriger, uns junge Wilde im Zaum zu halten. Immer häufiger machten wir uns Gedanken über die Zukunft. Das Jetzt und Hier interessierte immer weniger. Wir wollten es zu etwas bringen. Jeder träumte davon, eine Größe zu werden. Alles, was gerade um uns herum passierte, das nahmen wir mit, es stand uns doch eh zu.

»Es geht auch anders, doch so geht es auch.« Dieses Zitat aus der *Dreigroschenoper* wurde unser Leitspruch. Wir wollten wissen, ob es anders ging, als es uns die Lehrer und Eltern weismachen wollten. Wir suchten nach Wegen abseits der normalen Pfade. Mit Gewalt hatten wir schon einiges erreicht. Doch sie war verpönt, obwohl einige unserer linken Lehrer es genau so vorgelebt hatten. Als Halbstarker fühlt man sich verarscht, wenn einen die Erwachsenen immer wieder dazu auffordern, Konflikte ohne Gewalt zu lösen. Ein Blick in die Zeitung, auf die große Bühne der Weltpolitik zeigte uns doch, das Gewalt ein beliebtes und erfolgreiches Mittel war, um seine Interessen durchzusetzen. Uns brachte man allein schon deswegen Respekt entgegen, wenn wir am Gänsemarkt abhingen, weil jeder wusste, dass wir bereit waren, mit den Fäusten zu argumentieren. So wurden wir auch von den Erwachsenen ernst genommen. Und es war wichtig, dass man den Respekt der anderen genoss, wenn man ein Mädchen ansprach. Die Mädchen mochten die Harten.

Fritz und ich gerieten immer tiefer in den Sumpf der Gewalt. Was am Anfang Spaß war und uns Selbstvertrauen gab, eskalierte zusehends. Heute ist mir klar, dass sich derjenige, der mit exzessiver Gewalt lebt, in eine böse Richtung bewegt. Damals konnte ich das nicht erkennen, denn ich war selbst viel zu sehr von der düsteren Anziehungskraft der Gewalt bestimmt. Viele der anderen hatten sich bald nicht mehr im Griff, verloren Stück für Stück die Kontrolle – so wie Fritz, der irgendwann nur noch brannte, wenn er sich hauen konnte. Wer mit der Gewalt lebt, zu dem kommt sie irgendwann zurück. Der Sturm, den man sät, droht einen ständig hinwegzufegen. Es mag drastisch klingen: Man lebt im Krieg. Fritz und ich waren längst dafür bekannt, dass wir gern Streit suchten. Was wir damit erreichten, war uns egal. Hauptsache, man hatte Respekt vor uns.

Eines Abends schauten wir bei mir zu Hause Videos. Das machten wir häufig. Aber die Videos stillten unsere Langeweile nicht – und Langeweile konnten wir nicht ertragen. Heute kommt es mir so vor, als ob wir uns damals selbst nur schwer ertragen konnten. Wir mussten raus, immer wieder, etwas erleben, Grenzen austesten und sie überschreiten. Wir waren Getriebene unserer Sehnsüchte, Gefangene unseres Traums, Männer sein zu wollen. Männer, wie nur St. Pauli sie hervorbringen konnte. Also machten wir uns auf, zogen durch die Straßen und fühlten uns gleich wieder ein Stück männlicher.

Ich liebe Niederegger Marzipan. Auf St. Pauli gab es am Schulterblatt einen tollen Marzipan-Laden. Es war nie die Art der Soliden, außerhalb der Öffnungszeiten einkaufen zu gehen. Aber es war unsere Art. Ich nahm Anlauf, sprang und versetzte der Scheibe einen Sidekick. Sie ging sofort zu Bruch.

»Geil, Aller!« Fritz war aus dem Häuschen. Es war acht Uhr, ein Herbstabend. Die Straßen waren noch belebt, aber die Leute interessierten uns nicht – und wir interessierten die nicht. Ich sprang in den Laden, griff mir ein paar Schachteln Marzipan und stieg wieder auf die Straße.

»Hier, Fritz! Guten Appetit.«

Fritz öffnete eine Schachtel.

»Scheiße, Aller! Ist nur Deko.«

Alles, was ich eingesteckt hatte, war Deko. Wir hatten Hunger, gingen zu einem Imbiss und aßen Pommes. Doch das Niederegger Marzipan ging mir nicht aus dem Kopf. Also liefen wir zurück zum Schulterblatt. Noch hatte niemand den Bruch entdeckt. Wieder stieg ich in den Laden. Diesmal vergewisserte ich mich, dass alle Schachteln voll waren. Just in dem Moment, als ich in dem zerbrochenen Schaufenster stand, fuhr ein Peterwagen vorbei, im Schritttempo. Wir starrten die Polizisten an. Die Polizisten starrten uns an. Aber der Wagen stoppte nicht. Wollten die uns einfach nicht sehen? Seltsam. Wir packten so schnell es ging alle Schachteln ein und liefen los, während wir schon das Marzipan aßen. Wir bekamen Durst. Und da uns der Weg zum nächsten Imbiss zu weit war, schlug ich mit der Faust einfach die Scheibe der Bäckerei ein, vor der wir standen. Die Schaufenster waren damals noch fast alle aus dünnen und ungesicherten Scheiben – bis auf den Walkman-Laden –, heute wäre es sicher nicht mehr so einfach. Wir nahmen uns einen Brottrunk. Aber der schmeckte nicht. Also stellten wir ihn wieder zurück. Dass wir bei alldem von Passanten beobachtet wurden, war uns egal. Es mag seltsam klingen, aber durch unsere Ausstrahlung fühlten wir uns beschützt. Wir glaubten tatsächlich, niemand könne uns etwas anhaben.

Dann war Fritz an der Reihe. Er musste sich beweisen, immer wieder. Er war süchtig nach Gewalt. Also stellte er sich breitbeinig hin, stemmte die Hände in die Hüften und beobachtete die Umgebung. Er suchte ein Opfer. Jemanden, der vielleicht mal einen vor den Latz brauchte. Scheiben einschlagen war eine Sache, aber Gewalt gegen eine Menschen, grundlos und ohne dass man selbst bedroht war, das fand ich unnötig. Aber: mitgehangen, mitgefangen. Wir gingen ins »Pickenpack« an der Ecke Schulterblatt/Neuer Pferdemarkt.

Es war die Zeit, als die Hells Angels öfter in den Laden kamen. Klaus-Peter Grabe war ein Riese von fast zwei Metern. Kaum jemand traute es sich, sich ihm in den Weg zu stellen. Nicht umsonst nannte man ihn »Vollstrecker«. Im Sommer 1983 parkte er seine Harley vor dem Laden. Mit ein paar anderen Typen ging er rein. Dann schnappte er sich eine Frau und zwang sie, seine Stiefel abzulecken. Die anderen rissen dem Kellner das Essen aus der Hand. Kreuz und quer flogen die Teller.

Einer kotzte sogar auf den Tresen. Der Chef des Pickenpack sagte später: »Die rustikalen Auftritte führten bei Gästen zu einer gewissen Appetitlosigkeit.«

Fritz bestellte ein Bier, ich einen KiBa. Wir sagten kein Wort. Fritz schaute sich um, so als stünde er auf einem Segelboot und suche den Horizont nach Land ab. Diese Geste diente nicht dazu, sich tatsächlich umzuschauen, sondern den Silberrücken zu signalisieren: »Ich bin hier und warte. Ihr könnt jetzt kommen, und dann tragen wir es aus!« Ich bin bis heute froh, dass ich Fritz nie mit zu den Champs genommen habe. Er hätte sich nie unterordnen können, Hierarchien waren ihm zuwider. Ich sah ihn an, und mich beschlich ein ungutes Gefühl. Fritz war unruhig. Es loderte immer stärker in ihm. Es dauerte keine Minute, dass sein Blick erwidert wurde. Am anderen Ende der Theke saßen drei Typen.

»Komm, wir gehen mal rüber.«

Wir stellten uns neben die drei.

»Ein Bier«, rief Fritz der Bedienung zu. »Und du, Michel?«

»Ich nehme noch mal 'nen KiBa.«

Dann drehte er sich zu den Typen: »Bei euch alles okay?«

Einer von ihnen schaute Fritz böse an: »Bei dir?«

Mit einem Auge seine Gegenüber immer im Blick, sagte Fritz zu mir: »Michel, wenn ich Stress habe, dann stell ich mir immer vor, dass der andere mir weh tun will. Dann steigere ich mich da so rein, bis mir die Tränen kommen. Und dann, Michel! Dann lege ich los!«

Fritz schuf sich die Notwendigkeit eines Konflikts selbst. Er baute sich vor dem Typen mit dem bösen Blick auf. Jetzt, das wusste ich, würde er in die Offensive gehen. Fritz legte es drauf an. Er wollte zeigen, dass er keine Angst hatte. Noch nicht mal vor sich selbst – und genau das war das Problem.

»Na, suchst du Streit?«

Der Typ hatte nicht mal die Zeit zu antworten. Fritz hatte den Ansager mit einer Geraden niedergestreckt. Man konnte es im ganzen Laden hören. Dieses Geräusch. Das Knacken eines Knochens, das Knirschen von Zähnen, die aus dem Kiefer brechen. Noch bevor sein erstes Opfer auf dem Boden lag, stürzte sich Fritz auf die beiden anderen. Er schlug auf sie ein. Die Typen waren so überrascht, dass sie keine Gegenwehr leisteten. Immer wieder schlug Fritz ihnen mit der Faust ins Gesicht. Sie bluteten beide heftig aus der Nase, die Lippen waren dick geschwollen. Aber Fritz hatte noch nicht genug. Er kochte, atmete schwer, sein Kopf war hochrot. Immer wieder schlug er auf den am Boden liegenden Ansager ein. Ich nahm mir die anderen beiden vor. Ich schlug dem Ersten gegen den Kiefer. Es klatschte durch den ganzen Laden. Er taumelte, riss den anderen mit sich nach hinten. Fritz stand über den ersten gebeugt, legte sein ganzes Gewicht in jeden seiner Schläge. Sein Opfer lag vollkommen hilflos da, sein Blut und seine Zähne um ihn herum verteilt.

Ich riss Fritz zurück, schrie: »Es reicht. Lass uns abhauen.«

Er war wie von Sinnen, versuchte sich wieder loszureißen. Doch schließlich hatte ich ihn. Wir rannten los, zur Tür hinaus. Wir liefen um den Block, ehe wir keuchend stehen blieben. Ich schrie Fritz an. »Bist du vollkommen verrückt?« Er starrte auf den kaputten, blutenden Knöchel seiner Rechten. Er schwieg. Er stand vor mir wie ein gefallener Engel. Er widerte mich an.

Nach dem, was passiert war, konnte ich unmöglich einfach abhauen. Mein Gewissen ließ es nicht zu, ich musste in Erfahrung bringen, wie es dem Typen ging, den Fritz fast totgeprügelt hatte. Wir liefen zurück zu der Kneipe und beobachteten aus sicherem Abstand den Eingang des Pickenpack. Die Schmiere stand vor der Tür, daneben ein Krankenwagen. Gerade trug man Fritz' Opfer auf einer Trage heraus. Mir stockte der Atem. Fritz wurde kreidebleich.

»Scheiße!«, raunte ich ihn an. »Biste wahnsinnig?«

»Aller, was willst du?« Er sah mich mit finsterem Blick an.

»Ja, Fritz. Was denn? Willst du mich auch fertigmachen?«

Wir starrten uns an. Für einen kurzen Augenblick schien es, als würden wir gleich aufeinander losgehen. Doch dann sah ich wieder klar: »Komm, Fritz. Lass uns ruhig machen. Okay?« Fritz nickte. Wir gingen zu ihm nach Hause, saßen in seinem Zimmer und schwiegen. Fritz trank ein Bier. Als ich ihn mit der Flasche am Hals vor mir sah, wurde mir bewusst, wie viel er trank.

Fritz stand auf, stellte sich vor den großen Spiegel an der Wand und begann zu heulen. Es war das erste Mal, dass ich ihn heulen sah. Ich beobachtete ihn, aber ich konnte nicht aufstehen, um ihn zu trösten. Ich saß vollkommen starr in meinem Stuhl. Ich war wütend auf Fritz, aber ich war auch traurig, meinen Freund so sehen zu müssen. Wir hatten gelernt, uns zu prügeln. Aber wir wussten nicht, wie man seinen Freund tröstet. Dabei wäre es in diesem Moment so wichtig gewesen, denn mir war klar: Allmählich wurde Fritz von der Gewalt zerfressen, die er so sehr zum Leben brauchte.

Ich musste weg. Ich musste weg. Ich war hilflos. Ich lief durch die Straßen und wusste nicht, wohin mit all den Gefühlen, die mich durchströmten. Was für ein beschissener Tag! Zwei Typen kamen mir entgegen. Sie gingen mir nicht aus dem Weg. Sie fixierten mich. Ich war voller Adrenalin, voller Verwirrung, außer Kontrolle. Ich schoss dem Größeren eine. Es klatschte. Es war dieses Geräusch, auf das wir hin trainierten. Wenn Kiefer aufeinanderkrachten, Knochen brachen. Das war Musik für uns. Er fiel, stand wieder auf. Die beiden starrten mich an und ergriffen die Flucht. Ich war auf 180. »Habt ihr Angst, ihr Fotzen? Habt ihr Angst?« Ich schrie und schrie – stand allein in dieser Straße, um mich herum nur die Dunkelheit.

Was war aus mir nur geworden? Eben hatte ich Fritz noch verdammt, nun hatte ich selbst die Kontrolle verloren. Dieser Typ hatte mir doch nichts getan. Gut, er war etwas übermütig gewesen. Aber ich hätte ihm auch aus dem Weg gehen können. Ich hätte ihn lächelnd ignorieren können. Doch es schien etwas zu geben, dass mich mehr und mehr im Griff hatte.

In den nächsten Wochen begann ich, meine Freunde aufmerksam zu beobachten. Ich wollte sehen, wie sie ticken. Ich schaute mir die Schläger auf dem Kiez an. Viele von ihnen schienen sich selbst zu hassen. Sie versuchten ihren Kummer im Alkohol zu ertränken, sie nahmen Drogen, sie schlugen Frauen. Nirgends sah ich die Gelassenheit, für die ich Jean-Paul Belmondo so sehr bewunderte. Wer waren diese Typen überhaupt? Außerhalb von St. Pauli? Ich wollte raus aus dieser Welt. Ich musste einen anderen Weg gehen, zur Not alleine. Was ich immer schon geahnt hatte, war nach dem brutalen Ausbruch von Fritz zur Gewissheit geworden: Ich wollte nicht mehr nur ein König im Kiez werden.

Ob es das Schicksal so wollte? Es konnte kein Zufall sein, dass ich ausgerechnet jetzt Mehmet traf. Ein älterer Türke, den ich von früher kannte und der wegen Totschlags im Gefängnis gesessen hatte. Mehmet war nur noch ein Schatten seiner selbst, ausgemergelt, zittrig. »Michel! Mach keinen Scheiß. Das ist es nicht wert. Ehrlich. Mach was aus deinem Leben. Nimm die Schule ernst. Ich habe im Knast viel nachgedacht. Es lohnt sich.«

Auch wenn ich es zu dieser Zeit noch nicht wusste, aber allmählich wuchs in mir die Ahnung, dass das Leben so viel mehr sein konnte. Es war nicht damit getan, durch die Straßen von St. Pauli zu laufen und den Macker zu markieren. Ich fing an, über die Zukunft nachzudenken. Es waren die ersten Schritte auf der Suche nach dem, was ich wirklich sein wollte. Aber noch war ich ein Halbstarker, der die Luden bewunderte und davon träumte, jemand zu werden, den man auf St. Pauli kannte und respektierte.

17

Wer hat Angst vor Zuhältern?!

Wieder einmal saß ich mit ein paar Jungs vor der Aula meiner geliebten Schule und überlegte, ob der Tag nicht doch eine interessantere Wendung nehmen könnte – wenn ich auf den Sportunterricht verzichten würde. Das laue Frühlingswetter kitzelte meine Nase und pumpte ganze Schwärme von Glücksgefühlen durch meine Venen. Ich wollte lieber durchs Leben rennen als durch die stickige Turnhalle. Meine Entscheidung stand fest: Ein Tag in der Schule war ein verlorener Tag. An der Einstellung hatte sich all die Jahre nichts geändert.

Auch Claudia saß in der Runde. Ich blickte sie sehnsüchtig an – wie immer. Aber sie hatte keine Augen für mich. Stattdessen war sie mal wieder mit irgendeinem Kieztypen zusammen, einer großen Nummer, kein kleiner Fisch, wie ich einer war. Kürzlich hatte ich erfahren, dass sie keine Jungfrau mehr war. Sie hatte mit diesem älteren Typen das verdammte Spiel der Erwachsenen durchgezogen. Sie war vierzehn. Immerhin ein Jahr älter als meine Mutter, als sie das Spiel gespielt hatte. Die ganze Schule wusste es. Claudia selbst hatte dafür gesorgt.

Ich beobachtete jede ihrer Bewegungen, noch die kleinste, als sie plötzlich eine Mütze aus ihrer Tasche zog – eine Wollmütze von Lacoste! Damals absolut in Mode.

»Goil«, schoss es mir aus dem Mund. »So eine wollte ich schon immer mal haben.«

»Echt? Willst du die haben?«

Claudia wedelte mit der Mütze vor meiner Nase herum und sah mir dabei tief in die Augen. Es war dieser Blick, den ich kannte, seit sie sich meinen Schlitten ausgeborgt hatte. Ich starrte nur ungläubig zurück. Wie ein dummer kleiner Hund kam ich mir vor. Meinte sie das Angebot ernst?

»Klar, will ich die«, sagte ich mit fester Stimme, um Haltung bemüht. Ich hätte erwartet, dass sie loslachen würde, um mir zu zeigen, dass ich auf einen ihrer Scherze reingefallen war. Aber zu meiner Überraschung sagte sie: »Hier. Nimm. Ich bin nicht so. Ich schenke gerne.«

»Geil. Danke!«, rief ich voller Freude und setzte die Mütze auf. Das Krokodil natürlich vorne. Die Enden rollte ich nach oben. Stolz sprang ich von der Treppe, stapfte vor den anderen auf und ab.

»Und? Und?«, wollte ich meine Eitelkeit bestätigt wissen. Die anderen sahen mich gelangweilt an. Sie kannte meine eitlen Showeinlagen zur Genüge. Claudia lächelte mich an. Ich schmolz dahin. Sie mochte mich. Sie fand mich niedlich, auch irgendwie cool und sogar anrüchig. Aber nicht anrüchig genug. Aber das war mir in diesem Moment des Glücks und der Eitelkeit egal. Ich trug einen Jogginganzug, Boxerstiefel und die neue Mütze mit dem Kroko vorne drauf. Ich war der Bordsteinkönig, und in meinen Träumen war Claudia meine Prinzessin.

»Auf geht's, Claudia!«, rief ich und blinzelte meiner

Traumfrau zu. »Ich will meine neue Mütze ausführen, und dazu brauche ich eine schöne Frau an meiner Seite! Die schönste!«

»Aber gern!«

»Habe die Ehre!«, rief ich den anderen Jungs entgegen, die nur die Augen verdrehten.

Mit Claudia am Arm marschierte ich los – auf den Kiez. Vor Freude wusste ich nicht, wohin mit mir! Ich war überwältigt. So sollte es sein. Claudia und ich – und ich mit Mütze. In diesem Moment kam ich mir vor wie der tollste Lude, der seine ertragreichste Frau ausführte. Arm in Arm auf St. Pauli. Der Kiez lag uns zu Füßen – in meinen Träumen. Dabei waren wir nichts anderes als zwei etwas zu selbstbewusste Halbstarke. St. Pauli gehörte ganz anderen Figuren – und die würdigten uns keines Blickes.

Wir trafen noch andere im Kiez. Andere, die sich auch überlegt hatten, dass ein Tag ohne Schule kein schlechter Tag sein würde. Ab und zu blieben wir stehen, und Claudia schnackte mit ein paar Bekannten, während ich so erwachsen und selbstbewusst schaute wie möglich. Alle bewunderten meine Mütze, was sollten sie auch sonst tun: Die hatte das Zeichen des Krokodils und war von Claudia, was bleib ihnen also anderes übrig?! Schließlich landeten wir auf der Reeperbahn, die selbst vormittags von den skurrilsten Gestalten und den schönsten Bordsteinschwalben bevölkert war. Wir trafen auf eine Gruppe von sechs, sieben Mädchen, und Claudia war sofort in ihrem Element, zog die ganze Aufmerksamkeit auf sich. Sie führte nun das Gespräch. Ich stand neben ihr und beobachtete dieses Schauspiel – es war ihre Rolle.

Zu der Gruppe, die wir trafen, gehörte auch eine Blonde, die sich trotz Claudias Anwesenheit als Alphaweibchen gab – offensichtlich war sie neu in der Gegend, sonst hätte sie es besser gewusst. Claudia fixierte sie wie der Wolf das Schaf, bevor er es reißt. Die Blonde schien das zu spüren. Sie schwieg. Claudia gab ihr zu verstehen, wer hier das Sagen hatte. Es war eine letzte Chance für die Blonde, ihren Fehler wiedergutzumachen und sich zu retten. Doch eigentlich war es schon zu spät. Claudia provozierte die Blonde, versuchte sie aus der Reserve zu locken, sie sollte einen zweiten Fehler machen, einen letzten. Claudia kannte keine Angst. Aber sie kannte ihre Stärken und die Schwächen ihrer Gegnerinnen zu gut. Allmählich ging sie über zu Stufe zwei ihrer Strategie. Sie würdigte die Blonde keines Blickes, sah an ihr vorbei. Doch ihr kleines Schauspiel und ihre Rhetorik galten nur noch der Gegnerin. Ohne dass Claudia im Geringsten daran interessiert gewesen wäre, was die Blonde zu ihrem Gespräch zu sagen hatte, fragte sie: »Was meinst du, Yvonne?« Mit ihren Sticheleien wollte Claudia nur eines zum Ausdruck bringen: »Was willst du eigentlich hier, wenn du dich nicht einmal mehr traust, etwas zu sagen?! Sag was, los! Komm schon! Trau dich! Du gehst mir richtig auf den Zeiger. Weißt du das eigentlich?«

Ich konnte beobachten, wie Claudias Taktik aufging. Yvonnes Mädchen liefen allmählich eine nach der anderen zu Claudia über. Sie fingen an und kicherten über Claudias verbale Spielereien. Eine Schmach für Yvonne und ein großes Zeichen des Respekts vor Claudia. Yvonne hatte ihrer endgültigen Niederlage nichts mehr entgegenzusetzen. Egal, was sie tat, sie hatte verloren.

Nun ging es für sie nur noch darum, sich nicht vollkommen lächerlich zu machen. Ihre Augen waren feucht und verrieten eine tiefe Verletztheit. Schließlich trat sie den Rückzug an. Ohne ein Wort des Abschieds verließ sie die Gruppe und verkroch sich in einem Café gleich neben dem »Top Ten«. Das Top Ten war auch unser Laden – aber es trieben sich dort auch alle möglichen Luden und sonstigen Kiezgrößen herum. Er gehörte Karl-Heinz »Kalle« Schwensen, den der Boulevard später »Neger-Kalle« nannte (er war der Sohn eines afroamerikanischen Vaters und einer deutschen Mutter), wogegen er jedoch juristisch vorging. Kalles Markenzeichen sind bis heute der Schnauzer und die Sonnenbrille. Die Brille weigerte er sich selbst dann auszuziehen, als er 1986 niedergeschossen und schwer verletzt vom Notarzt behandelt wurde.

Es dauerte nicht lange, da kam Yvonne wieder aus dem Café heraus, mit gerader Körperhaltung und selbstbewusstem, feurigem Blick. Drei kräftige Typen dackelten hinter ihr her. *Aha*, dachte ich. *So schnell gibt die Blonde also nicht auf.* Die vier kamen auf uns zu. Wie Hein Daddel stand ich in der Gruppe mit den kichernden Mädchen. Yvonne baute sich vor uns auf, ihre drei Typen zu einigem bereit hinter ihr. Neues Spiel, neues Glück also.

Diese Männer waren wirkliche Männer. Sie waren um die zwanzig und sahen mit ihren Goldketten und gelockten Haaren aus wie Luden – wahrscheinlich waren es welche. Während ich immer kleiner wurde, stellte sich Claudia mutig vor Yvonne und sagte kämpferisch: »Und nu, Yvonne! Was willst du? Kannst dich allein nicht verteidigen, was?«

Yvonne starrte Claudia nur in die Augen.

Plötzlich rief einer der Typen hinter Yvonne: »Hey, Kleine! Was 'n los mit dir? Du hast dein Maul zu halten, solange du nicht gefragt wirst.«

Er war gedrungen, sehr breit und hatte Blumenkohlohren. Ich verstand sofort und war bereit, mein Maul zu halten. Aber bei Claudia schien die Meldung nicht so recht angekommen zu sein. Mit ihrem herablassendsten Ton blaffte sie zurück: »Was fällt dir denn ein, du aufgeblasenes Paket? Wer, glaubst du denn, der du bist, mich so anzugehen?«

Mir zitterten die Knie. Hatte Claudia das wirklich gesagt? Ja, das hatte sie! Sie musste verrückt geworden sein. Ich versuchte mich zu sammeln und hielt Ausschau nach Fluchtmöglichkeiten.

Claudias Blick wurde immer giftiger. Alle anderen schwiegen. Yvonne versuchte mit einem bösen Blick dagegenzuhalten – es blieb ein Versuch. Den Typ schien Claudias Auftritt überrascht und verwirrt zu haben. Auf St. Pauli war man es als Mann nicht gewohnt, dass eine Halbstarke solche Sprüche riskierte.

Mit jeder Sekunde wurde ich nervöser. Mir war klar, was passieren würde, wenn das hier aus dem Ruder lief. Es war schon lange nicht mehr mutig, was Claudia hier abzog. Diese Show war schlichtweg Wahnsinn. In jedem Käfig voller hungriger Löwen wären wir besser dran gewesen. Aber Claudia zog ihr Programm durch – vor diesen Luden. Auch wenn mir schon längst nicht mehr gefiel, was sie hier tat – ich würde ihr beistehen, ganz egal, wie diese Nummer ausgehen würde.

Ich wich Claudia also nicht von der Seite. Meine Entschlossenheit demonstrierte ich dadurch, dass ich meine

Arme verschränkte und mich so breitbeinig wie möglich neben sie stellte. Doch ich hätte am liebsten die Flucht ergriffen. Unter der Mütze wurde es auf einmal sehr, sehr warm. Ich begann zu schwitzen.

»Was will denn der Clown hier?«, rief einer der drei Typen und zeigte auch noch auf mich, damit gar nicht erst ein Zweifel aufkam, wen er meinte. Wenn er in diesem Moment gewusst hätte, wie sehr »Clown« das beschrieb, was ich auch selbst von mir dachte. Wahrscheinlich würde ich gleich auch noch ein passendes blaues Auge bekommen. Denn kaum hatte der Typ seinen Finger wieder gesenkt, trat er einen Schritt vor und baute sich vor mir auf. Ob ich wollte oder nicht: Ich sah direkt in sein seltsam spitzes Gesicht.

»Das ist kein Clown!«, hörte ich plötzlich Claudias Stimme. »Du kannst dich ja mal mit ihm anlegen.«

WAS? Claudia war nun komplett durchgeknallt. Statt endlich den Rückzug anzutreten und noch zu retten, was zu retten war, griff sie frontal an. Oder genauer gesagt: vertraute darauf, dass ich es tat. Ich sah mir die drei Typen an. Es war klar: Ich würde diesen Kampf verlieren. Doch ich wusste auch: Es war egal. Ich blieb neben Claudia und würde für sie in diesen Kampf ziehen. Nur sie konnte jetzt noch Schlimmeres verhindern.

Wenn ich heute an diese Situation denke, kommt es mir fast so vor, als stünde sie auf gewisse Weise für vieles, was Claudia und mich verband. Was an diesem Tag alles passierte, war nur möglich, weil wir sehr viel Respekt, Vertrauen und auch Zuneigung füreinander empfanden.

»Macht Karate, der Kleine, hm?« Der Anführer schaute mich abschätzig an.

»Yo«, warf ich knapp zurück und blickte ihm stolz ins Gesicht.

»Pass auf, Kleine«, wandte er sich nun wieder an Claudia, »du entschuldigst dich jetzt hier bei meiner Freundin, und dann geht ihr zusammen 'ne Fanta trinken. Alles klar?«

Die Typen lachten. Die Mädchen schwiegen. Ich hätte ihm gleich sagen können, dass sein Vorschlag bei Claudia bestenfalls ein abschätziges Zucken mit der Augenbraue hervorbringen würde. Aber sich entschuldigen? Claudia? Niemals! Wie erwartet, fuhr sie den Typen an: »Bist du mein Vadder, oder was? Entschuldigen? Kannste du vergessen!«

Als hätte er geahnt, dass die drei alleine nicht zurechtkamen, gesellte sich noch ein vierter Typ aus dem Café zu unserer Runde. Ohne Umwege baute er sich gleich vor mir auf und stellte fest: »Hey, Schluss mit dem Kasperletheater. Wenn der Kleine was will, klatsch ich ihm eine. Dann kann er zu seiner Mama laufen.«

Er war einer von denen, die keine Gefangenen machten. Nun war es endgültig so weit, ich hatte Angst. Aber Claudia, meine geliebte Claudia, sie war weiter auf Krawall gebürstet: »Wenn du dich traust, klatsch ihm doch eine. Wirst ja sehen, was du davon hast!« Meine Claudia! Sie war eine Frau, wie ich sie immer erträumt hatte. Eine, die geradeaus geht, auch wenn das der sichere Weg in den Untergang ist. Hauptsache, man behält seine Ehre. Doch ich war längst nicht so mutig wie sie. Ich konnte spüren, wie mir meine Gesichtszüge immer mehr entglitten und sie ihre Strenge verloren. Diese Typen hatten ganz bestimmt keine Angst vor mir. Der Neue nahm eine Angriffsstellung ein. Oder vielmehr das, was er dafür hielt. Er machte sich über mich lustig. Er grinste mich hämisch an. Yvonne und ihre Typen lachten. Ich versuchte wieder, einen möglichst bösen Blick aufzusetzen. Doch ich wusste: Ich saß in der Falle. Claudia würden sie nichts zu tun. Sie war ein Mädchen.

»Was guckst du halbe Hose so? Brauchsu 'ne Abreibung?« Obwohl ich keine Chance hatte, obwohl ich wusste, was gleich mit mir passieren würde, überkam mich urplötzlich ein Gefühl der Stärke und Überlegenheit. Es kam mir vor, als würden alle Breakers und Champs hinter mir stehen. Der Anführer von Yvonnes Schlägern legte meinem Gegenüber die Hand auf die Schulter: »Komm, Aller! Lass ihn doch. Der ist noch klein.« Wieder lachten alle. Dann hörte ich Claudias Stimme: »Komm, Michel! Wir ziehen ab.«

Die Erlösung! Endlich! Plötzlich entspannte sich alles in mir. Fast wäre ich in mich zusammengesackt, wie ein Schlauchboot, das auf einen Schlag die Luft verliert. Claudia hatte die Situation bis ans Limit getrieben, und sie wusste, dass wir uns nun zurückziehen mussten – um später erneut zuzuschlagen. Sie konnte unmöglich auf sich sitzenlassen, was hier gerade passiert war. Claudia war zwar mutig, aber sie war nicht leichtsinnig. Bei all dem offensichtlichen Wahnsinn, den sie manchmal an den Tag legte, wusste sie doch immer, wie weit sie gehen konnte. Claudia nahm meine Hand und lief los, sie zog mich hinter sich her.

Wir liefen zu einer Telefonzelle, wo sie einen Freund anrief. Jetzt, wo wir in Sicherheit waren, konnte ich sehen, dass auch Claudia etwas abbekommen hatte. Sie versuchte es vor mir zu verbergen, doch ich konnte die Tränen sehen. Ich hatte Claudia vorher noch nie weinen sehen. Zum ersten Mal konnte ich sehen, dass dieses Leben auch an ihr zerrte. Das ständige Sich-Behaupten. Die Anspannung. Immer bereit sein, das eigene Territorium zu verteidigen. Ein psychischer Ausnahmezustand als Normalfall. Das war die Schattenseite der Glitzerwelt, die ich von klein auf so sehr bewundert hatte.

Claudia kam aus der Telefonzelle.

»Ich habe Hakan angerufen«, sagte sie, »er kommt gleich vorbei und regelt die Sache für uns.«

Hakan war ein Türke, der sich bereits einen Namen auf dem Kiez gemacht hatte. Als Türsteher, Wirtschafter, als jemand, der Probleme für andere löste. Wir standen schweigend vor der Telefonzelle und warteten. Ich traute mich nicht, sie anzusprechen. Was hätte ich auch sagen können? Jetzt, da sie Hilfe holen musste, um ihre Ehre zu verteidigen – etwas, das ich nicht geschafft hatte. Ich kam mir klein und unnütz vor.

Dann tauchte Hakan auf. Ein stämmiger Typ mit tiefen, dunklen Augen und einem Dreitagebart. Auf der linken Wange trug er eine rot leuchtende, lange Narbe, die sicher von einem Messer stammte. Er gab mir die Hand, Claudia küsste ihn auf die Wange.

»Kommt mit«, sagte Hakan, »wir regeln das kurz.«

Schnurstracks marschierten wir in das Café neben dem Top Ten. Dorthin, so hofften wir, hatte sich Yvonne mit ihren Beschützern zurückgezogen. Hakan ging voran, Claudia an seiner Seite. Ich blieb etwas zurück. Als wir das Café betraten, hatte Hakan die Typen sofort geortet. Ohne zu zögern, ging er auf sie los. Er machte keine Ansage, er ging gleich in die Vollen. Er packte sich den Anführer, zog ihn über den Tisch, verpasste ihm einen kurzen Kinnhaken. Der Typ blieb am Boden liegen. Ich konnte gar nicht so schnell gucken, wie Hakan unter den Typen aufräumte. Er hatte schon den zweiten gepackt, verpasste ihm einen Kopfstoß, dass ein Knacken aus dem Schädel des Typen kam. Dann warf Hakan ihn mit einem kräftigen Stoß in eine Gruppe von Stühlen. Nachdem er auch noch die beiden anderen mit gekonnten Tritten ausgeschaltet hatte, baute Hakan sich auf: »Jungs! Macht ihr noch einmal meine Freundin an, bin ich nicht mehr so nett. Dann fließt Blut. Alles klar?«

»Okay, okay«, stammelte der Anführer, der sich stöhnend vom Boden erhob. »Wegen der Mädchen wollen wir uns doch nicht in die Haare kommen.« Claudia stand neben Hakan, siegessicher. Ich stand hinter den beiden und kam mir dämlich vor. Von Hakans Vorführung war ich allerdings sehr beeindruckt. So wie Hakan wollte ich auch sein.

Nachdem Hakan wieder verschwunden war – Claudia hatte ihm sehr lange nachgeschaut, während ich einfach nur danebenstand und wartete –, sagte Claudia zu mir: »Danke, dass du bei mir geblieben bist, Michel!«

Ich lächelte. »Danke für die Mütze!«

Sie lächelte. »Die Mütze steht dir wirklich gut. Pass gut auf sie auf!«

Sie gab mir einen Kuss. Wieder begannen meine Knie zu zittern. Claudia ging, und ich sah ihr sehr lange nach. Sie mochte mich. Aber sie blieb unerreichbar.

Die ganze Aufregung und das Adrenalin hatten mich hungrig gemacht. Und ich spürte, dass dieser Tag noch nicht zu Ende sein sollte. Ich lief zu einem Imbiss auf der Reeperbahn, wo sich meine Freunde von den

Champs regelmäßig trafen. Ich hatte Glück. Kemal, Tom und Ali waren da. Ich bestellte Pommes und erzählte von Claudia, Hakan und den Luden. »Der hat es denen gezeigt. Allein gegen vier. Der hat keine Gefangenen gemacht.« Die Jungs hingen mir an den Lippen, machten große Augen. Solche Geschichten putschten uns auf. Ich war immer noch völlig aufgedreht. Meine Nerven brannten wie Stroh.

»Lass uns die Typen doch noch mal vornehmen«, schlug Tom vor. »Die sollen wissen, mit wem sie es zu tun haben. Das vergessen die nie. Und der Kiez wird es auch nicht vergessen.«

»Geile Idee!«, riefen die anderen in ihrem Übermut.

Sofort schoss mir die nächste Ladung Adrenalin ins Blut. Wir liefen zum Pinnasberg (die Straße aus dem Siebziger-Erotik-Streifen »Das gelbe Haus am Pinnasberg«) am Park Fiction, wo wir noch andere Champs vermuteten. Dort trafen wir Thomas, Dirk und Jakob. Voller Übermut liefen wir wieder zur Reeperbahn zurück, stolzierten dort entlang. Sieben Champs, wir waren eine kleine Armee. Wir betraten das »Indianer Joe«, einen berüchtigten Laden, wo auch die Luden ihre Klamotten einkauften. Ich sah sie sofort: zwei der Typen. Auch sie sahen mich und die anderen sofort – und augenblicklich war ihnen klar, dass sie aus der Nummer nicht mehr heil herauskommen würden.

»Ich bin also der Kleine«, warf ich ihnen entgegen. »Vielleicht erinnert ihr euch noch?! Der Kleine verpasst euch gleich ordentlich eine. Dann werdet ihr wissen, mit wem ihr's zu tun habt.«

»Okay. Beruhigt euch. Wir haben schon eingesteckt heute«, murmelte einer der beiden.

Sie waren nicht nur ziemlich hilflos – sieben gegen zwei – sie hatten Angst, ich sah es, ich spürte es.

»Wie viel Kohle habt ihr dabei?«, rief Jakob. »Gebt uns eure Kohle! Dann lassen wir euch vielleicht gehen.«

Plötzlich hatte einer der beiden eine Dose Bier in der Hand und warf sie auf uns. Tom erwischte es am Kinn. Wir anderen griffen sofort an: Ich versetzte den Typen Tritte, landete einige Schläge. Die anderen verhakten sich mit ihnen in einem wüsten Gerangel. Puff! Bam! Die Typen wehrten sich. Sie waren geübt, ihre Schläge hart. Einer traf mich an der Stirn. Ich taumelte. Mein Kopf brannte. Meine Beine schmerzten.

»Scheiße, ihr Bengel«, rief Joe, der Inhaber des Ladens. »Ich hab die Polizei gerufen.«

Für einen Augenblick musste ich grinsen. Er schien zu glauben, dass man uns damit drohen könnte. Aber das interessierte uns nicht im Geringsten. Sollten die doch kommen. Die Schlägerei ging fröhlich weiter. Wir verteilten großzügig Tritte und Schläge. Aber auch die beiden Typen hielten sich nicht zurück. Wir bekamen sie nicht in den Griff. Ali lag am Boden. Seine Nase blutete. Meine Tritte trafen immer wieder auf harte Muskeln, und ich spürte, dass die Typen uns körperlich überlegen waren. Und auf einmal waren da noch drei, vier andere Kerle. Auch sie gingen mit harten Schlägen auf uns los. Einer packte Tom und schlug seinen Kopf gegen einen Stuhl. Ich teilte aus, steckte aber vor allem ein. Da war sie wieder, die Angst.

»Los, wir hauen ab!«, rief Andreas.

Dann sah ich, wie er seine Gaspistole zückte, die er immer bei sich trug, und auf einen der Typen zielte. Im letzten Augenblick richtete er den Lauf auf die Decke.

Es knallte. Meine Ohren dröhnten. Ich suchte den Ausgang, den anderen hinterher. Nichts wie weg. Die Typen waren uns auf den Fersen. Wir rannten die Reeperbahn hinunter. Die Typen hinter uns her. Andreas feuerte ein paarmal in die Luft. Dann Blaulicht. Schmiere! Reifen quietschten. Drei, vier Polizeiwagen. Wir wussten, was zu tun war. Wie die Hasen stoben wir auseinander. Ich lief zum Hafen, mein Puls raste. Trotz der Angst, ich fühlte mich lebendig. Oder vielleicht gerade wegen ihr. Ein geiles Gefühl, das mit nichts auf der Welt zu vergleichen war. Ich sah die riesigen Schiffskörper, den Stahl, die Kräne, den Abendhimmel, die Elbe. Sie lag wie eine schwarze Schlange vor mir. Ich sah Möwen, ihr Geschrei brachte meine Nerven zum Glühen. Ich atmete tief ein. Der Sauerstoff erfrischte meine Lungen. Ich fühlte mich frei und geil. Ich war glücklich. Trotz der Gewalt, die ich erlebt hatte. Oder gerade deswegen?

Seit einiger Zeit kam ich immer häufiger ins Grübeln über das Leben, das ich führte. Ich wusste nicht, woher diese Zweifel kamen. Denn eigentlich tat ich das, was ich tun wollte. Ich teilte aus, steckte ein und erkämpfte mir meinen Platz auf St. Pauli. Das Leben auf dem Kiez war hart. Je länger ich es lebte, desto mehr spürte ich, wie stressig so ein Leben war. Tage wie diese waren anstrengend und zehrend, auch wenn sie für kurze Glücksgefühle sorgten. Doch neben dem Glück verspürte ich auch Unruhe. Mein Herz schlug schnell. Meine Finger kribbelten vor Nervosität. Mein Gewissen rief mich immer wieder zur Ordnung. Inzwischen klang es schon wie der Besitzer des Aladin-Kinos, der mich immer wieder davor warnte, dass ich mit den falschen Typen abhing. Doch mich interessierten ganz andere Dinge:

Ich überlegte, was in den Köpfen der Luden abging, wie es ist, ständig auf 180 zu sein, wenn Muskeln, Nerven ständig brannten und die Synapsen ununterbrochen feuerten. Es reichte ein Blick, ein Wort, eine Geste, um die Luden zur Explosion zu bringen. Zweifelten diese Männer je an ihrem Leben? Vielleicht taten sie das. Aber für sie war es zu spät. Sie saßen fest, in einem Leben, das sie ausbrannte und verzehrte. Sie lebten in einer Welt, in der nur fades Licht schien. Man konnte es ihnen ansehen. Das Testosteron, der Dauerstress hatte Furchen in ihre Haut geschnitten. Ihre Gesichter waren angespannt, hart und freudlos, auch wenn sie häufig lachten. Aber es war ein gepresstes, ein künstliches Lachen, als würden sie über sich selbst und ihr komisches Leben lachen. Die Luden machten, wenn ich ehrlich war, keinen sonderlich glücklichen Eindruck. Sie wirkten gehetzt, getrieben – wie einsame Wölfe. Wollte ich auch so ein Wolf werden?

18

Wir sind die hungrigen Wölfe

Noch heulte ich mit den Wölfen, und ich heulte gern mit ihnen. Wir brüsteten uns damit, wenn wir mit jemandem Streit hatten. Wie die Revolverhelden im Wilden Westen. Aber man musste aufpassen, mit wem man sich anlegte. Denn je älter wir wurden, desto leichtsinniger und mutiger wurden wir und desto näher kamen wir dem Milieu. Die Zeit mit den Champs empfand ich als lustige Zeit. Ich hatte zwar immer wieder Zweifel an meinem Weg. Aber noch ließ ich mich vom Strudel des Gang- und Kiezlebens mitreißen. Es war zu verlockend. Und es war das, was ich kannte und liebte. Die Champs waren eine schlagkräftige, wilde Truppe, die nur jemand wie Eyhan zusammenhalten konnte. Er war unser Chef, eine Autorität, so wie Ümet es für die Breakers gewesen war. Aber Eyhan konnte sehr viel härter als Ümet sein.

Wir trafen uns häufig am Pinnasberg, ein paar Straßen von der Reeperbahn entfernt. Dort standen wir dann herum, quatschten oder zeigten uns gegenseitig unsere Waffen: Schlagringe, Messer (Springmesser und Butterflymesser) und Gaspistolen. Der Waffenwahnsinn, der St. Pauli Mitte der Achtziger veränderte, hatte auch uns erreicht. Es reichte nun nicht mehr, ein guter, brutaler

Schläger zu sein. Man musste gut bewaffnet sein, um seinen Mann stehen zu können. Anfangs wollten wir alle Springmesser haben. Solche, wie wir sie aus den James-Dean-Filmen kannten. Später war das Butterflymesser groß in Mode.

Die Kunst bestand darin, das Messer mit einer Hand in drei Bewegungsabläufen aufzumachen. Mit denselben drei Schnappbewegungen klappte man das Messer dann auch wieder zu – und das so schnell, dass man kaum mit den Augen folgen konnte. Einige von uns hatten immer eine kindische Freude daran, sich zu messen, da man stets ein bisschen darauf hoffte, dass der andere sich schnitt.

Aus den Bruce-Lee-Filmen und anderen Eastern hatte ich mir abgeschaut, wie man Chakus benutzte, und über die Jahre selbst viele Chakus gebaut – zwei Holzpflöcke, mit einer Kette verbunden, mit der man seinen Gegner schlagen, aber auch würgen kann. Später kamen die Baseballkeulen auf. Die waren mir zu klobig. Aber Messer aller Art trug ich immer mit mir herum. Die gehörten zur Grundausstattung. Vor allem John Rambos Kampfmesser aus »First Blood« hatte es mir angetan. Es hatte einen Kompass, dazu Nähzeug im Griff, den man abschrauben konnte. Man konnte ja nie wissen, was einem im Dschungel von St. Pauli so alles widerfährt.

Die Waffen versteckte ich unter meinem Bett. Wann immer ich glaubte, sie zu brauchen, kramte ich sie hervor und schaute sie mir ganz genau an. Ich ließ meinen Blick über sie gleiten, als würde ich den Körper einer schönen Frau bewundern. Die Waffen wurden ganz pragmatisch ausgesucht – passend für die Konfrontation und die Klamotten. Es kam die Zeit, da trug jeder ein Messer mit feststehender Klinge am Gürtel.

Nicht jeder in St. Pauli kuschte vor uns Halbstarken. Einmal rief jemand tatsächlich die Polizei, die gleich anrückte und Andreas mit auf die Davidwache nahm. Er hatte eine Gaspistole dabei, griffbereit vorn in der Hose. Als wir davon erfuhren, liefen wir zusammen mit Eyhan und zehn anderen zur Davidwache. Eyhan übernahm das Wort und schaffte es tatsächlich, dass Andreas rauskam. Ich weiß nicht mehr, wie ihm das gelungen ist. Aber er war jemand, der gut und überzeugend reden konnte. Die Polizei schätzte ihn. Das wusste jeder. Vielleicht hatte er irgendwelche Deals mit ihnen laufen. Warum sonst hätten die Polizisten Andreas gehen lassen sollen?

Wie sich eine Woche später herausstellte, war es keine gute Idee gewesen, Andreas herauszuholen: Als er seine Gaspistole ziehen wollte, um jemanden zu beeindrucken, schoss er sich ins Bein. Das ging richtig in die Hose.

Das Gangleben war zwar lustig. Aber es gab eine Menge Regeln, die es zu beachten gab in unserer durchhierarchisierten und vollregulierten Welt. Wer Regeln missachtete, bekam Ärger. Abstrafungsaktionen waren an der Tagesordnung. Mit meiner großen Klappe und meinem Übermut bin ich ein paarmal knapp am Krankenhaus vorbeigeschrammt. Von heute aus betrachtet, war der Druck innerhalb der Gruppe enorm. Ständig musste man sich behaupten – in der Gruppe, außerhalb der Gruppe. Ständig lief man Gefahr, in einen Streit zu geraten. Ständig war man mit der Frage konfrontiert, wie man sich in der Hierarchie nach oben arbeiten konnte. So eine Gang war auch ein Haifischbecken, in dem fast jeder jedem an den Kragen wollte. Wir hielten zwar zusammen. Aber nur für die Gang. Innerhalb der Gang gab es ständige Kämpfe und Konflikte. Wenn du Schwäche zeigtest, wurde das eiskalt ausgenutzt. Da hattest du keine Chance.

Wenn du jahrelang so lebst, bist du irgendwann verbraucht. Du kannst kaum noch normal sein, lebst mit dem ständigen Misstrauen allem und jedem gegenüber. Am Ende bringt dich dieses Lebens um.

Wichtige Regeln in der Gang betrafen den Umgang mit Frauen und mit den Freundinnen der anderen. Wir lebten in einer Männerwelt. Frauen hatten nicht viel zu melden. Außer als Dekoration für den starken Mann, als Objekte unserer Begierde und unseres Eroberungswillens und im Fall der Nutten als Geldquelle. Zärtlichkeiten austauschen war gar nicht drin. Freundinnen von Gangkollegen waren ein totales No-Go. Dass man die Ex-Freunde seiner Freundin kennenlernte (wie das heute der Fall ist), das war unvorstellbar. »Quatsch keine Olle an, wenn sie schon einen Macker hat«, war eine goldene Regel, an die man sich selbstverständlich nicht immer hielt. Dieses ganze Machogehabe habe ich so sehr verinnerlicht, dass mit Sicherheit eine Therapie notwendig wäre, um mich zu einem verständnisvollen Mann zu machen. Allerdings hatten auch die Frauen, die in unserer Welt zu Hause waren, diese Regeln zu ihren Regeln gemacht. So wie Claudia eben.

Wer die Regeln nicht befolgte, bekam Haue. Wie Andi, der sich nicht unter Kontrolle hatte, wenn es um Frauen ging. In den Wallanlagen stellten wir ihn. Er bekam von einem von uns eine ordentliche Faust in den

Magen. Und weil er sich dabei so nett bückte, das Knie mehrmals ins Gesicht. Wir schauten zu. Blut tropfte auf den Boden. Der ein oder andere Zahn fiel heraus. Wir mussten zuschauen. Auch das gehörte zum Prinzip, nach dem die Gangs funktionierten. Das Abstrafen sollte anderen Angst machen. Andis Nase war schief. Er blutete wie ein abgestochenes Schwein. Er wälzte sich am Boden, hustete und fing an zu heulen. Das war nicht nett, das mit Andi. Aber es hätte noch schlimmer für ihn kommen können. Es war die Vorbereitung auf das Geschäft im Milieu, denn da galten die gleichen Regeln. Machte man die Frau eines anderen Luden an, gab's Haue, oder man zahlte 'ne Abstecke, also ein Ablösungsgeld, wenn man sie denn dann auch tatsächlich behalten wollte.

Je älter wir wurden, desto stärker wurde der Wunsch, Schotter zu verdienen. Wie die Kiezjungs, die unser Vorbild waren. Auf Schule und Lernen hatten wir ohnehin keine Lust. Und das glamouröse Leben, das wir uns ausmalten, musste finanziert werden. So war es nur folgerichtig, dass wir uns immer mehr Gedanken machten, wie wir an Geld kommen könnten. Eines Tages kam Tuncay, einer der Champs, mit einem nagelneuen Mercedes angerauscht. Wir wunderten uns, woher er die Kohle hatte für den Schlitten. Zusammen mit ein paar Freunden hatte er herausgefunden, wie man Spielautomaten manipulierte. Man müsse, erzählte er, einfach ein Zwei-Mark-Stück in der Geldausgabe immer wieder hochwerfen. Der Automat würde das Geld gutschreiben, bis der Automat leer sei. Dabei müsse einer Schmiere stehen, während er den Automaten bearbeitete. So klapperte Tuncay mit drei, vier Leuten die Spielhallen ab und machte Tausende. Das funktionierte eine ganze Zeit, bis die Automatenhersteller eine Vorrichtung einbauten, die den Trick verhinderten. Aber da hatte Tuncay bereits seinen Mercedes.

Es lag natürlich nahe, ins Milieu einzusteigen. Meine Freunde Andy und Tom hatten bereits Frauen, die für sie liefen. Sie verdienten Tausende damit. Einer, den wir nur »den Griechen« nannten, fuhr plötzlich einen fetten Mercedes. Der dicke Grieche, der auch einer meiner Trainingspartner war, übernachtete bei seiner neuen Freundin, und morgens stand plötzlich ein goldener nagelneuer Mercedes 500 SEL vor der Tür, als wäre er vom Himmel gefallen. Der Mercedes war ein Geschenk für ihn, von ihr. Es war ein Geschenk, für das sie eine gewisse Gegenleistung erwartete. Er sollte sie dafür abkassieren. Täglich. Und er sollte aufpassen, das kein anderer sie abkassierte oder sie angrub. Der dicke Grieche war nicht sonderlich interessiert an dem neuen Job, aber der goldene Mercedes war natürlich ein gutes Argument. Zusammen mit dem Griechen fuhren wir im goldenen Mercedes umher. Über den Kiez und überall dort, wo uns die Leute sehen konnten. Es konnte also auch passieren, dass man zum Luden gemacht wurde. Einfach so.

19

Fließband oder Strich?

Es näherte sich auch der Schulabschluss und damit die drängende Frage: was machen? Kalle und meine Mutter wollten, dass ich in die Lehre ging. Geld ranschaffen. Egal, wie. Aber mir grauste es davor, so zu enden wie sie – wie Zombies. Ich war noch jung und einer der wenigen, der keine Geschäftsidee hatte. Die meisten meiner Freunde waren schon im Milieu. Es lag nahe, dort einzusteigen.

In meinem Freundeskreis haben wohl alle erwartet, dass ich irgendwann mal Zuhälter werden würde. Ich rannte schließlich auch rum wie ein Hartgeldlude. So bezeichnete man die Luden der untersten Kategorie. Mittlerweile tauschte ich mein Gang-Outfit immer häufiger gegen die Klamotten ein, die man auf dem Kiez trug. Ich wollte dem Kiez auch äußerlich näher kommen. Auch wenn mir meine Boxerstiefel, die Bomberjacke und die Nikes immer noch heilig waren. Bei meinen wenigen Schulbesuchen trug ich die Ganguniform, hing mit Jorge, Tom, Fritz und Mike ab. Wir waren alle Raufbolde und flirteten mit den Mädels. Wir waren die Coolsten. Klar! Und wer das nicht so empfand, der tat gut daran, das uns besser nicht ins Gesicht zu sagen. Denn wir konnten auf so eine Kritik schrecklich eingeschnappt reagieren. Den Lehrern war klar, was für eine Karriere wir anstrebten. Als linksorientierten Beamten gefiel es denen natürlich nicht, dass wir ins Milieu wollten. Dort, wo ihrer Meinung nach Leute ausgebeutet und abgezockt wurden, wo Sexismus und Machotum gefördert wurden. Die Zeit, dass sie mich als Außenseiter sahen, der nur etwas Führung brauchte, um auf den richtigen Weg gebracht zu werden, war vorbei. An Führung durch einen Lehrer war ich ohnehin nicht mehr interessiert. Ich glaubte selbst zu wissen, was gut für mich war. Die Lehrer jedenfalls wussten es nicht.

Mit der Zuhälterei aber hatte ich ein entscheidendes Problem. Ich wollte die niedlichen Mädchen nicht an die Loddels verticken, für 'ne schäbige Abstecke. Ich wollte sie lieber für mich. Aber wer mit den Wölfen fressen will, der muss auch mit ihnen heulen. Ich war zerrissen. Was wollte ich? St. Pauli war mein Zuhause. Aber ich wollte nicht mit einem Bein im Grab und dem anderen im Knast leben. Doch in St. Pauli gibt es einen Spruch: Als Zuhälter wird man nicht geboren, zum Zuhälter wird man gemacht.

Vor dem Top Ten lernte ich schließlich Lydia kennen. Aus den Boxen der Imbissbude nebenan schallte krachend der Funk und Soul von GAP Band. An diesem Tag trug ich meine neue Lederjacke mit Stoffapplikationen und Fransen. So eine, wie sie damals in Mode war.

»Na, Süßer!« Lydia hatte mich sofort ins Visier genommen und lud mich zu sich nach Hause ein. Dort stellte sie mich ihrer Mutter vor. Die Wohnung atmete den Mief der Kleinbürgerlichkeit. Langweilige Schränke, Ledersofa, verstaubte Zimmerpflanzen.

Die Mutter hatte lange an der Reeperbahn gestanden und arbeitete nun als Selbständige zu Hause. Wir waren uns gleich sympathisch. Ich trank ein Mineralwasser, wir schnackten, dann verschwanden Lydia und ich in ihrem Zimmer. Wir knutschten. Irgendwann erzählte sie mir, dass sie auf dem Kiez Karriere machen wolle. Das kommt nicht selten vor. Entgegen aller Vorurteile, die besagen, dass Frauen zur Prostitution gezwungen würden, habe ich viele Nutten kennengelernt, die den Job freiwillig machten. Das Zeug für eine Kiez-Karriere hatte Lydia. Sie war eine Schönheit, lange Beine, straffer Busen, ein engelsgleiches Gesicht. Und knutschen konnte sie, was eine Prostituierte allerdings nie bei einem Freier machen durfte. Ficken ja, knutschen nein. Beim Knutschen verliebt man sich!

»Willst du auf mich aufpassen?«, fragte Lydia plötzlich.

»Äh, was?« Ich war baff. Ich wollte Zuhälter werden – und plötzlich war hier die Chance, mein erstes Mädchen zu bekommen. Das Schicksal schien sie mir vor die Nase gesetzt zu haben. Aber so mit der Realität konfrontiert zu werden war doch etwas anders, als sich das Ganze bunt und schön auszumalen. Zwischen Wille und Vorstellung lag mindestens eine Welt auf dem Kiez.

Lydia sah mich an. Keine Frage. Ihr war es ernst. Ich fand sie attraktiv, anziehend, sympathisch. Will man so jemanden auf den Strich schicken? Ich war fünfzehn. Ich wollte eine Freundin. Ich brachte es nicht über das Herz, sie für mich laufen zu lassen. Ich musste mich entscheiden. Ich machte krasse Sachen, schlug Leute aus Versehen zusammen, klaute. Aber es gab diese Punkte, an denen sich mein Gewissen meldete. Aber es war nicht leicht, auf sein Gewissen zu hören, wenn man in einer Welt lebte, die kein Gewissen und keine Moral zuließ. Die einen dafür sogar verurteilte und ausstieß.

Einen Monat lang war ich mit Lydia zusammen. Es dauerte nicht lange, da hatte sie ihren Zuhälter gefunden, eine bekannte Größe.

Kurze Zeit später lernte ich wieder ein Mädchen kennen, das auch erwartete, dass ich ihr Zuhälter würde. Es war wie verhext. Ich wollte eine Freundin und bekam eine Nutte. Ich wollte sie nicht verlieren, aber es war unvermeidlich. Selbst mein Gockelgang konnte sie nicht beeindrucken. Auch sie verließ mich, um anschaffen zu gehen.

Meine nächste Freundin ging schon auf den Strich, was ich aber erst nach vier Wochen herausfand. Sie machte mir tolle Geschenke und war um mich bemüht. Aber als ich dann darauf angesprochen wurde und für alle klar war, dass sie für mich anschaffen ging, trennte ich mich. Ich war enttäuscht, dass sie mir nicht von Anfang an reinen Wein eingeschenkt hatte.

Ich traf mich mit meinem Freund Andy. Er konnte meine Entscheidung, Lydia nicht für mich laufen zu lassen, nicht verstehen. In einem Bistro auf der Reeperbahn versuchte er, mir das Angebot doch noch einmal schmackhaft zu machen.

»Ey, Michel, Aller! Das musst du dir überlegen. Das ist dein Einstieg. Das ist geiler, als am Fließband zu schuften.« Dabei machte er eine Bewegung, als würde er Hebel an einer Maschine umlegen. »Denen macht das doch Spaß. Ficken und wichsen.« Diesmal machte er eine Bewegung, als würde er sich einen runterholen.

»Wir müssen nur abkassieren und leben. Wir machen den ganzen Tag Sport und gehen in die Spielhalle daddeln. Abends wird Party gemacht.«

Ich konnte es einfach nicht. Ich hatte mich verliebt, ein bisschen zumindest.

Andy schüttelte den Kopf. »So eine Chance bekommst du nicht wieder, Aller!«

Andy hatte schon zwei Frauen für sich laufen. Wir trainierten zusammen. So hatten wir uns kennengelernt. Ich kannte seine Frauen. Jeder kannte sie. Sie sind in unserem Viertel aufgewachsen. Andy flirtete ständig mit irgendwelchen Frauen. Er war ehrgeizig und eifrig bei der Sache. Er wollte ein erfolgreicher Lude werden. Andy trug wie immer eine perfekt sitzende Föhnwelle, dazu sein tadelloses Zuhälter-Outfit. Und er packte nun seine schönste Ludenrhetorik aus. »Der Job ist wirklich leicht. Und du siehst gut aus, bist stark, bist frisch. Was sollen die Mädchen denn machen, wenn sie nur einen Hauptschulabschluss haben? Du gibst ihnen eine Perspektive, ein besseres Leben. Und schlafen tun die gar nicht mit den Freiern. Die klemmen den Schwanz zwischen die Beine. Das merken die Freier gar nicht.«

»Aber seelisch gehen die doch zugrunde«, hielt ich dagegen.

»Quatsch, Aller! Seelisch gehst du am Arsch, wenn du einen Chef hast, der dich quält. In einem Job, der dir nicht gefällt. Wenn du so eine Scheiße dein ganzes Leben machst, gehst du zugrunde.«

Andy legte sich ordentlich ins Zeug. Aber überzeugen konnte er mich nicht. Und Spielhallen waren eben nicht meins.

»Ich weiß nicht, Andy. Ich verlieb mich immer

gleich.« Das war die Wahrheit. Ich war ein Träumer, wenn es um Frauen ging.

»Du bist zu weich, Michel!« Andy legte seine Hand auf meine Schulter. »Außerdem! Du brauchst 'ne richtige Gang. Nicht so eine wie deine Schläger. Eine mit Zukunft. Wir brauchen alle unsere Lobby. Wie in der Wirtschaft.«

Wir tranken aus und schauten durch die Fenster aufs abendliche St. Pauli. Es regnete.

»Hallo, Andy! Siehst gut aus.« Eine große, schlanke Brünette stand plötzlich vor uns. Offensichtlich eine Freundin von Andy. Der begrüßte sie mit einem Kuss. Dann setzte sie sich und erzählte, wie geil sie St. Pauli fand. Vor allem das Shoppen und das Feiern.

»Wenn du mal 'ne Freundin hast, Michel. Dann sag Bescheid. Wir gehen dann richtig mit ihr aus und machen einen drauf. Vielleicht will sie ja auch anschaffen gehen.«

»Gehst du denn anschaffen?«

»Ich? Nee!« Sie sagte das so, als hätte ich eine völlig abwegige Frage gestellt. »Ich bin nur dafür da, um mit den Mädels auszugehen und ihnen zu erzählen, wie geil es mit den Jungs ist und was ich mir alles leisten kann.«

»Das ist dein Job?«, fragte ich entgeistert.

»Na ja. Ich teaser die Mädchen an. Wir gehen 'ne Woche zusammen aus, und die werden heiß gemacht. Ist besser als kein Job, oder?« Sie sah mich an. »Eigentlich haben es die Mädels doch nicht schlecht.«

»Warum machst du es dann nicht selbst?«

»Mich hat noch keiner gefragt.« Sie lachte laut auf. »Einer muss denen doch erzählen, wie geil der Job ist. Wenn du 'ne Woche mit den Jungs feierst, in den dicksten Autos mitfährst, in den schicksten Läden shoppen gehst und in den teuersten Hotels pennst. Das klappt immer. Die gehen dann alle anschaffen. Zeig mir eine, die dem widerstehen kann. Ich dreh sie dir in 'ner Woche um.«

Sie machte das gut, wie ich fand, selbstbewusst, überzeugend. Aber ich zögerte, ihr wirklich zu glauben.

»Michel! Die Mädels stehen auf Macker. Wenn so einer in 'ne Disko kommt, alle drehen sich nach dem um. Aus Respekt. Der lässt die Korken knallen. Das lässt keine Frau trocken. Dann will jede mit dem zusammen sein.« Ihr Blick hatte mich fixiert. »Warum machst du das nicht auch? Du siehst gut aus, siehst stark aus. Bring doch mal eine mit. Ich red mit der. Mach ich für dich umsonst.«

All das war mir nicht neu, wie das funktionierte mit den Nutten. Aber es so unverblümt aus ihrem Mund zu hören ließ mich stutzen. Es klang so organisiert, so nüchtern. Ich war nicht so naiv zu glauben, dass das Geschäft nicht aus gewissen Strukturen bestand. Ich war auch nicht so naiv zu glauben, dass die Frau, die mir das jetzt erzählte, rein zufällig gekommen war. Wenn ich Mädchen anschleppe, dann bin ich die im Nu wieder los, das wusste ich. 'ne Lobby. Das klang so solide, aber in diesem Business war sich jeder der Nächste, und ich war gut zum Ranbringen, das spürte ich. Ich schwieg, starrte auf mein Glas, während sich Andy und seine Freundin über das Geschäft unterhielten.

Ein paar Tage später lud mich mein Freund Tom ein, Manni kennenzulernen. Manni war ein gefürchteter Schläger. Früher hatte er mal als Schlachter gearbeitet, nun war er Zuhälter. In seiner Wohnung saß mir Tom gegenüber, in knallengen Jeans, die Beine breit auseinandergestellt, so als wolle er mir zeigen, wer die dicksten Eier von uns beiden hat. Die Wohnung war erstaunlich bürgerlich eingerichtet. Seltsam, dass sie gerade die zu imitieren schienen, die sie eigentlich nicht ausstehen konnten. Aber wenn es um guten Geschmack ging, hätte ich auch keinen St.-Pauli-Luden um Rat gefragt.

Manni hatte ordentliche Muskeln und trug eine fette Rolex. Er hatte seinen Blick wie einen Laserstrahl auf mich gerichtet. Es war dieser typische Checkerblick, mit dem dich die Luden von einer Sekunde auf die andere analysierten, in dich hineinschauten, deine Schwächen ausloteten. »Michel!« Manni hatte eine dunkle Stimme. Er machte eine lange Pause. »Tom hat seine Freundin an den Start gebracht. Er hat mir von dir erzählt. Er mag dich. Und jetzt wollte ich mir mal ansehen, was du für einer bist.« Manni legte wieder eine Pause ein und trank einen Schluck Wasser. Ich wusste: Jetzt würde er etwas Wichtiges sagen. »Tom meinte, du willst deine Freundin mal bei mir vorstellen. Und wenn du das willst, Michel, dann schau ich sie mir mal an.«

Tom hatte gelogen. Natürlich wollte ich meine Freundin nicht diesem schmierigen, stillosen Hartgeldluden vorstellen. Im schlimmsten Fall würde sie dann für den anschaffen. Im weniger schlimmen Fall würde sie sich von mir trennen. Ich war wütend, ließ es mir aber nicht anmerken.

»Ach so«, murmelte ich. »Das hat Tom gesagt?« Ich nahm Tom ins Visier.

»Was? Ach so. Nich oder wie?«, stammelte der nur. Tom wusste, wie man andere manipulierte. Ich wusste nicht, wie ich auf dieses Angebot, das mich nicht die Bohne interessierte, reagieren sollte. Also rettete ich mich in die Unbeholfenheit. »Da bin ich jetzt nicht so drauf vorbereitet.« Tom und Manni sahen sich an und lachten plötzlich brüllend los. Sie klopften sich auf die Schenkel.

»Reingefallen«, rief Tom. »Na! Jetzt hast du 'nen Ködel in der Hose, was?«

Sie hatten mich verarscht. Erst kam ich mir blöd vor, von diesen beiden Luden derart ausgezogen worden zu sein. Aber dann atmete ich auf und lachte mit.

»Nix für ungut, Michel«, sagte Manni. »Deine Frau ist deine Frau. Das versteht jeder. Und wenn dir einer doof kommt, dann haust du ihm einen vor den Latz.«

Ich war erleichtert. Manni holte ein Tütchen mit weißem Pulver aus seiner Jackentasche. Er schüttete eine Prise auf den Couchtisch, zog ein paar Linien mit einer Rasierklinge.

»So, jetzt entspannen, Michel! Willst du?«

»Nee. Lass gut sein, Manni. Ist nix für mich.«

Tom und Manni zogen sich genüsslich einen durch und lehnten sich zurück. Es war das erste Mal, dass ich sah, wie einer meiner Freunde Drogen nahm. Die Drogen, der Zündstoff des Wahnsinns, der in St. Pauli umging, hatte uns erreicht. Dieses Bild der beiden, die langsam draufkamen, widerte mich an. Innerlich distanzierte ich mich schlagartig von Tom. Ich saß nun mit zwei Fremden in dieser geschmacklosen Wohnung, mit zwei Typen, die das Gegenteil meines Ideals waren. Ich wollte nur raus – raus aus meiner Haut, raus aus dieser Wohnung.

»Ich muss los, Jungs! Zum Sport!« Ich stand auf.

»Was'n für'n Sport?« Manni starrte mich mit leerem Blick an.

»Kung-Fu bei Dacascos.«

»Geil, Michel«, grunzte Manni wie ein paarungsbereiter Elch. »Da hab ich auch Bock drauf.«

Ich starrte ihn an. Der sah wirklich aus wie eine Comicfigur. Viel zu enge Jeans, die langen blonden Locken verdeckten das sonnenbankgebräunte Gesicht. Auch seine dicke Goldkette, seine Lederjacke, all das, was ich immer so sehr bewundert hatte an den Luden, fand ich nun widerwärtig. Aber ich gab mich locker.

»Yo, Jungs! Ich geh dann mal!«

Die beiden zogen sich wieder eine Linie durch, hatten mir nicht zugehört, waren in ihrer Welt aus Koks abgetaucht. Ich verließ die Wohnung, stand vor dem Haus, atmete tief durch und spazierte los.

Das Unwohlsein blieb, ein dumpfes Gefühl im Magen, ein dumpfes Gefühl im Kopf. Ich war traurig, dass sich einer meiner Freunde, mit dem ich schon sehr viel Unsinn angestellt hatte, mit solchen blöden Typen abgab. Ich war traurig, weil ich diesen Manni kennengelernt hatte. Es gab so viele Persönlichkeiten auf dem Kiez. Aber dieser Manni war keiner von den Schillernden. Der war ein kleingeistiger Futzi, ein typischer Hartgeldlude ohne große Talente und Ideen. Manni gehörte zum Bodensatz von St. Pauli. Das war nicht mein St. Pauli, nicht meine Welt.

Zweifel und Fragen rauschten durch meinen Kopf. War ich wirklich zu weich? Oder hatte ich dieses Quentchen Gewissen und Anstand, was mich von den meisten meiner Freunde unterschied? War das das Leben, das ich wollte? Ich war verwirrt, ging zu Dacascos, um die

Verwirrung loszuwerden. Ich trainierte hart, härter als sonst. Mir taten die Hände, Arme und Beine weh. Aber ich trainierte weiter, schlug und trat, schlug und trat, bis ich keine Luft mehr bekam und mir schwindelig war vor Anstrengung.

Ich wollte das Leben dieses Mannis nicht. Ich wollte nicht in die Gosse, ich wollte zu den Sternen. Egal, wie viel Geld dieser Manni machte – vierzig- oder sechzigtausend Mark im Monat –, er würde seiner kleinen, stinkenden Welt nie entfliehen können. Das machte ihn zu einer armseligen Kreatur. Was kannte dieser Manni schon? Wovon hatte er Ahnung? Von Nutten, von dicken Autos, von Koks, von spießigen Möbeln. Von einer Wohnung, in der eine Sonnenbank stand, die nach Bratfett und billigem Parfum stank? Aber sonst? Was wusste er von gutem Essen? Von Stil? Von gutem Geschmack? Ich wusste, was Stil war. Noch lief ich genauso herum wie die Luden. Aber ich hatte einen Hunger für Stil entwickelt. Einen Hunger, der sich irgendwann Bahn brechen würde in meinem Leben. Das spürte ich. Stil als Horizonterweiterung. Stil als eine Idee davon, dass man Grenzen überschreiten muss in seinem Leben, um weiterzukommen. Ich liebte französische Filme, damals schon. Nicht nur wegen schöner Frauen wie Jane Birkin, Romy Schneider oder Brigitte Bardot. Auch wegen der Männer, die elegant und dennoch männlich waren. Männer wie Alain Delon, Jean-Paul Belmondo oder Jean-Louis Trintignant. Ich rief mir die Namen in Erinnerung, sang die Namen in meinem Kopf, um gute Laune zu bekommen.

Die Veränderung begann langsam, aber unaufhörlich. Sein Bewusstsein zu ändern, das dauert. Und es erfordert Mut und Kraft, das zu verlassen, was man sich aufgebaut und womit man so lange gelebt hat. Natürlich ist es wichtig, Geld zu haben. Aber was nützt es einem, wenn man ein Manni ist? Ich wollte Alain Delon sein oder besser: Jean-Paul Belmondo. Einen französischen Namen hatte ich ja schon. Mein Ideal war ein anderes. Und ich war mir sicher: Auf St. Pauli gab es die Vorbilder: kluge Köpfe mit Stil. Claudia zum Beispiel hatte Stil. Ich verstand nie, wie sie das machte. Denn viel Geld hatte sie nicht. Aber sie hatte ein ausgesprochenes Talent, sich gut anzuziehen.

In den nächsten Wochen bekam ich ein paar Schuhe von Schuh Messmer geschenkt, sehr elegante, schwarze Schuhe. Meine Oma kannte den Messmer, dessen Geschäft auf St. Pauli bis heute eine Institution ist. Sie bekam Prozente. Dazu kaufte ich mir teure Karottenjeans, die nicht ganz so sportlich aussahen, und ein Hemd. Meine lange Mähne gab ich auf und ließ mir die Haare kurz schneiden. Nun kam ich mir vor wie ein Solider.

Meine Oma machte sich lustig über mein neues Auftreten. »Michel! Du siehst ja aus – wie aus einer anderen Welt.«

Recht hatte sie. Ich stolzierte über den Kiez wie frisch aus dem Ei gepellt. Claudia und ihre Freundin Melanie kamen mir entgegen. »Was für ein schöner Mann«, raunten die Mädels. Hohn oder Kompliment, da war ich mir nicht sicher.

Ich wollte erwachsener rüberkommen. Wie die Popper. Die mochte ich zwar nicht, aber sie gehörten zu den Erfolgreichen. Ich dagegen war ein erfolgloser Underdog. Zumindest in deren Augen. Das beschämte mich immer mehr. Auch wenn es noch für diese Wut sorgte, die mich immer schon angetrieben hatte. Wut darüber, nicht anerkannt zu sein. In mir reifte der Wunsch, etwas aus meinem Leben zu machen, nach neuen Wegen zu suchen. Ich wollte respektiert werden. Die neuen Kleider waren der erste Schritt. Auch wenn ich es noch immer cool fand, mit meiner Bomberjacke und meiner Gang durch den Kiez zu laufen.

20

Raus aus der Gosse!

Fritz hatte Geburtstag. Er wurde siebzehn. »Hey, Aller«, sagte er am Telefon, »ich hab 'nen Tausender von meinen Eltern bekommen. Den müssen wir platt machen. Bissu dabei?«

Einen Tausender platt machen war besser als einen Typen plattmachen. Wir gingen schick im »Cuneo« essen, wie die Paten von St. Pauli. Danach ging's ins Top Ten, wo Fritz sich die teuersten Cocktails gönnte.

»Aller! Mir is langweilig«, beschwerte sich Fritz irgendwann. »Ich kann ja nich alles versaufen. Ich hab 'ne Idee.«

Wir verließen das Top Ten. Die Sonne schien grell, und auf der Meile war die Hölle los. Angetrunkene Touristen, singende Männergruppen. Die Nutten hatten freie Auswahl. Fritz gab die Richtung vor: auf die Reeperbahn. Er stand unter Strom, der Alkohol kochte in uns. Ich kapierte, wohin er wollte – in den türkischen Waffenladen. Fritz stürmte hinein, ich hinter ihm her.

»Wir wollen jemanden umbringen!«, schrie er. »Ich will alle Shuriken und 'n paar Messer und Knüppel!«

Der Verkäufer schien eingeschüchtert zu sein. Offensichtlich verstand er unseren Humor nicht.

»Ja, kein Problem«, stammelte er. »Ich sage nix der Polizei.«

»Was kosten die Wurfsterne?«, fragte Fritz.

»Acht Mark das Stück.«

»Wir nehmen zehn.«

Fritz legte das Geld auf die Theke, nahm die Sterne und das Wechselgeld. Wir verließen den Laden.

»Scheiße, Aller«, raunte Fritz. »Der hat uns die Sterne verkauft, obwohl er wusste, dass wir einen umbringen wollen. Krass. Es gibt echt böse Typen.« Wir lachten.

»Ich brauch was zum Schnuppern, Michel! Komm.« Wir liefen zum S-Bahnhof. In der Unterführung besorgte Fritz seinen Stoff. Grinsend kam er auf mich zu. Ich hatte am Eingang gewartet.

»Aller! Hier, Pulver für 600 Mark!« Er hielt mir ein Päckchen unter die Nase.

»Wenn du meinst?«, murmelte ich. Doch das hatte Fritz schon nicht mehr gehört. Er lief die Treppe hinauf. Kaum war er oben angekommen, stürzten sich vier Typen auf ihn – Zivis!

»Haben wir dich, du Penner!« An mir hatten sie kein Interesse: »Nee, du nicht. Der hat doch das Koks und die Sterne gekauft, oder wills du 'n paar in die Schnauze?«

Die Zivis führten Fritz in Handschellen zur Davidwache. Ich hinterher. Fritz stolzierte wie John Dillinger über die Reeperbahn, begleitet von den Blicken der Leute. Ich trottete hinter den Zivis her. Wie sich herausstellte, hatte der türkische Waffenhändler doch die Schmiere gerufen, weil er einen Mord verhindern wollte. »Dein Freund hat sich Watte andrehen lassen«, sagte ein Beamter mit einem Schnauzer und einem dicken

Bauch zu mir. Dann legte er die Tüte, die Fritz von dem Dealer bekommen hatte, auf die Theke. Tatsächlich. Lauter kleine Wattekügelchen – für sechshundert Mark.

Dann begann die Fritz-Show. Er schrie durch die ganze Wache. »Wisst ihr eigentlich, wer ich bin?« Er schrie und schrie. Ich musste lachen, obwohl das alles überhaupt nicht komisch war. Vor ein paar Jahren hatte Fritz noch gewusst, dass er Blödsinn redete. Nun war ihm gar nicht mehr klar, wann er etwas ernst meinte und wann nicht.

»Ich bin ein Kubiczek!«, schrie er.

Die Polizisten sahen sich ratlos und leicht amüsiert an, einer zuckte mit den Schultern. »Aha, ein Kubiczek. Dann gratulieren wir aber.«

Trotz Handschellen baute sich Fritz schlagartig vor dem Beamten auf. »Was hast du Fotze gesagt?«, brüllte er und wollte ihm einen Kopfstoß verpassen.

Ruck, zuck warfen sich drei Polizisten auf ihn, packten ihn und rissen ihn zu Boden.

»Du wartest mal«, sagte ein Beamter zu mir. »Kannst deinen Freund gleich wieder mitnehmen.« Sie brachten ihn in eine Zelle.

Wieder mitnehmen?, dachte ich. Ich setzte mich auf eine Bank, neben mir eine Frau, wahrscheinlich eine Nutte. Ihre Arme waren übersät mit blauen Flecken, im Gesicht prangte ein Veilchen.

Eine Tür ging auf. Zwei Beamte brachten einen Typen in Lederjacke herein, der fluchte und schimpfte. In der Davidwache war immer was los.

Dann sah ich Fritz. Er ging gebeugt, hielt sich den Bauch. Er hustete.

»Hier, den kannst du wieder mitnehmen. Hat ja

schließlich nur Watte gekauft. Die Sterne vergessen wir mal.«

Ich stützte Fritz, und wir verließen die Wache.

»Scheiße, was ist mit dir passiert, Fritz?«

Er röchelte und hustete. »Die haben mich in die Zelle gebracht, abgeschlossen. Dann kamen sie wieder. Einer richtete seine Waffe auf mich. ›Wir machen dich platt, wenn du dich wehrst!‹ Die schlugen mich in den Bauch und in die Eier. Wichser. Scheiße!«

Ich war nicht schockiert über das, was Fritz erzählte. Die Davidwache war damals berüchtigt für solche Aktionen. Schade nur, dass Fritz' Geburtstag so unschön endete.

Ein paar Tage später lief ich mit Cem die Silbersackstraße entlang, als die Schmiere neben uns stoppte und uns filzte.

»Was haben wir denn da?« Einer der Zivis hielt ein Plastiktütchen in der Hand. Sie hatten Speed und Marihuana bei Cem gefunden. Ich verdrehte die Augen. Cem schaute mich unschuldig an. Sie schubsten uns in einen Hauseingang, einer der Zivis stellte sich mit dem Rücken zu uns und checkte, ob die Aktion von Passanten beobachtet wurde. Die anderen zwei kümmerten sich ganz um uns. »Ach, das ist ja interessant. Drogen dabei. Dann schauen wir mal, was ihr noch so spazieren führt.«

Wir wurden durchwühlt. Sie nahmen mein Portemonnaie, öffneten es und zogen die Geldscheine heraus. Dasselbe machten sie bei Cem.

»Hey … was«, stammelte ich, als einer der Zivis mir mit seinem Gesicht ganz nahe kam.

»Pass mal auf, du halber Hering. Kannst auch gern

mitkommen, und wir machen ein schönes Protokoll. Dann schieb ich dir noch 'ne Ladung rein, so dassu den Tag niemals vergessen wirst, alles klar?« Was blieb mir anderes übrig?

»Aye, aye, Kapitän!«

Zufrieden steckte er seine Beute ein. »Macht zu, dass ihr Land gewinnt, Gesocks!« Cem bekam noch eine auf den Hinterkopf. Wir liefen am »Silbersack« vorbei in Richtung Reeperbahn.

»Scheiße, Cem. Die haben uns echt beklaut! Alles weg.«

»Is mir schon häufig passiert. Dafür wird man nicht angezeigt. Die haben mich sogar schon mal zu Hause besucht und alles mitgenommen, was sie brauchten.«

Mir war schwindelig. Wer war gut? Wer war böse? Es schien keine klaren Grenzen mehr zu geben in St. Pauli. Jeder war ein bisschen von allem, solange es keinem wirklich weh tat.

Ich musste mich abreagieren. Ich ging in einen Laden für Autozubehör und kaufte mir eine Zündkerze. Gerade so viel Geld hatten mir die Zivis gelassen. Draußen zerschlug ich die Zündkerze, um ein Auto zu knacken. Mit den kleinen Keramiksplittern konnte man Scheiben zum Zerspringen bringen, lautlos. Man musste nur die Splitter auf die Scheibe werfen. Ich ging in eine ruhige Nebenstraße und suchte mir einen Wagen aus. Als ich im Auto saß, kam ich ins Grübeln. War ich nicht längst Teil eines Systems, das ich verachtete? Ich stieg wieder aus und lief zur Herbertstraße.

Sie musste raus. Diese Ohnmacht. Gegenüber dem System. Einem System, für das ich nur Gesocks war. Einem System, in dem ich zum untersten Teil der Halbwelt gehörte – die ganz unten stand. Scham und Wut erfüllten mich. Ich war ein Niemand. Meine Freunde waren Gesocks. Ich hatte kein Ziel, aber ich sprintete jeden Tag durch die Welt. Ich lief auf Hochtouren – wie ein Wahnsinniger. Der Sex mit den Nutten, den ich immer noch ab und an hatte, war kein Spaß. Ich arbeitete mich bei ihnen nur noch ab wie ein Tier.

Ich spazierte durch die Herbertstraße und schaute mir die Fenster mit den Frauen dahinter an. Wunderschön waren sie. »Komm mal rüber, Kleiner«, riefen sie. Aber ich lief einfach weiter. Ganz plötzlich war sie wieder da, diese Wut.

Ich bin also ein Niemand in dieser Welt, hämmerte es in meinem Kopf. *Ein Niemand! Ein Niemand!* Ich lief die Hafenstraße entlang. Ich hatte Lust, mich zu prügeln. Mich beweisen – mir und den anderen. Ich knirschte mit den Zähnen und kniff die Augen zusammen. Aber da war keiner, dem ich hätte beweisen können, dass ich kein Niemand war. Nur dieser glatzköpfige Kraftprotz, der seinen Kampfhund Gassi führte. Ich war wütend – aber nicht blöd oder lebensmüde. Immer weiter lief ich, inzwischen war ich auf der Talstraße. Vor einem Möbelladen blieb ich stehen und sah mir die Auslagen im Schaufenster an. Hier kauften die Luden ein für die spießigen Zimmer im Eros-Center: billiger Kram, geschmacklos, ohne Stil. Ich spuckte auf den Boden. Alles widerte mich an: diese Straße, St. Pauli, die Menschen. Ich widerte mich selbst an.

Ich lief nach Hause und packte meine Sportsachen. Ich musste trainieren. Immer, wenn ich drauf und dran war, den Boden unter den Füßen zu verlieren, ging ich trainieren. Das Training war der Anker in meinem Leben. Beim Sport war ich jemand. Dort konnte ich zeigen, was ich drauf hatte. Ich trainierte hart und fühlte mich auf einmal ganz entspannt.

»Keine Scheiße mehr machen, Michel!«, sagte ich mir. »Keine Scheiße mehr! Nichts mehr klauen, niemanden mehr verletzen.«

Beim Training kam ein neues Ich zum Vorschein. Meine Gedanken beruhigten sich und wurden klar. Ich fühlte mich gereinigt. Der Dreck der Gosse kam hier nicht an mich ran, auch wenn einige Luden zusammen mit mir trainierten. Hier aber war ich auf Augenhöhe mit ihnen. Dieser Gedanke wurde mir im Laufe der Zeit aber immer unwichtiger. Denn ich wurde immer besser – sie aber nicht.

21

Schwester Heroin und der Tod

Nach den Sommerferien 1985 tauchte Claudia nicht mehr in der Schule auf. Ich wusste nur, dass sie mit einem Türken zusammen war, einer Kiezgröße. Über meine Kontakte auf dem Kiez versuchte ich sie ausfindig zu machen oder zumindest etwas in Erfahrung zu bringen. Aber niemand wusste etwas. Sie hatte kaum noch was mit den alten Leuten zu tun.

Schließlich gab es eine Nachricht. Doch was ich erfuhr, zerriss mir fast das Herz. Sie ging anschaffen! Ich wollte es nicht glauben, dachte, dass ich es so ungeschehen machen könnte, wie ein Kind, das sich die Augen zuhält und glaubt, so könnte man es auch nicht sehen. Meine Claudia? Die Frau, der ich verfallen war, als ich sie das erste Mal gesehen hatte mit ihren Sommersprossen und den strahlenden blauen Augen. Diese taffe, wunderbare Claudia, die mir den Schlitten weggenommen und mich sprachlos gemacht hatte. Aber sie war auch die Claudia, die mit einem Zuhälter zusammen war, und früher oder später schickten diese Typen jede Frau anschaffen. Es war immer dieselbe Masche: Erst machte man ihr den Hof, säuselte, dass sie die Einzige sei, alle anderen seien bedeutungslos. Schmuck, Pelze, Reisen vielleicht. Ein paar Blumen, dann waren die

Frauen gefügig und machten, was man ihnen sagte. Die Luden waren nicht sonderlich einfallsreich, aber das mussten sie auch nicht, es funktionierte immer. Aber Claudia? Sie war nicht wie die anderen, sie war immer schon jemand Besonderes gewesen. Nicht nur für mich.

Ich streunte durch den Kiez auf der Suche nach den Plätzen, an denen Claudia und ich zusammen Zeit verbracht hatten. Orte, die ich mit ihr verband. Den Paulinenplatz, wo wir uns mit sechs das erste Mal begegnet waren. Die Königstraße, wo ich ihr heimlich beim Aerobic zugeschaut hatte. Das Top Ten, vor dem wir den Stress mit Yvonne und ihrer Horde Schläger gehabt hatten. Ich dachte an unsere Gespräche, an ihr Lachen, mit dem sie mich immer wieder aufs Neue verzauberte.

Susanne, eine gemeinsame Freundin, erzählte mir, sie habe sie vor nicht allzu langer Zeit noch gesehen. Ich war erleichtert – Claudia war also noch nicht ganz verschwunden. Doch als ich nachfragte und wissen wollte, ob sie mit ihr gesprochen hatte, wie es ihr ging, wo ich sie finden könnte, druckste sie rum und wich meinen Blicken aus. Ich wusste sofort, etwas musste passiert sein. Ich packte die Freundin an den Schulter: »Schau mich an, los, schau mich an! Was ist mit Claudia, sag, ich muss es wissen!« Susanne riss sich los, sah mich an und sagte dann so leise, dass ich es kaum verstehen konnte: »Sie nimmt Heroin. Sie ist schon ziemlich kaputt!«

Alles in mir schrie auf. Tausende von Gedanken, Erinnerungen und Gefühlen schossen mir durch den Kopf. Nur ein einziges Wort kam aus meinem Mund: »Warum?« Warum Claudia, die so stark und lebenstüchtig schien. Warum war sie auf so einen Typen reingefallen? Natürlich machte ich ihren Macker für alles verantwortlich. Für mich war klar, er hatte sie an die Nadel gebracht. Es war unvorstellbar, dass Claudia freiwillig zum Heroin gegriffen hatte. Ich wusste nicht mehr ein noch aus und zog mich von allem zurück. Ich hatte keine Lust auf die Champs, keine Lust auf Fritz, auf nichts Lust. Ich dachte nur an Claudia. Meine Claudia.

Vielleicht war ich wirklich vom ersten Moment an in sie verliebt gewesen, ganz sicher sogar. Wie sehr ich für sie empfand, das hatte ich mir bis zu diesem Moment nicht klargemacht oder eingestanden. Auch deshalb war ich nie in die Vollen gegangen, um sie zu erobern. Ich hatte wohl zu viel Respekt vor ihr. Wir hatten viel Zeit miteinander verbracht, wir hatten lange Gespräche über was auch immer uns gerade bewegte geführt, wir vertrauten uns. Wir zogen gemeinsam durch St. Pauli und wir flachsten herum, aber mehr war nie. Doch für alles, was ich mit ihr hatte, bin ich bis heute dankbar. In diesem Moment aber war ich ohnmächtig. Was auch immer ich versucht hätte, es wäre unmöglich gewesen, sie zu retten.

Zu meiner Ohnmacht kam die Feigheit: Ich wollte sie in ihrem kaputten Zustand nicht sehen. Stattdessen wollte ich sie als das in Erinnerung behalten, was sie für mich gewesen war: das tollste und stärkste Mädchen von St. Pauli. Wenn ich heute an sie denke, frage ich mich: Wer war sie wirklich? Hat sie je zugelassen, dass ich einen Blick auf ihr Innerstes werfen und sehen konnte, wer sie wirklich war. Ich weiß es nicht.

Eines Nachmittags kam Claudia mir entgegen. Sie sah aus wie eine Erwachsene. Ihre Kleidung war elegant, nicht so billig, wie Prostituierte es sonst trugen. Ihre

Beine schmiegten sich beim Gehen gekonnt aneinander. So, wie ich es von ihr kannte. Sie trug Pumps und Seidenstrumpfhosen. Ihren Blick hatte sie leicht gesenkt.

»Claudia!«, sagte ich. Aber sie lief weiter, an mir vorbei, ohne ein Wort zu sagen, als hätte sie mich nicht bemerkt. Ich schaute ihr nach, lange schaute ich ihr nach, bis sie verschwand. Ich lief ihr nicht nach. Sie war schon zu weit weg.

Sechs Monate später war Claudia tot. Sie hatte sich im Keller des Hauses, in dem sie mit ihrer Oma lebte, den Goldenen Schuss gesetzt. Das Heroin, der Totmacher der Achtziger, hatte sich ein weiteres Opfer geholt: Claudia, gerade erst sechzehn. Ein Licht, das den ganzen Kiez mit seiner Jugendlichkeit erstrahlt hatte. Für mich lag über allem ein grauer Schleier. Ich lief umher, traurig, ziellos. Das verdammte Heroin hatte mir das Schönste genommen, was ich kannte.

22

Das kalte Lächeln vom Kiez

Nach der Nachricht von Claudias Tod verkroch ich mich erst einmal bei meiner Oma im Hotel. Sie hatte ein Gespür dafür, wenn etwas nicht mit mir stimmte. Meine Stimme verriet mich.

»Is was, mien Jung?«, fragte sie.

»Nöö. Was soll sein?«, wiegelte ich ab.

»Joa, du hörs' dich so an.«

»Aaach. Alles gut.«

Ich war noch nicht so weit, ich konnte noch nicht reden. Ich machte mich gleich wieder auf den Heimweg.

An der Ampel beim »Grünen Jäger« krallte sich die Trauer wieder in mein Herz. Ich ging noch einmal die Straßen entlang, durch die Claudia und ich zehn Jahre lang gestreunt waren. Ich lief, dann rannte ich, so schnell ich konnte. Ich wollte weg, raus aus alldem. Dann war ich doch wieder nur zu Hause. Ich schlug mit der Faust gegen die Wand. Dann kam die Stille. Meine Gedanken stoben auseinander.

Das Telefon klingelte. Ich nahm ab und hörte Fritz' aufgedrehte Stimme.

»Aller! Mann, dich erreicht man ja gar nicht mehr.«

»Kann sein«, murmelte ich.

»Michel! Pass auf. Da ist doch die Casino-Eröffnung. Da müssen wir hin. Unbedingt. Da ist der ganze Kiez auf den Beinen.«

Mir war nicht nach Rausgehen und Luden bestaunen. Der ganze Kiez war mit schuld an Claudias Tod.

»Ich weiß nich, Fritz.«

»Du brauchst Ablenkung, Aller! Glaub mir. Meinst du, was da für Frauen sind. Das bringt dich auf andere Gedanken.«

Fritz ließ sich nicht abwimmeln. Und ich hatte keine Kraft, ihn mir vom Hals zu halten. Also sagte ich zu. »Gut. Ich komm mit.«

Kurz nach seiner Pensionierung hatte der Chef der Davidwache das Casino auf der Reeperbahn übernommen. Seit Wochen sprach man auf dem Kiez von nichts anderem als der großen Eröffnung. Fritz' Eltern waren eingeladen. Wir allerdings nicht. Aber wir hatten einen Plan. Wir würden uns einfach mit der Meute treiben lassen. Vor dem Casino ging es zu wie in einem Mafiafilm. Mercedes', Ferraris und Porsches fuhren vor dem grell erleuchteten Eingang des Casinos auf, Männer in mal schicken, mal grellen Anzügen stiegen aus, die meisten trugen Sonnenbrillen. Jeder von ihnen hatte mehrere Frauen im Schlepptau. Vor dem Casino drängten sich zahlreiche Schaulustige, dazu Fotografen und Kameraleute. Blitzlicht zuckte. Die Fotografen schrien Namen. Breitschultrige Leibwächter riegelten ihre Herren ab. In der Luft lag dieser süße Duft von Frauen und ihren Parfums. Selbst jetzt, so kurz nach Claudias Tod, spürte ich, wie sehr mich diese Glitzerwelt anzog. Ich war eines ihrer Kinder.

»Michel, los! Jetzt gehen viele rein. Komm mit.« Fritz

zog mich an der Jacke und schon hingen wir mitten zwischen massigen, muskelgestählten Leibern, schlanken, seidenen Frauenkörpern und wurden unbemerkt in das Casino gespült. Fritz trug einen Anzug, ich hatte meine Sonntagshose und ein Jackett an. Wir spazierten zwischen den Spieltischen und Automaten umher. Schummriges Licht, laute Stimmen, seichte Musik. Ich erkannte Schauspieler, Politiker, Luden und andere Größen der Halbwelt. Heute war ihr Abend, und sie stahlen den Schauspielern mit ihren braven Mädchen die Show. Die seriösen Geschäftsmänner wirkten neben den Luden, die wie immer gute Laune und Charme versprühten, wie Finanzbeamte. Die Luden trugen exklusive Maßanzüge und brachten mit all ihrem Klunker den Laden zum Strahlen. Hier bestimmten sie die Ordnung der Dinge.

Die Schauspieler versuchten die Halbweltler zu imitieren. Sie wollten ebenfalls lässig rüberkommen, aber ihre Angst war zu spüren. Sie hatten Angst vor dieser Welt, die so reizvoll glitzerte, aber im nächsten Augenblick wütend explodieren und in Flammen aufgehen konnte. In der Welt von St. Pauli galt das Gesetz: ein Mann, ein Wort. Die Schauspieler aber lebten das Gegenteil. Sie waren es gewohnt, in Rollen zu schlüpfen. Doch sie waren nicht bereit, ihr Leben mit letzter Konsequenz zu leben.

Die Frauen der Luden trugen Pelze und Sonnenbrillen. Ihre schönen Körper steckten in engen Hosen und stolzierten auf hohen, spitzen Pumps. An ihren Beinen konnte ich mich nicht sattsehen. Sie waren so fein und geschmeidig. Pure Eleganz. Was waren schon Roulette, Black Jack oder irgendein einarmiger Bandit dagegen?

Da stand ich, nippte an einem Orangensaft und ließ meinen Blick gierig umherschweifen.

Der neue Chef des Casinos – und der ehemalige Chef der Davidwache – begrüßte seine Gäste. Jeder hatte ein Geschenk mitgebracht. Man wusste, was sich gehört. Der neue Boss nahm Blumensträuße, Uhren, Schmuck und dicke Bündel Geld entgegen. Offensichtlich wurde die jahrelange Zusammenarbeit honoriert. Der Gastgeber lächelte, nickte, schüttelte Hände. Der ein oder andere Lude krempelte die Ärmel seines Anzugs hoch. Es war heiß und das viele Gold an den Handgelenken wollte gezeigt werden. Kräftige Handgelenke, umschlungen von goldenen Rolex und schweren Ketten. Trotz des gedämpften Lichts im Casino gehörten Sonnenbrillen zum guten Ton.

Fritz und ich standen mit seinem Vater an einem Tisch. Er unterhielt sich mit ein paar Leuten, darunter zwei Hells Angels und zwei aus dem »Palais d'Amour«, einem Großbordell in der Herbertstraße, in dem Anfang der Siebziger auch die junge Domenica als Prostituierte anfing zu arbeiten, nachdem ihr Mann sich vor ihren Augen erschossen hatte. Alle quatschten und lachten. Plötzlich war mir dieses Lachen zuwider. Wut kam in mir auf. Der Gestank der Zigaretten und des Parfums stieg mir in die Nase. Mir wurde übel. Ich sah, wie die Luden, die Frauen, die Schauspieler und die Politiker selbstgefällig und verlogen lächelten. Für kurze Zeit hatte ich mich wieder einfangen lassen von dieser Welt, hatte vergessen, was sie mir angetan hatte, als sie Claudia zerstört hatte. Tränen stiegen mir in die Augen.

»Aller! Alles klar?«, rief Fritz.

Ich sah ihn an, machte kehrt, zwängte mich durch alle hindurch und lief hinaus auf die Reeperbahn. Ich lief und lief, die frische Luft brachte mir neue Kraft. Meine Augen waren rot, aber ich weinte nicht. Nein, ich weinte nicht! Niemals!

23

Endlich ein Mann

Mir ging es nicht gut. In den vergangenen Tagen hatte ich mein Leben der letzten Jahre Revue passieren lassen – und nun nahte auch noch die Zukunft. War man erwachsen, wenn man an die Zukunft dachte und nicht mehr in der Gegenwart lebte? Ich dachte immer wieder an die Worte Mehmets: Mach etwas aus deinem Leben. Ich würde etwas aus meinem Leben machen! Erst einmal versuchte ich, die Zulassung fürs Gymnasium zu bekommen. Zusammen mit Wladimir, der sich ebenfalls einiges vorgenommen hatte und nun auch ein guter Schüler sein wollte. Auch Wladimir hatte sich verändert – wie wir alle. In der Kommune war ihm ein Heizkörper auf den Fuß gefallen und hatte das gute Stück in seine Einzelteile zerlegt. Sechs Wochen musste er zu Hause bleiben und durfte sich kaum bewegen, damit der Fuß zusammenwachsen konnte. Diese sechs Wochen hatten Wladimir stark zugesetzt. Er war nicht mehr lustig, er erzählte keine Storys mehr, der freche Glanz war aus seinen Augen gewichen. Er war nun sehr in sich gekehrt und wirkte manchmal fast schon apathisch. Die antiautoritäre Erziehung und das Leben in der linken Kommune hatten Spuren hinterlassen – andere Spuren, als es sich seine Eltern vorgestellt hatten.

Wir verbrachten immer noch viel Zeit miteinander. Doch es war anders. Äpfel stehlen konnte ich mit Wladimir nicht mehr. Aber er blieb mein Freund.

Die Lehrer wunderten sich, was aus dem mittelmäßigen Schüler Michel Ruge geworden war. Damals lernte ich: Was ich mir in den Kopf setze, das kann ich erreichen, aus eigener Kraft. Als ich mit einem Einser-Zeugnis nach Hause kam und tatsächlich die Empfehlung fürs Gymnasium bekam, hätten sich meine Mutter und Kalle eigentlich freuen müssen. Aber statt Freude und Stolz flog mir ihr Ärger entgegen.

»Da will der nun noch länger bei uns wohnen!«, schrie Kalle. »Ich glaub, ich spinne!« Außerdem war meine Mutter wieder schwanger.

Mein Freund Mirko lebte in einer Jugend-WG.

»Wenn du beim Jugendamt Druck machst«, meinte er, »bekommst du auch einen Platz in einer WG.« Also schleppte ich meine Mutter ins Kinderhaus. Dort hatten wir ein Treffen mit Betreuern und Psychologen. Wir saßen, so wie ich es aus der Kommune kannte, im Kreis.

»Ich will von zu Hause weg«, sagte ich selbstbewusst.

»Was sagen Sie als Mutter dazu?«

»Ja, wenn er das will. Wir überlegen schon die ganze Zeit.«

Meiner Mutter und Kalle konnte ja gar nichts Besseres passieren.

»Michel«, wurde ich dann gefragt, »was findest du denn an deiner Mutter gut, wenn du sie kurz beschreiben solltest?«

Ich dachte angestrengt nach. Die Zeit verging. Die Stille war beklemmend. Aber ich wusste einfach nicht, was ich sagen sollte. Die hätten mich lieber fragen sollen, was ich an meiner Mutter nicht leiden konnte. Dann zuckte ich mit den Schultern.

»Nichts?«, fragte der Psychologe.

»Doch, doch«, schoss es aus mir heraus. »Sie hat mit dem Rauchen aufgehört.«

Alle schwiegen und blickten mich sehr ernst an. Auch meine Mutter. Es war das einzig Positive, was mir einfiel. Nach all den Jahren des Streits und der Nerverei. Dann war meine Mutter an der Reihe.

»Was finden Sie denn an Ihrem Sohn gut, Frau Ruge?«

Meine Mutter schluckte. Dann sagte sie: »Jaaa. Er ist ein liebenswerter Chaot. Er ist fröhlich und lacht viel.«

Ich war erstaunt, dass sie mich so sah. Am Ende der Sitzung war den Betreuern wohl klar, dass sie nicht das ideale Mutter-Sohn-Verhältnis vor sich hatten. Die Entscheidung fiel schnell. Meinem Antrag wurde stattgegeben. Ich durfte in eine betreute Jugend-WG. Die Kisten hatte ich rasch gepackt. Als ein Betreuer kam, um mir beim Umzug zu helfen, war meine Mutter nicht zu Hause. Ich verließ die Wohnung, wie ich sie bewohnt hatte: allein.

Ich zog ins Karoviertel, in eine Vierzimmerwohnung. Das Karolinenviertel war damals eine wilde Gegend. Dort wohnten Hausbesetzer, asoziale Typen, einfache Arbeiter, Linke. Es war ein Kiez, auf dem es brodelte. Ich passte also gut dorthin.

Gleich in der ersten Nacht spielte ich mit meiner WG-Genossin Ulrike Strippoker. Ich witterte eine Chance. Zwar hatte ich schon mit Prostituierten gefickt. Aber das zählte nicht. Ich war quasi immer noch Jungfrau. Bei den Champs war ich deswegen schon 'ne Lachnummer. Deshalb versuchte ich, dem Schicksal etwas auf die

Sprünge zu helfen. Mit mäßigem Erfolg. Ulrike verlor die Partie sehr, sehr schnell. Schon nach zehn Minuten lag sie nackt unter meiner Bettdecke. Sie schlief bei mir, aber nicht mit mir.

Am nächsten Morgen riss mich der Wecker aus den Träumen. Was für ein Einstand in mein neues Leben wäre das gewesen! Jeden Moment würde der Betreuer auftauchen. Ich sprang aus dem Bett, lief in den Flur und wurde dort von einer Männerstimme überrascht – Gregor, unser Betreuer.

»Michel! Guten Morgen! Wo is Ulrike denn?«

Ich stand nackt da.

Das war's!, dachte ich. *Schluss mit dem neuen Leben in Freiheit.*

Dann sagte ich: »Die schläft noch.«

Gregor blieb ganz cool. »Is mir doch egal, was ihr hier macht. Hauptsache, ihr steht pünktlich auf.«

Ich konnte es kaum fassen. Das war ein Leben, wie ich es mir vorstellte. Was war das für ein herrliches Gefühl der Freiheit. Auch in den nächsten Tagen schlief ich mit Ulrike zusammen in einem Bett. Jungfrau war ich danach allerdings immer noch.

An meinem ersten Sonntag in der WG war ich alleine. Ich kochte Spaghetti und freute mich auf den Bud-Spencer-Film, der am Nachmittag im Fernsehen laufen sollte. Es klingelte. Wer konnte das sein? Ich stapfte zur Tür, öffnete, und da stand sie: Melanie. Ich traute meinen Augen nicht. Melanie war Claudias beste Freundin gewesen. Sie hatte blondes Haar und war ziemlich klein, aber oho. Ich hatte immer schon etwas für sie übrig gehabt. Mir gefiel ihre vornehme Art. Melanie beherrschte fünf Sprachen. Doch sie konnte auch prollig und hart sein. Melanie war wild. Manchmal tanzte sie zwei Tage und Nächte durch im »Bendula« oder im »Disko City«.

Mein Herz klopfte.

»Hallo«, sagte sie fröhlich.

»Hallo«, sagte ich.

Melanie wohnte ebenfalls in einer Jugend-WG ein paar Stockwerke unter uns. Sie war gekommen, um sich etwas Zucker zu borgen. Ich bat sie herein. Wir gingen in die Küche, ich gab ihr den Zucker. Dann spazierte sie in mein Zimmer. Einfach so.

»Na, Michel. Was treibst du so?«

»Äh, äh«, stammelte ich. »Esse gleich Spaghetti.«

Wir quatschten über das Wetter, über Musik, kurz gesagt: um den heißen Brei herum. Von dem Moment an, als ich die Tür geöffnet hatte, war klar, was wir eigentlich machen wollten.

»Komm doch nach dem Essen rüber zu mir«, sagte sie frech, als sie wieder verschwand. Melanie war Claudia sehr ähnlich. Beide wussten genau, was sie wollten.

Ich stürzte in die Küche, schlang die Spaghetti hinunter und war schon fast auf dem Weg, als es plötzlich wieder über mich kam. Der Euphorie folgten Schuldgefühle. Claudia war tot. Ich hatte sie geliebt. Wie konnte ich da so schnell mit der Nächsten ins Bett gehen? Und auch noch mit ihrer besten Freundin? Ich war hin- und hergerissen. Ich hatte Claudia geliebt. Ja. Aber ich war nie mit ihr zusammen gewesen. Melanie war attraktiv, ich fühlte mich von ihr angezogen. Ich wollte endlich mit einem Mädchen schlafen. Ich suchte Ablenkung. Ich wollte, ich musste überwinden, was passiert war. Wie sollte ich sonst weiterleben können. Ich stürmte zur Tür hinaus, sprang die Treppe hinunter, wie ein junger Gott – auf dem Weg, ein richtiger Mann zu werden.

»Toll, dass du gekommen bist.«

Sie lächelte. Ich grinste wie ein Honigkuchenpferd. Wir knutschten. Ich streichelte sie. Sie fühlte sich toll an. Langsam zog ich sie aus, bis auf den Seidenbody. Etwas ratlos lag ich da und wusste nicht, wie ich an diesem für mich neumodischen Ding vorbeikommen sollte. Schließlich fand ich die Lösung: Es gab ein paar Druckknöpfe im Schritt. Alles war feucht und warm. Ich schob den Body nach oben und begutachtete meine Eroberung. Sie war fünfzehn Jahre alt und unglaublich schön. Sie roch süß. Sie roch nach Unschuld. Ein Glück, dass ich diesmal frische Socken und eine frische Unterhose anhatte. Gleich würde ich zum Mann werden. Vorsichtig spreizte ich mit den Fingern ihre Schamlippen, brachte mich in Stellung und drang in sie ein. Diesmal machte mein Schwanz keine Anstalten. Er funktionierte so, wie es von ihm erwartet wurde. Ich spürte eine unglaubliche Wärme, wie ich sie noch nie gespürt hatte. Schließlich musste ich bei den Nutten immer ein Kondom benutzen. Es war kein Vergleich zu diesem warmen, innigen Gefühl. Sie stöhnte, streichelte mich, rieb sich an mir. Ich dachte nur: *Endlich habe ich es geschafft.* Ein gewaltiges Glücksgefühl überkam mich. Es dauerte fast eine Stunde, bis ich kam. Ich genoss jede Minute.

Erschöpft, aber glücklich lagen wir nebeneinander und sahen aus dem Fenster auf den Bunker auf dem Heiligengeistfeld. »Dafür, dass du noch Jungfrau warst, hast du das toll gemacht«, log sie. Ich wusste, dass ich eine lausige Vorstellung abgeliefert hatte. Ich war völlig egoistisch gewesen.

Trotzdem schwebte ich auf Wolke sieben. Es hatte mich erwischt, ich musste ständig an Melanie denken, während ich mit glasigen Augen und 'nem Dauerständer durch die Gegend lief. Am nächsten Tag ging ich wieder zu ihr. Mir war nach Liebe. Ich küsste sie, wir schliefen miteinander. Es war das letzte Mal, bevor ich mit der WG nach Österreich in den Skiurlaub fuhr. Melanie durfte nicht – als Strafe für etwas, das sie ausgefressen hatte.

Wir fuhren mit einem VW-Bus. Es muss auf der Höhe von München gewesen sein, als meine Eichel fürchterlich zu jucken begann. Die Hölle tat sich auf! Ich vergrub meine Rechte im Schritt, um den Juckreiz zu lindern. Die anderen schauten mich komisch an.

»Hast du was?«, fragte Gregor.

»Nee. Alles okay«, log ich. Irgendwann hielt ich es nicht mehr aus. Ich hatte nur noch einen Wunsch: kratzen. Ich drehte mich von den anderen weg, öffnete meine Hose und kratzte. Eine halbe Stunde kratzte ich, aber es half nicht. Der Juckreiz wurde nur noch schlimmer. Mittlerweile brannte die Eichel, als hätte ich sie in einen Busch Brennnesseln gehalten. Sie war rot und wund.

»Du hast einen Pilz«, meinte Marcus, der neben mir saß und auf meinen Schwanz starrte.

»Ui, aha, okay, puh. Das juckt so schrecklich.«

»Du musst zum Arzt und dir eine Salbe holen.«

Ich schämte mich so sehr, dass ich das Jucken eine Woche lang ertrug, bevor ich in eine Apotheke ging.

Während der ganzen Zeit wartete ich auf eine Nachricht von Melanie. Sie hatte versprochen, mir gleich zu schreiben, aber es kam kein Brief. Ich selbst war zu stolz, um den ersten Schritt zu machen und mich bei ihr zu melden – obwohl ich immerzu an sie dachte und es nicht erwarten konnte, sie endlich wiederzusehen.

Zurück in Hamburg, begrüßte sie mich kühl. Sie wirkte abweisend. Hatte ich was falsch gemacht? Wir umarmten uns, küssten uns, wir schliefen miteinander. Aber etwas war anders, es fühlte sich komisch an. Als ich sie fragte, sagte sie nur, alles sei in Ordnung, ich solle mir keine Gedanken machen.

Nach ein paar Tagen meldete sich mein Schwanz wieder, das gleiche Jucken. Inzwischen war mir klar, dass ich mir bei Melanie etwas eingefangen hatte. Als ich sie fragte, ob das sein könne, gab sie es zu. Allein während der letzten zwei Wochen hatte sie mit noch drei anderen Typen geschlafen. Es war wie ein übler Schlag in die Fresse. Ich war verliebt gewesen und hatte mir etwas vorgemacht. Ich war ein Idiot gewesen – und für Melanie war ich offensichtlich nichts weiter als noch ein Typ. Am liebsten hätte ich die Welt in Stücke geschlagen.

Ich begann alle Frauen für das zu hassen, was diese eine mir angetan hatte. Sie würden dafür büßen. Sie haben dafür gebüßt. Alle Frauen, mit denen ich seither zusammen war, habe ich betrogen. Es ist wie ein Zwang. Indem ich anderen weh tue, glaube ich, verhindern zu können, dass man mir noch einmal so weh tut.

24

Eine neue Welt

Im Budapester Hof ging es immer noch heiß her. Ich war mit Cengiz unterwegs und wollte in der Wohnung meiner Oma etwas abholen. Auf dem Weg stolperte ich fast über eine Frau, die sturzbetrunken mitten im Treppenhaus lag. Sie trug ein sehr enges Kleid, das einen aufregenden Körper erahnen ließ. Ich beugte mich zu ihr hinunter.

»Kann ich helfen?«

»Mach auf, hier, Süßer«, lallte sie, und mir strömte eine gewaltige Fahne entgegen. In der Hand hatte sie den Schlüssel für Zimmer 46. Sie lag aber vor Nummer 36.

»Ihr Zimmer ist nicht hier«, sagte ich. »Ich helfe Ihnen.«

Doch stattdessen zog sie mich nach unten und steckte mir sofort ihre Zunge in den Mund. Es gefiel mir. Ich hob sie hoch, wir wankten gemeinsam in Richtung ihres Zimmers. Ich konnte es kaum erwarten, mich über sie herzumachen. Sie wirkte so unglaublich erwachsen. Ich sperrte die Tür auf, warf sie aufs Bett. Ich schloss die Tür und vergrub sofort mein Gesicht zwischen ihren Schenkeln. Sie roch wie frisches Waschpulver, was mich noch geiler machte. Hektisch zog ich uns aus und drang sofort in sie ein. Sie stöhnte und schrie. Wir fickten wie die Hasen.

»Wie alt bist du?«, fragte ich sie.

»Achtunddreißig«, stöhnte sie.

»Bist du allein hier?«

»Nee, mein Mann steht an der Bar.«

Ich kam. Ich wollte mich losreißen, aber sie ließ nicht los.

»Du«, sagte ich. »Wenn dein Mann unten wartet und wir hier ficken – das ist vielleicht keine so gute Idee. Ich muss los.«

Sie hielt mich fest.

»Du fickst mich jetzt noch mal.«

Ich riss mich los und lief. Sie schrie mir irgendwas hinterher. Cengiz wartete unten im Hotel. Ich erzählte ihm, was gerade passiert war. Er glaubte mir kein Wort.

Am nächsten Tag besuchte ich meine Oma in der Hotelbar. »Bissu hier mitte Mädels zugange?!«, fragte meine Oma und schaute mich wissend an. Die Gäste sahen mich ebenfalls alle an. Die Aktion vom Vortag hatte sich herumgesprochen. Ich wäre am liebsten gleich wieder verschwunden.

»Hier mitte Gäste?!«, bohrte meine Oma nach.

»Näääää«, stotterte ich. »Wieso denn? Ich? So was mach ich nich.«

Ich war ein schlechter Lügner. Meine Oma schwieg, und ich verließ die Bar. St. Pauli hatte seine eigene Moral.

Fritz hatte immer noch keine Freundin. Trotz seines Selbstbewusstseins hatte er den Dreh mit den Frauen nicht raus. Er wollte ihnen einfach nicht nach dem

Mund reden. Ganz im Gegenteil: Er beleidigte sie. Selbst wenn ihm eine gefiel. So kam es, dass er sich immer mehr dem Bier widmete, während ich mich auf die Frauen konzentrierte.

Es war die Zeit, als sich in der Schule die »Coolen« herauskristallisierten und sich mit der Szene vermischten, die Mitte der Achtziger den Kiez für sich entdeckte. Wir gingen ins »City Bendula« und ins »Sky« auf dem Spielbudenplatz. Oder in den Crêpeladen, ins Bistro oder ins »Top Ten« auf der Reeperbahn. Für die Champs waren auch die »Sheila Bar« und der »Club 88« angesagte Treffpunkte. Als Teenager mussten wir irgendwie an den Einlasskontrollen vorbei. Damit ja keiner auf die Idee kam, uns nach dem Ausweis zu fragen, machten wir die ernsthaftesten und erwachsensten Mienen, die man sich nur vorstellen kann. Drinnen angelangt, war ich bemüht, einen besonders geschäftigen und gehetzten Eindruck zu machen. Das gehörte zum Ritual. Alle Jungs standen links an der Wand und beobachteten die Tanzfläche. Einige wippten im Rhythmus der Musik mit dem Kopf, andere machten leichte Tanzbewegungen. Aber alle gaben sich geschäftig. Ich kam rein und gab dem Ersten die Hand. Nach typischer Gangmanier hatten wir unsere spezielle Begrüßung. Als Erstes nahmen wir den Daumen, dann krallten wir unsere Hände ineinander, und dann folgte der normale Handshake. Als wäre ich auf der Flucht, gab ich jedem Einzelnen (man kannte sich) die Hand. War man beim Letzten angekommen, stellte man sich ebenfalls in die Reihe an der Wand, schaute auf die Tanzfläche und wippte mit dem Kopf. Das war der Moment, in dem alle Eile verflog. Die großen Jungs hatten ihre Tische oder standen an der Bar.

Während die anderen alle im Milieu waren, schien ich der Letzte einer Generation von Träumern zu sein, die mit Idealismus und Schwärmerei das Leben in den Gangs gelebt hatte. Ich begann mir eine neue Welt zu suchen, in der ich meine Sehnsucht leben konnte. Meine Lust nach Leben hatte gelitten, aber ich war immer noch hungrig, und ich war auf der Suche.

Es kam nur noch selten vor, dass Fritz und ich unsere alte Leichtigkeit spürten. Dieses Gefühl, das uns zusammengebracht und uns zu Freunden hatte werden lassen. Ich traf mich immer seltener mit ihm, weil ich fürchtete, er könnte wieder durchdrehen. Diesmal war er halbwegs nüchtern. Ihm gefiel mein neues Gentleman-Outfit. Ich trug eines dieser Jacketts mit hochgekrempelten Ärmeln, wie sie damals in Mode waren, dazu ein T-Shirt, eine Leinenhose und leichte Schuhe – eine Mischung aus Sonny Crockett und Bryan Ferry. »Aller! Du siehst richtig gut aus. Als kämst du aus Eppendorf.« Wir lachten. Es war wie in alten Zeiten. Statt in die Schule zu gehen, liefen wir zur Alster, um mein neues Outfit spazieren zu führen. Es war Spätsommer. Ein guter Tag. Die Luft war warm, die Kleider der Frauen luftig.

Es dämmerte bereits, als wir nach Pöseldorf kamen, einer Gegend mit Villen, die für ihre Kunstgalerien und schicken Restaurants bekannt ist. Vor einem Supermarkt fiel mir gleich diese schicke Blonde mit dem sexy Lächeln auf. Sie hatte die Ausstrahlung einer Dame. Obwohl ich erst siebzehn war, konnte mich das nicht abhalten. Ganz im Gegenteil: Es reizte mich umso mehr. Ich spürte: Diese Frau wird dir eine neue Welt zeigen.

Ich war ein typischer Dayhunter, der ständig Frauen anschnackte. Das konnte ich. Fritz blieb zurück.

»Hallo! Ich sah Sie hier so alleine. Kann ich helfen? Oder wollen wir gleich was trinken gehen?«

Über meine direkte Art musste sie schmunzeln. Dabei musterte sie mich und sagte schließlich: »Ich habe heute Geburtstag und wurde gerade versetzt.«

Eine Steilvorlage: »Was ist denn das für einer, der eine so schöne Frau sitzenlässt? Das kann ich nicht zulassen. Darf ich Sie zu einem Geburtstagsdrink einladen?« Ich hatte zwar kaum Geld bei mir, doch das war mir egal.

»Ich bin auf eine Party eingeladen«, sagte sie. »Du kannst gern mitkommen. Den kannst du auch mitbringen.« Sie zeigte auf Fritz, der einen Schritt vortrat und ihr die Hand gab. »Ihr könnt gern mitkommen«, wiederholte sie. »Aber das wird nicht so lustig, eher ein bisschen steif.«

Irgendwelche Schnösel waren mir vollkommen gleichgültig, ich war einzig und allein an dieser schönen Blonden interessiert und sagte schnell: »Das macht doch nichts.« Kaum hatte ich mein Outfit geändert, schon öffnete sich mir eine neue Welt. So leicht war das also.

Auf dem Weg zur Party redeten wir über dies und das. Fritz hielt sich dezent zurück. Er wusste, dass ich auf der Jagd war. »Hier ist es«, sagte sie schließlich und zeigte auf eine pompöse Villa, vor der sich eine Menge Leute tummelten. Leute in schicken Garderoben. Über einen roten Teppich gingen wir an den Sicherheitsmuskelmännern vorbei in den ersten Stock. Überall verteilt stand die Schickeria mit vollen Sektgläsern und poliertem Lächeln. Viele kannte ich aus der Zeitung. Selbst

Klaus von Dohnanyi gab sich die Ehre! Da war ich wohl mitten in der Hamburger High Society gelandet. Mir war etwas unwohl. Auf dem Kiez mochten meine Klamotten Eindruck schinden, hier musste ich wie verkleidet wirken.

Fritz hatte weniger Hemmungen. Er kannte sich aus mit dieser Schicht. Er hatte sich gleich ein Glas Champagner geschnappt und prostete mir offensiv zu. Ein großes Buffet war aufgebaut, mit Sachen, die ich sonst nur aus den französischen Filmen kannte: Hummer, Kanapees, Sorbets und so weiter. Ich dachte an Manni und seine nach Bratfett stinkende Bude. Hier gefiel es mir wesentlich besser. Überall an den Wänden hingen Bilder. Abstraktes, mit geometrischen Figuren. Dazu einige Skulpturen aus Schrott und Plastik. Jetzt verstand ich. Das war eine Vernissage. Ich war auf der ersten Ausstellungseröffnung meines Lebens gelandet. Grauhaarige Männer in schwarzen Anzügen unterhielten sich bei Cognac und zeigten auf das ein oder andere Werk. Ich stellte mich selbstbewusst neben sie. Einer von ihnen musterte mich von oben bis unten. Dann fragte er: »Na, was sagen Sie dazu?« Er zeigte auf eine Skulptur. Ich schaute das Ding an und antwortete: »Für mich sieht das recht wackelig aus. Ich würde mich da nicht draufsetzen wollen.« Da es sich bei dem Ding aber nicht um einen Stuhl handelte, sahen die Grauhaarigen mich erst verdutzt an, mussten dann aber doch lachen. Offensichtlich kam ich mit meinem Humor an.

Ich unterhielt mich mit einem der grauhaarigen Herren. Wie sich herausstellte, war er Professor an der Universität der Künste. Also erzählte ich ihm, dass ich auch gern Kunst studieren würde (was natürlich gelogen war). Er schien mir zu glauben und fing an über irgendwelche Künstler zu schwadronieren, die ihn in seiner Jugend inspiriert hätten – ich kannte keinen einzigen auch nur dem Namen nach. Als der Professor anfing mich zu langweilen, begab ich mich auf die Suche nach meiner schönen Begleitung. Kunst wird überbewertet. Vor allem, wenn schöne Frauen zugegen sind.

Die Blonde stand einsam am Buffet und schob sich mit traurigem Blick ein Lachskanapee in den Mund. Ich ging zu ihr rüber. »Lass uns anstoßen!« – »Gern!« Dabei lächelte sie so verführerisch, dass ich sie am liebsten auf der Stelle genommen hätte. Plötzlich hatte ich große Lust, ein Glas Champagner zu probieren – eigentlich trank ich keinen Alkohol. Aber in diesem Moment war die Lust groß, dieses Zeug zu probieren. Er prickelte angenehm, aber er schmeckte mir nicht besonders. Ich verzog das Gesicht. Die Blonde lächelte. Sie amüsierte sich darüber, dass ich mir gar nicht erst die Mühe gab, so zu tun, als würde mir das Zeug gefallen – so wie es in ihren Kreisen üblich war. Nach dem zweiten Champagner verlor ich langsam alle Hemmungen. Ich lachte laut, machte Witze und versuchte ihr körperlich näher zu kommen. Doch sie war keines dieser Mädchen aus St. Pauli und wies mich sanft zurück – was mich erst recht anspornte. »Wollen wir gehen?« Mein Herz klopfte. Sie lächelte, dann sagte sie: »Okay.« Ich grinste wie ein Honigkuchenpferd. Sie ging voran in ihren hohen Schuhen.

Auf dem Weg nach draußen flüsterte sie mir zu: »Lass uns in ein Hotel gehen.«

»Gut«, sagte ich, obwohl ich kein Geld dafür hatte.

Aber was hätte ich sagen sollen? »Du, tut mir leid. Ist mir zu teuer!«? Wir nahmen ein Taxi zu einem Hotel an der Alster, sie bezahlte. Wir checkten ein und gingen aufs Zimmer.

Ich war aufgeregt. Neben ihr fühlte ich mich jung und unreif. Sie war eine richtige Dame, ich ein geiler Junge vom Kiez.

Wir küssten uns. Ihre Lippen waren weich, ihre kräftige Zunge schob sich in meinen Mund. Ich packte sie an der Taille – wie ein Mann. Dann umarmte ich sie fest und innig, so wie Dustin Hoffmann Meryl Streep in der Abschiedsszene von »Kramer gegen Kramer«. Ich wagte es nicht, ihre Brust zu berühren. Noch nicht. Wir küssten uns heftig. Aber so richtig wusste ich nicht, wie es weitergehen sollte. Ein unglaubliches Kopfkino bremste meine Geilheit. Wir knutschten weiter. Ich zog ihr den Pullover aus. Was für Brüste! Groß und fest. Sie griff nach meinem Schwanz, ich erschrak. Vor Aufregung bekam ich wieder keinen hoch. Mir stand der Schweiß auf der Stirn. Ich packte sie an den Handgelenken und warf sie aufs Bett. Angriff ist die beste Verteidigung, das hatte ich auf der Straße gelernt. Ich machte mir an ihrem Gürtel zu schaffen. »Lass mich«, hauchte sie mir sanft ins Ohr. Ich versuchte Zeit zu schinden. Mein Jagdinstinkt und Eroberungsdrang waren völlig verschwunden. Ich hätte genauso gut in einem Café sitzen und Zeitung lesen können. Ich war zu sehr mit mir beschäftigt, um ein guter Liebhaber zu sein. Ich zog ihr die Hose aus. Schöne, lange Beine hatte sie. Sofort schob ich den Slip beiseite und begann sie zu lecken. Ich war immer noch nicht erregt.

Ich leckte sie, ließ meine Zunge über ihre Schamlippen kreisen. Sie schob mir ihre Hüften entgegen und stöhnte. Sie roch gut, süßlich. Ich liebte diesen Duft. Sie beugte sich nach vorne und versuchte, meinen Schwanz zu fassen. Ich schob sie weg.

»Was hast du?«, fragte sie überrascht.

»Äh … nichts«, stammelte ich. »Lass mich einfach. Ich muss mich konzentrieren.«

Sie lachte ein bisschen. Nun stand ich vollkommen unter Druck. Während ich sie weiterleckte, zog ich mir die Hose aus. Meinen Schwanz rieb ich an der Matratze und stellte mir vor, dass ich schon in ihr steckte. Es half nichts. Mein Kiefer schmerzte bereits. Lange konnte ich das Zungenspiel nicht mehr spielen. Endlich, mein Schwanz wurde steif, halbsteif. Halbsteif war schon mal was. So konnte ich ihn in sie hineindrücken und hoffen, dass er dann seine volle Pracht entfaltete. Ich küsste mich über ihren Venushügel nach oben, über ihren Bauch, ihre Brüste, zu ihrem Hals. Dann nahm ich meinen halbsteifen Schwanz und rieb die Eichel an ihren Schamlippen. Sie stöhnte. Ich packte ihn, würgte ihn, damit das Blut nicht zurückfloss.

»Halt!«, rief sie plötzlich.

Was war denn nun schon wieder? Allmählich wurde das Ganze zu einer Tour de Force.

»Wir brauchen da noch etwas.«

Oh, nein, dachte ich. *Jetzt ist alles hin. Wo soll ich denn nun ein Kondom herbekommen. Das war's. Das war's.*

Aber dann ging alles ganz schnell. Sie hatte ein Kondom in der Hand. Sie riss die Verpackung auf. Sie griff meinen Schwanz. Ich schaute sie an. Sie schaute mich an.

»Alles in Ordnung?«, fragte sie.

»Ja, klar!«

Doch kaum hatte ich es gesagt, herrschte im wahrsten Sinne des Wortes wieder tote Hose bei mir.

»Was ist denn da los?«

»Ich hab so meine Schwierigkeiten mit Kondomen«, versuchte ich mich zu entschuldigen.

»Mmmmmh«, raunte sie. »Hast du den Test gemacht?«

»Ja. Gerade erst letzten Monat«, log ich.

»Okay. Dann ...«

Wieder küsste ich sie, leckte sie, küsste sie, ohne dass mein Schwanz sich regte. Ich stellte mir vor, sie sei eine Prostituierte. Es half nicht. Dann malte ich mir aus, ich sei ein Terrorist, hätte ein Flugzeug entführt und würde einen Typen dazu zwingen zuzuschauen, wie seine Freundin mir einen bläst. Plötzlich wuchs mein Schwanz. Ich stemmte mich gegen die Lady und schob ihn ihr in die Muschi. Sie stöhnte auf. *Das war ich,* ging es mir durch den Kopf. Ich wurde hundsgeil und stieß sie mit aller Kraft. Sie schrie vor Lust. Wir fickten, schneller und schneller, sie stöhnte immer lauter. Ich hätte schreien können vor Glück. Doch irgendwann reichte es, mir wurde langweilig – und ich kam. Sie sah mich an, gierig. Ich stieß weiter und fickte sie gleich noch mal. Ich war schweißgebadet, sie stöhnte. Dann rollte ich wie ein nasser Sack von ihr und lag grinsend da. Bis heute ist das der befriedigendste Moment, den ich mir als Mann vorstellen kann.

Diese Lady gefiel mir. Sie kam aus einer anderen Welt. Sie war älter als ich. Sex mit ihr war der Versuch, mein altes Leben abzustreifen, in ihre Welt einzudringen und sie zu erobern. Ich wollte ihr und mir beweisen, dass ich nicht nur der kleine Typ aus St. Pauli war, sondern dass ich alles und alle haben konnte. War das die neue Welt, die ich mir erhofft hatte? Mit einen zufriedenen Grinsen starrte ich an die Decke.

Bis in die frühen Morgenstunden unterhielten wir uns: über Frankreich, über Kunst (von der ich keine Ahnung hatte), über Funk und Soul, über Kung-Fu, über das Leben (davon hatte ich Ahnung) – über Gott und die Welt.

»Du bist erstaunlich!«, sagte sie, »ich hätte nicht gedacht, dass du dich so sehr für diese Sachen interessierst, so viel Kluges darüber sagen kannst.«

Was sie sicherlich nett gemeint hatte, machte mich traurig und wütend. Nur weil ich nicht in einem solch privilegierten Umfeld aufgewachsen war wie sie, nahm sie an, dass ich weniger klug und gebildet sei, keine Neugierde verspüren würde, die Welt und die Dinge zu entdecken. Ich war es satt: Immer noch musste ich gegen dieselben Klischees kämpfen, gegen die schon meine Eltern kämpfen mussten. Andere mochten es als gottgegeben hinnehmen, ich nicht! Ich wusste mehr über Musik als diese Blonde aus besserem Hause. Ich kannte mehr Filme. Das alles wusste ich nicht, weil es mir von übereifrigen Lehrern und Eltern eingebleut worden war, sondern weil ich neugierig war, weil es mich wirklich interessierte. Ich wusste: Es war der Versuch, mir ein Kompliment zu machen. Aber in dem, was sie sagte, zeigte sich der Graben zwischen uns in all seiner Tiefe.

»Ich bin St. Paulianer. Ich bin nicht so trocken wie die halben Heringe von der Party. Ich bin voller Leben und voller Kraft. Ich werde allen beweisen, dass ich was bewegen kann. Auch ohne dieses alberne distinguierte Gehabe. Ich bin auch kein Verbrecher, nur weil ich in einer Gang bin.«

Sie sah mich an, schwieg. Ich schwieg. Dann schliefen wir ein.

25

Ausflug an die Alster!

Am nächsten Morgen war der Ärger vergessen. Sie bezahlte die Rechnung. In Winterhude frühstückten wir.

»Wollen wir dir mal Klamotten kaufen?«, schlug sie vor. »Wieso Klamotten?«, fragte ich erstaunt. »Gefallen dir meine nicht?« – »Doch! Aber komm. Das wird ein Spaß. Ich bezahle.«

Wir gingen zu Mey & Edlich am Jungfernstieg und kauften ein schniekes Sakko, in dem ich nun wirklich wie ein Gentleman aussah. Ich erlebte eine neue Welt. Und ich genoss sie.

In ihrer Wohnung am Rondell an der Alster lebten wir in den Tag hinein. Wir schliefen lange, hatten Sex, wann, wie und wo wir wollten, abends gingen wir in vornehmen, teuren Restaurants essen.

Eines Abends waren wir in einem japanischen Restaurant, wo ich zufällig Fritz' Eltern traf. Sie staunten nicht schlecht, als sie mich dort sahen, in Begleitung dieser schönen Lady. Michel, der Kiezjunge mit der Bomberjacke, hatte sich in einen gutgekleideten Gentleman verwandelt. Ich trug ein Tweedsakko, darüber einen dunkelblauen Wollmantel und einen feinen Pullover. Ein Outfit, das gut und gerne viertausend Mark gekostet hatte. Geschenke der Lady. Nur die englischen Schuhe und die Hose hatte ich selbst bezahlt. Dafür hatte ich mein komplettes Geld auf den Kopf gehauen. Aber das war mir egal. Ich dürstete nach Neuem. Mit meiner alten Welt hatte ich nur noch selten Kontakt. Fritz und auch Wladimir hatte ich schon länger nicht mehr gesehen. Die Leute in der roten WG hätten ohnehin kein Verständnis für meinen Lebenswandel gehabt.

An den Wochenenden fuhren wir oft zum Timmendorfer Strand. Dort stellte mich die Lady ihren Freunden vor. Man beäugte mich meist argwöhnisch. Ich wirkte exotisch, war jung, sportlich, kam aus St. Pauli. Den meisten hier war der Kiez nur aus den Nachrichten bekannt. Meine Auftreten verriet mich. Die Rollenverteilung in unserer Beziehung war klar. Ich, der mittellose Stecher. Sie, die reiche Lady, die sich einen jungen Liebhaber hielt.

Auch meine Freunde auf St. Pauli bekamen Wind von meinem neuen Leben, für das sie kein Verständnis hatten. Im Gegensatz zu ihnen hatte ich den Mut, nicht nur verstohlen über den Tellerrand zu schauen, sondern auch gleich drüberzuspringen.

Wir übernachteten in teuren Hotels, hörten Michel Fugain und Jacques Brel. Wir lebten ein Leben, wie ich es aus französischen Filmen kannte – als Bohemiens. Sosehr ich mich nach der großen weiten Welt sehnte, so sehr sehnte sie sich nach einem Sinn in ihrem Leben. Sie hatte alles. Sie konnte sich alles kaufen. Aber ihr war langweilig. Ihr war unglaublich langweilig. Deshalb klaute sie. Als ich es das erste Mal sah, konnte ich es nicht fassen. Der Verkäufer drehte sich um und ging ins

Lager, um ein paar Schuhe zu holen, da steckte sie einen Schlüsselanhänger ein. Sie klaute bei jeder Gelegenheit, meistens Schund, mit dem sie nicht anfangen konnte. Ihr ging es um den Kick.

Wir waren an der Alster im »Bellevue« auf eine Party eingeladen. Die gesamte Hamburger Prominenz war versammelt: Modedesigner, Opernstars, Politiker, Models. Auf den Tischen lagen Steine: Kokssteine. Ich hatte noch nie so gierige Leute gesehen. Alle drängten sich um die Steine. Sie konnten es kaum erwarten, endlich an die Reihe zu kommen. Außer mir koksten alle.

In dieser Gesellschaft hielt ich es nicht aus, also ging ich auf den Balkon und betrachtete den Abendhimmel. Die Melancholie hatte mich fest im Griff. Ich wollte weg von der Straße. Aber diese Welt, die mir die Lady bot, das war nicht die, nach der ich suchte, das hatte ich in den vergangenen zwei Wochen erfahren. Diese Welt wurde von Intrigen bestimmt, von Verlogenheit. Auf St. Pauli gab es wenigstens klare Ansagen und das Faustrecht. Sicher, auch der Kiez war verlogen; aber er war es auf eine liebevolle, verspielte Art, die immer ein Stück weit den Respekt vor dem anderen wahrte. In der Welt der Lady war sehr viel mehr Schärfe und Boshaftigkeit. Für diese Welt waren Intrigen das, was Gewalt für die andere Welt war – Mittel zum Zweck, eine Waffe im Kampf ums Überleben.

Sosehr ich die Annehmlichkeiten dieser Welt in den letzten Tagen genossen hatte, sie blieb mir doch fremd. Ihre Benimmregeln blieben mir fremd, ihre Heucheleien widerten mich an, der Lug und Trug hinter der glitzernden Fassade mit ihrem Dauerlächeln. Ich hatte

Sehnsucht nach St. Pauli. Mir fehlten meine echten Freunde.

Plötzlich stand die Lady neben mir.

»Na, Michel«, hauchte sie mir ins Ohr. Sie merkte, dass etwas nicht stimmte. Sie küsste meinen Hals, obwohl sie wusste, dass ich das nicht ausstehen konnte: In der Welt, aus der ich stammte, in St. Pauli, küsste eine Frau dem Mann nicht leidenschaftlich den Hals. Ich schaute sie missmutig an.

»Wir sind nach Jugoslawien eingeladen, Michel. Hast du Lust?« Die Frage riss mich aus meinen trübsinnigen Gedanken.

»Wann?«

»Wenn du willst, können wir schon am Wochenende fahren.«

Warum nicht? Jugoslawien klang gut. Schließlich wollte ich die Welt kennenlernen. Allerdings gab es einen entscheidenden Haken. Ich war pleite. Und ich hatte keine Idee, wie ich auf die Schnelle an Geld kommen könnte. Doch das war mir erst einmal egal, ich mochte die Idee einer Reise. »Okay. Ich bin dabei.« Nun musste ich nur noch die Kohle auftreiben.

26

Geld

Gleich am nächsten Tag rief ich meine Freunde Tom, Olli und Boris an. Ich brauchte einen Job und Geld, viel Geld. Möglichst schnell. Ich war berauscht von den letzten Wochen mit der Lady, auch wenn mir ihre Welt oft zuwider war. Aber es bot sich mir ein Blick auf Dinge, die ich nie zuvor gesehen hatte, eine Welt, wie ich sie nicht kannte. Und wie auch immer ich über sie urteilte – sie barg viele Reize für mich. Ich wollte den Sturm, mit all seinen Gefahren. Und Tom konnte mir dabei helfen. Er hatte einen Job für mich. Es ging um Personenschutz. Mit meinen achtzig Kilo kam ich mir allerdings vor wie ein Hering.

»Du bist doch ein guter Kämpfer«, meinte Tom. »Das machst du schon. So einen wie dich kann ich gut gebrauchen.«

Nun musste ich abwägen: Lag mir so viel an diesem Urlaub, dass ich einen Job annahm, der nicht ungefährlich war? Oder sollte ich kneifen und nach den letzten Wochen endlich wieder zur Ruhe kommen?

Ich nahm den Job an. Tom zeigte mir, wie man einem Gegner mit einer Eisenstange den Schädel brach. Eine kurze Eisenstange, circa ein Kilo schwer, mit Wucht und Kante voll über die Stirn.

»Da bricht das Ding zusammen«, sagte Tom. »Du musst oberhalb des Haaransatzes treffen.«

Der bloße Gedanke an das, was ich hier übte, stieß mich ab. Aber ich war eine Verpflichtung eingegangen und zeigte mich eifrig während Toms Demonstration. Außerdem redete ich mir ein, dass sowieso nichts passieren würde. Wir waren schließlich zu viert. Alles große, kräftige Schlägertypen, deren harte Gesichter so aussahen, als hätten sie Erfahrung im Schädelbrechen. Und in der Tat: Die anderen arbeiteten wie Tom als Wirtschafter in verschiedenen Bordells. Nur ich hatte keine Ahnung.

Ein Kleinbus holte uns ab. Wir fuhren zum Hotel »Europäischer Hof« am Hauptbahnhof und trafen dort den angeblichen Geschäftsmann, den wir beschützen sollten. Es musste sich um irgendeine illegale Nummer handeln, sonst hätte Tom auch herkömmliche Bodyguards besorgen können, und nicht irgendwelche Jungs vom Kiez. Mir war ziemlich unwohl bei der Sache. Es war bereits dunkel. Schwer und drückend hing der Abendhimmel über der Stadt. Zusätzlich zum Bus hatten wir nun noch einen Wagen, in dem ich mitfuhr. Über die Autobahn ging es Richtung Ellerbek, einem Vorort von Hamburg im Nordwesten der Stadt. Was für ein surrealer Trip. Gestern noch war ich mit den Promis der Stadt auf einer Party im Bellevue. Heute saß ich mit ein paar kleinen Kriminellen in diesem Auto, um einen größeren Kriminellen zu beschützen. Ich war mir sicher, dass Tom mich nur mitgenommen hatte, um mir in meiner Geldnot einen Gefallen zu erweisen. Vierhundert Mark sollte ich für den Job bekommen.

Wir bogen in eine kleine Straße ein, die rechts und links mit Einfamilienhäusern gesäumt war. Nach ein paar Metern hielten wir an und stiegen aus.

»Michel! Du bleibst bei den Autos. Klar?« Tom legte plötzlich einen ziemlich rauhen Ton an den Tag.

Die Truppe verschwand im Haus. Es war still. Ich achtete auf jedes Geräusch. Dann öffnete sich die Haustür. Tom, der Geschäftsmann und die drei anderen kamen auf mich zu. Alle schwiegen. Ich konnte die Anspannung spüren. Offensichtlich hatte es dicke Luft gegeben. Allmählich wurde mir klar, dass das hier ein Spiel für große Jungs war. Ich wollte gar nicht erst wissen, worum es eigentlich ging. Wir stiegen ein, fuhren los. Nach etwa zehn Minuten steuerten wir einen Parkplatz an. Zusammen mit Tom blieb ich im Auto. Ich beobachtete die Jungs und den Geschäftsmann. Irgendwas wurde da bequatscht. Einer von den Starken kam zum Wagen, öffnete die Tür.

»Hier, Kleiner.« Er drückte mir meinen Lohn in die Hand. »Danke und tschüss. Gute Arbeit.«

Mit den vierhundert Mark in der Tasche lief ich zu Fuß nach Hause. Ich hatte schnelles Geld gemacht. Aber es war noch lange nicht genug für den Urlaub in Jugoslawien.

Wladimir kam auf einen Schnack vorbei. Er erzählte, dass sich die Kommune auflösen wolle, weil sie ständig von der Polizei überwacht wurde. Als ich ihm von meiner Geldnot erzählte, hatte er eine Idee: »Pass auf. Die Kommune hat so viel Drogen: Koks, Hasch, LSD, einfach alles. Wenn wir das Zeug vertickern, hast du genug Kohle.« Er wusste genau, in was für eine verdammte

Zwickmühle er mich damit brachte. Ich war absolut gegen Drogen und auch gegen das Dealen. Aber er hatte recht, es war ein schneller und einfacher Weg, um an Geld zu kommen. Außerdem würden wir der Kommune helfen, die Drogen loszuwerden, so dass die sie nicht nehmen mussten. Keine gute, aber auch keine schlechte Tat. Es erstaunt mich noch heute, aber ich nahm mir diese faule Ausrede selbst ab.

»Gute Idee, Wladimir!«, rief ich. Wir liefen los. Obwohl keiner der Kommunarden zu Hause war, schlichen wir wie Einbrecher auf Zehenspitzen durch die Wohnung und flüsterten. Wir durchsuchten die Zimmer derjenigen, bei denen Wladimir Drogen vermutete. Und tatsächlich: »Hier!« Wladimir griff in eine Tüte und hielt mir eine braune, ölige Platte entgegen. »Riech dran!«

Ich steckte meine Nase an die Platte. Kein Zweifel.

»Wladimir! Wir haben das Hasch gefunden. Was wir wohl dafür bekommen?«

Keiner von uns hatte Ahnung, was das Zeug wert war. In der Tüte waren etwa fünfzehn Platten.

»Lass es uns einfach verkaufen. Wir werden sehen«, sagte Wladimir.

Wir machten uns auf den Weg zum Spielbudenplatz. Dort – nicht weit von der Davidwache – gab es die meisten Dealer. Allerdings waren die eher daran interessiert zu verkaufen, als zu kaufen. Vor dem »Bendula« hielt ich einem der Typen eine Platte unter die Nase und fragte: »Hey! Was kostet so was bei euch?«

Er sah mich völlig entgeistert an:. »Junge! Was willst du?«

»Na ja, ganz einfach«, antwortete ich. »Ich will wissen, was ich bekomme, wenn ich so eine Platte verkaufe.«

»Willst du mich verarschen?«

Wieder etwas gelernt, dachte ich. Wir machten die Fliege. Hier war kein Geld zu machen.

Ich rief Fritz an. Der kannte sich schließlich mit Drogen aus. Wir trafen uns in der Nähe der Reeperbahn. Ich zeigte ihm die Tüte.

»Aller! Weissu, wie viel das is?« Natürlich hatte ich keine Ahnung, sonst hätte ich ihn ja nicht angerufen.

»Wir fahrn zu mir!«, befahl Fritz. Auf der Waage im Badezimmer wogen wir das Zeug.

»Fast zwei Kilo«, rief Fritz freudig. »Aller! Ganz schön viel. Da bekomme ordentlich Schotter für.«

Aber wer würde mir das Zeug abkaufen? Bei den Champs und auch sonst auf der Straße wussten alle, dass ich Drogen hasste. Das sollte auch so bleiben, von denen kam also niemand in Frage.

»Ich ruf einen Freund an«, schlug Fritz vor. »Der hat immer Bedarf.«

»Komm mal bei mir vorbei, Aller«, sagte Fritz ins Telefon. »Und bring mal 'nen Haufen Kohle mit.«

Der Typ rückte an. Er begutachtete die Platten fachmännisch. »Scheint guter Stoff zu sein.«

In der Zwischenzeit drehte Fritz einen Joint aus dem Zeug, machte ihn an und reichte ihn an seinen Bekannten weiter. »Gutes Zeug, Aller«, murmelte Fritz.

Der Typ kramte ein Bündel Geldscheine aus seiner Jackentasche. »Hier. Dreitausend!« Er drückte mir das Geld in die Hand. Ob das genug für das war, was er von mir dafür bekam, ich weiß es bis heute nicht. Aber die Hauptsache war, ich hatte das Geld. Ich sah mich schon neben der Lady im Flieger sitzen, erste Klasse natürlich. Ich sah die weißen Strände der Adria, Sonnenuntergänge, meine Lady und mich, wie wir barfuß am Strand entlangspazierten und ich sie leidenschaftlich küsste.

Am nächsten Tag rief ich die Lady an. Doch als ich dann wieder in ihre Welt trat, war es für mich, als bekäme ich einen Schlag mit einem Brett direkt vor den Kopf. Gestern war ich noch mit meinen Jungs unterwegs gewesen, bereit, für wenig Geld mein Leben zu riskieren, für irgendeinen windigen Geschäftsmann, nur um an Kohle zu kommen. Nun saß ich im Rondell bei einer Frau, die nichts davon verstand, weil ihre Welt sie das nicht verstehen ließ. Sie sah mich an – verständnislos. Wir schwiegen.

Erst allmählich löste sich die Anspannung. Irgendwann standen wir auf und gingen zu ihr. Der Sex war heftig und hemmungslos, reine Triebabfuhr. Das in den letzten Tagen angesammelte Adrenalin schoss durch meinen Körper. Ich arbeitete mich an ihr ab, stieß und stieß sie, bis mir schwindelig wurde. Ich war verwirrt, berauscht von den Erlebnissen der letzten Zeit. Als ich meine Unterhose wieder anzog, sah ich Blut auf dem Stoff.

»Hast du die Tage?«, fragte ich sie.

»Nein, Schatz. Das bist du.«

Ich erschrak. »Scheiße. Ich blute?!«

Ich zog die Unterhose runter und tatsächlich: unterhalb der Eichel lief das Blut. »Wir müssen zu einem Arzt!«

Mit dem Taxi fuhren wir zu einem Arzt, den die Lady gut kannte. Ich legte mich auf eine Liege. Ich hätte im Erdboden versinken wollen, als der Arzt anfing, mit strengem Blick meinen Schwanz zu begutachten, während eine junge Arzthelferin ihn hochhielt.

»Das Bändchen ist gerissen. Sehen Sie! Das Bändchen, das die Vorhaut mit der Eichel verbindet.«

Ich drehte mein Gesicht zur Seite. Anschauen wollte ich mir den Schaden nicht.

»Halb so schlimm«, meinte der Arzt. Er gab mir eine Betäubung und nähte den Riss. Die junge, hübsche Schwester hielt während der ganzen Aktion meinen Schwanz in der Hand. Aber was auch immer ich mir vorstellte und wünschte mit ihr anzustellen, die nächsten Wochen würde ich artig im Sitzen pinkeln, mehr nicht.

»Fertig«, rief der Arzt. »Wie neu.«

Als ich aus dem Behandlungszimmer kam, lächelte die Lady. »Und, wieder alles dran?« Ich musste lachen. Nach all dem Ärger, den mir mein Schwanz schon gemacht hatte – so etwas hatte er nicht verdient. Ich würde in Zukunft etwas besser auf ihn achtgeben. Wir fuhren zu ihr, schwiegen, lachten, schwiegen. Ohne dass wir darüber reden mussten, war uns beiden doch klar, dass unsere Zeit zu Ende war. Ich hatte sehr viel riskiert, um das Geld für die Reise zusammenzubekommen. Aber seit ein paar Stunden wussten wir beide, dass ich nicht würde mitkommen können. Sie war eine tolle Frau. Sie hatte Witz, einen wunderschönen Körper, und sie hatte Geld. Aber meine Sehnsucht stieß in eine andere Richtung. Ich wollte ein Mädchen, das zu mir passte, keine Lady, die sich mit mir belohnte und schmückte. Ich wollte ein Mädchen, mit dem man durch dick und dünn gehen konnte. Einen guten Kumpel im Körper eines Mädchens. Ich wollte Claudia.

Während die Lady allein auf dem Weg nach Jugoslawien war, spazierte ich durch die Straßen von St. Pauli die Alster entlang nach Blankenese. Ich schaute den Möwen hinterher, genoss die warme Luft auf meinem Gesicht. Eine Entscheidung stand an. Eine wichtige Entscheidung. Ich wollte raus aus meinem Leben, raus aus dieser Welt, weg von den Gaunern und Zuhältern. Ich wollte Geld. Ich wollte Luxus. Alles drehte sich. Meine Leben verlor seine Konturen. Eines Nachts träumte ich, ich stünde an der Außenalster, über der dichter Nebel lag. Ich starrte in den Nebel hinein, der Nebel kam näher und streckte seine Finger nach mir aus, bis er mich erreicht hatte und mich verschlang.

27

Die Geister, die ich rief

Das Geld hatte ich immer noch in der Tasche. Es fühlte sich gut an. Von Bruce Lee hatte ich gelernt: »Am sichersten ist mein Geld in meiner Tasche.« Ich saß bei meiner Oma in der Küche und aß ein paar Schnitten, die sie mir gemacht hatte. Sie las *Praline*. Ich schwieg und aß. Sie sah mich an. Sie wusste es wieder: »Du hast doch was, Michel!«

»Nein, Oma. Alles gut!« Aber natürlich spürte sie, dass ich nicht bei mir war. »Ich muss gleich wieder los, Oma. Geld verdienen.«

»Du Spinner!« Das sagte meine Oma oft, ganz hamburgisch mit dem spitzen Stein.

Ich machte mich auf den Weg nach Hause. Seit ein paar Wochen hatte ich meine erste eigene Wohnung. Nach der Geschichte mit Melanie war ich bald wieder aus der WG ausgezogen und hatte eine Zeitlang wieder in Wladimirs Kommune übernachtet, bevor ich mir dann selbst etwas gesucht hatte.

Als ich die Treppe hochkam, wartete bereits mein Nachbar Volker auf mich. »Hey, Michel! Da haben heute ein paar Typen bei dir geklingelt. Die wollten erst auf dich warten, sind dann aber abgezogen.«

»Weißt du, was die wollten?«

»Nee, Michel. Keine Ahnung. Aber die sahen nicht so aus, als wollten sie dir ein Weihnachtsgeschenk bringen. Da war auch so 'n großer Blonder dabei.«

Ein großer Blonder? Ich dachte nach. Wer könnte es gewesen sein? In letzter Zeit hatte ich mir nichts zuschulden kommen lassen – nahm ich zumindest an. Die Sachen mit dem Hasch hatte ich fast schon wieder vergessen.

Einige Zeit später wurde ich nachts aus dem Schlaf gerissen. Jemand hämmerte an die Tür. Das waren sicher keine Freunde, die nur jemanden zum Reden brauchten. Ich wagte es nicht, mich zu bewegen. Ich versuchte ganz still zu sein. Die Messer waren in der Küche. Bis dahin musste ich über die Dielen, die immer laut knarzten. Ich wartete, mein Herz schlug wild. Eine halbe Stunde verging. Es war nichts mehr zu hören. Ganz langsam bewegte ich mich zum Fenster, vorsichtig lugte ich hinaus. Es war nachtstill. Die Laternen brannten und tauchten die Straße in ein diesiges, orangefarbenes Licht. Ich überlegte, wer die Typen gewesen sein könnten, die mich so dringend sehen wollten. Ich dachte an die Begegnungen der vergangenen Wochen, an die Lady, an den Deal, den Geschäftsmann. War es die Sache mit dem Deal? Schließlich hatten wir das Hasch den Kommunarden geklaut. Und Wladimir konnte nicht gut dichthalten. Der machte sich schon in die Hose, wenn ihn jemand anschrie.

Langsam ging ich zur Tür und horchte. Nichts. Ich zog mich an und lief durch den Kiez. An Schlaf war nicht mehr zu denken. Die Reeperbahn entlang, überall Lichter, die Nutten, eine Wirklichkeit, die mal meine Traumwelt gewesen war. Es war kühl. Es zog mich in

Richtung Hafen. Ich überprüfte Autotüren. Ein VW war nicht abgeschlossen. Leise öffnete ich ihn, legte mich auf die Rückbank und schlief ein. Die ersten Sonnenstrahlen weckten mich. St. Pauli erwachte, aber ich wollte einfach nur schlafen. Ich wusste, dass meine Oma Nachtschicht hatte, also ging ich zum Budapester Hof. Das Hotel war mein Zuhause, hier war ich gewickelt worden. Hier war ich aufgewachsen. Ich schlief ein paar Stunden. Beim Frühstück traf ich einen Mann, den ich nur als Herrn Köster kannte. Er war Dauergast im Hotel, seit Jahren. Während des Zweiten Weltkriegs sei er Offizier gewesen, hieß es. Niemand wusste, warum er im Hotel lebte und woher er das Geld hatte. Wir redeten: über St. Pauli, über die Frauen, das Leben.

Ich lief zur Telefonzelle, rief Wladimir an. Seine Mutter ging ran, er war nicht da. Ich ging auf den Kiez. Nach Hause wollte ich nicht. Ich wollte wissen, wer mich suchte. Im Jugendzentrum traf ich auf die Champs. Zumindest das, was noch von ihnen übrig war. Viele hatten sich ins Milieu orientiert. Es war die Zeit, als das Phänomen Gangs allmählich verschwand. Jede Zeit hat ihre Jugendkultur – und jede Jugendkultur ihre Zeit. Wir schnackten, erzählten ein paar Witze, lachten zusammen wie früher. Aber früher war lange her. Wie zum Abschied schlenderten wir gemeinsam über den Kiez. Eine Menge hatte sich verändert. Wir hatten uns verändert.

Kemal erzählte mir, dass Cem wegen Mordes im Gefängnis gelandet war. Ich hatte immer geahnt, dass es mit Cem kein gutes Ende nehmen würde. Bevor wir uns verabschiedeten, zeigte Kemal mir noch seinen neuen Mercedes. Kemal und ich, wir hatten zusammen bei den Breakers angefangen. Jetzt war klar, dass wir uns vielleicht nie mehr wiedersehen würden. Ich spazierte in Richtung DOM, wo wir früher unsere Breakdance-Wettkämpfe ausgetragen hatten. Ich kaufte mir eine Packung gebrannte Mandeln, stand im Rausch der Karussellgeräusche und der Musik. Alles drehte sich.

Ein paar Minuten muss ich dort so gestanden haben, vollkommen weggetreten, als ich eine Hand auf meiner Schulter spürte. Ich drehte mich um und sah: Ümet. Ich traute meinen Augen nicht. Wie viele Jahre hatte ich ihn nicht mehr gesehen?

»Hey, Michel. Schön, dich zu sehen.«

Wo waren seine Muskeln? Er war geradezu dürr, sein Haar lang und strähnig. Er hatte dunkle Augenringe und sah aus, als sei er auf Heroin, kaputt, ausgelaugt.

»Ümet! Das ist ja ... Wie geht es dir?« Ich war geschockt von seinem Aussehen, aber vor allem freute ich mich, ihn zu sehen.

»War 'ne Zeitlang weg, Michel.« Mit trüben Augen sah er mich an. »Bleib bloß sauber, Michel. Hast du gehört?« Dann drehte er sich um und verschwand in der Menge. Ich versuchte nicht, ihn aufzuhalten. So wie ich Claudia nicht versucht hatte aufzuhalten. Ich sah ihm nach. Was war nur aus dem alten Ümet geworden? Dem Ümet, der mich zu den Breakers gebracht hatte? Was war aus dem charismatischen, vor Kraft strotzenden, klugen Ümet geworden? Auch ihn hatten die Drogen vernichtet.

Wieder hatte mich die Melancholie fest im Griff. Mit ihr zog ich durch die Tage, durch die Nächte. Die nächsten fünf Tage schlief ich immer wieder in offenen Autos. Wladimir hatte ich noch immer nicht erreicht. Ich brauchte etwas, das mir Halt gab, das mich aufrichtete, also ging ich nach langer Zeit endlich wieder einmal zum Training. Ich trainierte wie wild. Meine Form hätte schlechter sein können. Immer wieder dachte ich an Ümet und an meinen nächtlichen Besuch, der mir keine Ruhe ließ. Meine Nachdenklichkeit blieb auch Ali nicht verborgen. »Michel! Lass uns nach dem Training was bei Lambro essen.« Also gingen wir ins »Lambros«, ein Imbiss in Ottensen. Anschließend zogen wir weiter in die »Sheila-Bar«. Für ein paar Stunden konnte ich mich aus dem Griff der Melancholie befreien. Als es langsam hell wurde, lief ich zu Wladimirs WG in der Hoffnung, ihn endlich zu erwischen, bevor er zur Schule ging. Die Tür öffnete sich, ein verschlafener Wladimir stand vor mir.

»Nee«, sagte er. »Die haben sich zwar gestritten. Aber die wissen nix.«

Noch aus der WG rief ich Volker an. Sie waren immer wieder nachts an meiner Tür gewesen. Die Geister jagten mich.

Am nächsten Tag ging ich zu Fritz. Seine Mutter kam mir schon im Treppenhaus entgegen, um mir klarzumachen, dass ich nicht erwünscht sei und ihren Sohn endlich in Ruhe lassen solle. Sie schien es noch immer nicht verstanden zu haben: Fritz war der Durchgeknallte von uns. Dann kam Fritz selbst aus der Wohnung und sagte: »Michel ist mein Freund.« Seine Mutter gab nach. Sie musste einsehen, dass sie ihrem Sohn mit siebzehn nicht mehr vorschreiben konnte, mit wem er sich abgab. Fritz holte sich eine Flasche Bier aus dem Kühlschrank. Inzwischen trank er schon morgens, um den Kater vom Vorabend zu vertreiben.

»Michel, Aller! Tom hat übrigens angerufen. Du sollst

dich bei ihm melden. Er hat aber nicht gesagt, um was es geht.«

Wir machten uns auf zu Tom.

»Pass auf, Michel!« sagte Tom. »Der Typ letztens, der Geschäftsmann. Der will sein Geld zurück. Der hat gemerkt, dass wir ihn abgezogen haben. So ist es.«

»Aber ich dachte, wir sollten ihn beschützen?!«, entgegnete ich.

»Ja, das dachte ich auch.« Tom wurde ungeduldig. Verdammt, das war es also, was ich mir hatte zuschulden kommen lassen: Ohne es zu wissen, hatte ich einen Typen mit abgezockt.

»Fritz, los, komm. Lass uns gehen. Hier haben wir nichts mehr verloren.«

»Hey, Michel«, rief mir Tom hinterher. »Was ist mit der Kohle?«

»Später«, grummelte ich.

Am Abend trafen wir uns mit Andy, der mittlerweile ein kleines Nuttenimperium aufgebaut hatte. Andy kannte die Typen, die im Auftrag des Geschäftsmannes das Geld einforderten. Ich war bereit, meine vierhundert Mark zurückzugeben.

»Reicht das?«, fragte ich Andy.

»Keine Ahnung. Mal sehen, Michel! Aber ich kenn einen, der weiterhelfen kann.«

Andy telefonierte kurz mit ein paar Typen, dann sagte er, dass wir in einer halben Stunden im »Empire« erwartet würden. Ich war fertig, müde, erschöpft, ausgelaugt. Aber ich musste weiter, weiter, immer weiter. Wir holten Tom ab und fuhren alle zusammen ins »Empire«. Tom marschierte voran, schnurstracks steuerte er einen Typen an. Ich erkannte ihn sofort. Der Stiernacken war ein bekannter Schläger. Die meisten konnten erst Wochen nach einer Begegnung mit ihm darüber reden. Wenn er zuschlug, dann klatschte es einmal im Gesicht, einmal auf dem Asphalt.

»Du suchst mich? Hier bin ich!« Tom baute sich vor dem Tisch auf, an dem der Typ saß. Angst hatte er offensichtlich nicht. Ich stellte mich neben ihn und versuchte ebenfalls eine gute Figur zu machen. Der Typ starrte uns an.

»Pass auf, Tom. Lass uns mal ein Bierchen trinken. Dabei können wir alles bereden.«

Ich glaubte nicht, was ich da hörte. Wir waren auf alles gefasst gewesen, aber nicht auf einen Schnack mit Bierchen. Der Schläger erklärte uns, er würde die Sache im Laufe der kommenden Woche für uns regeln. Auch um das Geld sollten wir uns keine Sorgen machen, das sei schon fast vergessen.

Nichts passierte. Der Schläger meldete sich nicht mehr. Also rief Tom selbst bei dem Kunden an. Der erklärte, die Jungs, die er angeheuert hatte, um uns Druck zu machen, seien eingeknickt. Er wolle sein Geld zurück und eine Entschuldigung. Damit sei die Sache erledigt. Der Superschläger hatte also nichts geregelt. So war es auf dem Kiez. Niemandem konnte man vertrauen. Tom war sauer. Am Wochenende ging er ins »Voilà«, wo er den Schläger vermutete. Mit Hilfe einiger Freunde verpassten sie Mister Gnadenlos eine ordentliche Abreibung.

In den nächsten Tagen schlief ich in Wladimirs Kommune. Mein Zuhause war mir immer noch zu unsicher. Um weiteren Ärger zu vermeiden, beschloss ich, dem

Kunden meine vierhundert Mark zurückzugeben. Einer der Champs bot mir zwar an, die ganze Angelegenheit für mich zu regeln. Aber ich lehnte ab. Ich wollte niemanden mehr vorschicken. Ich wollte das selbst regeln. Wie ein Mann. So hatte ich es gelernt. Mit dem Geschäftsmann verabredete ich mich in einem Hotel auf der Reeperbahn. Das erschien mir sicherer als meine Wohnung, wie er anfänglich vorgeschlagen hatte. Er kam, und ich schämte mich ein wenig für den ganzen Ärger.

Dann sagte er: »Ich kenne dich. Du bist doch der Enkel von Oma Lilo, nicht wahr?«

Überrascht schaute ich ihn an. »Ja. Der bin ich. Woher wissen Sie das?«

»Ich wusste von Anfang an Bescheid. Man hat seine Kanäle. Ich wollte dir auch nichts tun. Ich wollte dir nur mal die Ohren langziehen und mit dir reden.«

Ich erzählte ihm, dass ich von dem Raub nichts gewusst hatte. Der Typ war wirklich nett. Wir unterhielten uns. Ich erzählte ihm die Geschichte von meiner Geldnot, von der geplanten Reise nach Jugoslawien, von der Lady. Er lachte und hielt sich den Bauch.

»Sehr gut, Michel. Ich verstehe. Aber lass dir eines gesagt sein. Mit solchen Kackbratzen darfst du dich nicht einlassen. Die haben keinen Stil. Das sind Asoziale. Hast du gehört?« Ich nickte. Dann gab er mir die Hand. »Und grüß mir deine Oma. Eine tolle alte Dame.« Endlich konnte ich nach Hause.

28

Wahnsinnigster Wahnsinn!

Ich schlief drei Tage und drei Nächte. Dennoch blieb ich müde. Die Ereignisse der letzten Wochen und Monate hatten mich ausgelaugt, mich an den Rand des Wahnsinns getrieben. Wenn ich so weitermachen würde, das spürte ich, dann würde ich meinen Achtzehnten nicht erleben. Was war das für ein Leben? War das überhaupt ein Leben? Ich dachte an Claudia, sah den ausgemergelten Ümet vor mir.

Das Telefon klingelte. Ich hob ab. Am anderen Ende hörte ich Fritz' Stimme.

»Lass mal heud Abend los, Aller! Wir haben uns lange nicht gesehen.«

Mir war überhaupt nicht danach, mit Fritz rumzuziehen. Ich wollte alleine sein.

»Ich hab kein Bock.«

»Was los, Aller?«

»Nichts«, erwiderte ich. »Ach, bin heute in der Melancholischen.«

»Denkst du schon wieder an Claudia?«

Ich grummelte. Fritz war ein Meister, wenn es darum ging, zu trösten. »Aller, sei froh, dass du die los bist, die sah doch sowieso scheiße aus.«

Das war vielleicht nicht das, was man erwartete, wenn

man getröstet werden wollte. Aber es funktionierte. Ich lachte. Wir lachten beide ausgelassen, wie die zwei Jungs, die wir vor ein paar Jahren gewesen waren. Erleichterung machte sich in mir breit. Es ging mir schon wieder ein bisschen besser.

»Alles klar, Fritz. Lass uns treffen.« Doch kaum hatte ich aufgelegt, befiel mich wieder ein schlechtes Gefühl.

Wir trafen uns in einer Kneipe. Fritz war schon im Vollsuff angekommen. Breitbeinig, aufgedreht, voll auf Adrenalin, stand er neben mir. Mir fehlte jegliche Leichtigkeit. Das Feiern mit ihm hatte schon lange nichts mehr mit Lachen und Tanzen zu tun. Für Fritz bedeutete feiern: sich spüren, etwas erleben, Grenzen überschreiten, in die Vollen gehen, jemanden weghauen. Das war es, was wir beide von Anfang an gewollt hatten. Aber nun waren wir ein paar Jährchen älter, und die unschuldigen Träume waren an der harten Realität zerbrochen. Fritz war mittlerweile fast jeden Tag breit. Er hatte sich eine Welt erschaffen, die von Angst und Feinden regiert wurde. Nur noch selten verließ er sein Viertel. Selbst auf dem Weg ins Fitnesscenter oder zur Eisdiele kam es zum Streit. Mit jedem. Wenn ihn jemand flüchtig ansah, war alles zu spät. Er verstand das als Provokation. Für ihn kam das einer miesen Beleidigung gleich. Er fühlte sich herausgefordert. Dann ging es los. Zickzack! Der einst so ängstliche Fritz hatte sich in einen brutalen Schläger ohne Hemmungen verwandelt. Wenn es zu einer Streiterei kam, griff er nach allem, was er in die Finger bekam. Außerdem hatte er immer ein langes Küchenmesser dabei, in Zeitungspapier eingewickelt. Er trug es unter seiner Bomberjacke, in seinem Hosenbund. Auf die Straße zu gehen, das bedeutete für ihn, in den Krieg ziehen.

Fritz kiffte bereits morgens. Seine Eltern hatten ihm eine kleine Wohnung besorgt, denn sie konnten es nicht mehr ertragen, hilflos dabei zuzusehen, wie sich ihr Sohn allmählich zugrunde richtete. Sie schienen zu glauben, dass es helfen würde, wenn er nur erst merken würde, dass er auf sich allein gestellt war. Doch Fritz kokste und trank immer mehr. Ohne Rausch ging es nicht mehr. Je mehr Fritz auf Drogen war, desto weiter entfernten wir uns voneinander. Ich hatte keinen Einfluss mehr auf ihn. Die Drogen hatten ihn fest in ihrem teuflischen Griff. Er sah in jedem einen Feind. Auch ich hatte immer öfter Stress mit ihm. Es war ein Wunder, dass wir uns nicht prügelten, er nicht auf mich losging. Es war vielleicht die einzige Grenze, die er noch wahrnahm. Noch gab es diese Brücke zwischen uns, die aus gemeinsamen Erinnerungen und Sentimentalität gebaut ist.

Der Laden war voll. Das Testosteron allgegenwärtig. Es machte die verrauchte Luft dick und schwer, so dass jeder wusste: hier bewegst du dich am besten langsam und vorsichtig. Jede Bewegung wird beobachtet und könnte eine Bombe zum Explodieren bringen. Es war die Zeit, in der sich immer mehr Kurzhaarige auf dem Kiez breitmachten. Kurze Haare, Stiernacken, massige Körper, brutale Fressen. Das hat uns aber nie interessiert. Wenn es nun knallte, dann knallte es richtig. Es wurden Aschenbecher als Meinungsverstärker eingesetzt. Oder Messer. Ein Messer geht rein wie in Butter. Egal, wie muskulös der Gegner ist. Das wusste ich, seitdem ich meinem Nachbarn mal ein Messer in den Arm gesteckt hatte, weil er mich angeschwult hatte. Es war kein Widerstand zu spüren, als ich es in sein Fleisch rammte. Rein, raus, fertig die Maus. Auch ich bewegte mich von Zeit zu Zeit am Rande des Kontrollverlusts. Und mein Nachbar hat mich nie wieder gegrüßt.

Die Stiernacken wollten an diesem Abend die Kneipe als ihr Territorium markieren. Ihre Augen glühten wie kleine Feuer im schummrigen Licht. Sie suchten Streit. Einer der Stiernacken, ein massiger Typ mit ungefähr hundertzehn Kilo auf den Rippen, hatte seinen Blick auf Fritz gerichtet. Was nun kam, kannte ich. Aber diesmal würde ich nicht dazwischengehen. Diesmal nicht. Ich sah, wie sich der Typ mit entschlossenem Blick auf Fritz zubewegte, als ihn eine Hand zurückhielt.

»Hey«, rief ein anderer Glatzkopf, »das ist Fritz. Der ist cool.«

Das Schauspiel schien vorbei, noch ehe es angefangen hatte. Aber Fritz nutzte die Gunst der Stunde und verpasste dem Stiernacken einen Kinnhaken und schmiss ihn anschließend über die Theke. Meine guten Vorsätze waren schnell vergessen, ich handelte intuitiv. Ich stieß den zweiten Stiernacken zur Seite und hielt ihn im Neckbreaker, mit aller Kraft. Fritz sprang hinter den Tresen und hockte nun auf dem Rücken des riesigen Glatzkopfes, der ohnmächtig dalag. Dann nahm Fritz eine Bierflasche, zerschlug sie am Tresen. Fritz holte aus, in aller Ruhe. Die kaputte Flasche sauste wie ein Messer auf den Nacken des Typen zu und grub sich mit ihren scharfen Zacken ins Fleisch. Fritz packte sich die nächste Bierflasche, zerschlug sie am Tresen und stach wieder zu. Er war vollkommen im Rausch.

Plötzlich spürte ich, wie mein Gegner erschlaffte. Ich

ließ seinen ohnmächtigen Körper zu Boden fallen. Der ganze Laden war still. Als hätte jemand die Pausentaste gedrückt. Fritz saß wie ein Jäger über seiner Beute, die kaputte Flasche immer noch in der Hand, alles war voller Blut. Ich musste raus. Ich rannte in die Nacht, kalte Luft schlug mir entgegen. Ich fühlte mich dumpf. Ich lief. Wo war Fritz? Ich wusste es nicht. Ich war einfach abgehauen. Ich war davongelaufen. Vor Fritz und vor mir selbst. Panik ergriff mich. Mein Puls ratterte. Meine Atmung lief auf Hochtouren. Ich musste husten, immer wieder. Ich stoppte und hustete, als würde ich mir die Seele aus dem Leib kotzen.

Das viele Blut hinterm Tresen. Der Stiernacken, leblos auf dem Boden. Wie ein erschlagenes Stück Vieh. Die Bilder schossen durch meine Gehirnwindungen, im Stakkato. Ein Blick, ein Verhängnis, ein Schicksal. Fritz, der Schlächter! Ich sah hinauf in den pechschwarzen Himmel. Scham und Abscheu überfielen mich. Es war eine asoziale Aktion. Nur dieses eine Wort fiel mir ein. ASOZIAL! Ich fühlte mich schuldig. Was war nur mit diesem Typen? Hoffentlich lebte er noch. Ich war nicht eingeschritten. Ich hatte Fritz nicht zurückgehalten. Fritz war auf einem ganz miesen Weg. Er stand am Abgrund, und ich stand daneben und konnte den fauligen Gestank des Unheils riechen.

Wir waren längst keine Träumer mehr. Wir waren außer Rand und Band. Wir waren im Leben angekommen. Claudia war tot. Ich fühlte mich elend, hilflos, schuldig. Ich war dabei gewesen, als Fritz es getan hatte. Ich hatte meinen Freund nicht zurückgehalten. Aber war das nicht die Aufgabe eines Freundes: den anderen aufzufangen, wenn er fällt?!

Schon seit langem hatte ich nur noch zugesehen, wie Fritz sich von einem Schisser in einen furchtlosen, brutalen Straßenkämpfer verwandelt hatte. Er war ohne Angst, ohne Kontrolle, ohne Grenzen. Anfangs hatte er sich nur mit Schwächeren angelegt, dann mit den Starken. Am Ende hat er alle Türsteher plattgemacht. Fritz zog seine Energie daraus, dass niemand ihn mochte. Und er wollte niemandem gefallen. Seine Kraft war unglaublich selbstzerstörerisch. Er wollte eine Reaktion von den Leuten – deswegen prügelte er sich. Er brauchte die Gewalt, sie war eine Bestätigung für ihn. Allmählich wurde sie für ihn zu einer Droge. Es beginnt ganz langsam, wie bei jeder Sucht. Man wird angezogen von einem romantischen, naiven Bild des Straßenkampfes und der Männlichkeit. Am Ende zerstört einen die eigene Sehnsucht.

29

Fritz ohne Grenze

Ich zog mich zurück, ließ mich nirgendwo mehr blicken. Ich ging Fritz aus dem Weg, wollte nicht mit ihm reden. Ich hatte versagt. Ich hatte ihn nicht zurückgehalten, nicht aufgefangen. Schlimmer noch: Ich war Teil von Fritz' Wahnsinn geworden. All meine Träume von wahrer Männlichkeit und Ehre hatte ich verraten. Was hätte Bruce Lee nur zu mir gesagt? Was hätte er getan an meiner Stelle? Ich schämte mich. Die Drogen hatten den Kampf gegen Fritz' Kraft, Intelligenz und gegen sein Herz gewonnen. Dieser Fritz, der mich über Jahre begleitet und der immer ein Herz für Schwächere gehabt hatte. Ich las keine Zeitung. Ich schaute nicht fern. Ich wollte nichts wissen. Nicht, was Fritz angerichtet hatte. Nicht, was mit dem Stiernacken passiert war. Nicht, ob uns jemand suchte. Die Polizei oder sonst irgendwer, der Rache an uns nehmen wollte. Aber mein Gewissen quälte mich doch. Fritz war mein Freund. Ich musste zu ihm.

»Ey, Aller! Wo warst du denn?«, begrüßte er mich. »Dein Telefon war immer besetzt.«

»War krank. Hassu mal was gehört?«, fragte ich. Fritz verstand sofort, worauf ich hinauswollte.

»Nee, nix«, murmelte er und schaute mich verstohlen an.

»Ich auch nich«, sagte ich.

»Boah, ich war ganz schön breit.« Fritz zündete sich einen Joint an und machte sich ein Bier auf. Wieder sah er mich an. Seine Augen wirkten seltsam leblos.

»Aller! Ich glaub, ich werd verfolgt.« Plötzlich flackerten seine Augen, sein rechtes Lid zuckte nervös.

»Wieso meinst du das? Wer?«, fragte ich. Wenn Fritz wirklich verfolgt wurde, dann hatten die Typen es sicher auch auf mich abgesehen.

»Anne Ecke hier in Eppendorf stehen seit neuestem Neger, Drogendealer, und starren mich an. Immer, wenn ich unterwegs bin, läuft mir einer von denen nach.« Er war nervös und zittrig. Ungläubig starrte ich ihn an. Ich wusste, dass Fritz sich mit jedem angelegt hatte. Aber meinte er wirklich, was er da sagte? Warum sollten ihn ein paar kleine Dealer verfolgen, wo doch jeder wusste, dass er einen der Stiernacken plattgemacht hatten? Irgendwie passte das alles nicht zusammen. Fritz lief neben der Spur, er wirkte wie ein Häufchen Elend. Gierig sog er an der Bierflasche. Dann faselte er weiter.

»Im Sportstudio lassen sich neuerdings Zuhälter sehen und trinken da nur was und starren mich die ganze Zeit an. Die ganze Zeit, Michel! Is echt unheimlich.« Wieder nahm er einen Schluck und zog an seinem Joint.

»Hat nichts zu bedeuten, Fritz«, versuchte ich ihn zu beruhigen. »Die gab's immer schon da. Warum sollten die dich anstarren?«

»Nee, nee. Aber nich so, Aller! Nich so!« Er sog den letzten Rest des Joints auf und starrte mich mit einem glasigen Blick an. Was sollte ich auf sein wirres Gerede antworten? »Frag ma Michi, Aller. Der hat das auch gesehen!«

Fritz redete weiter, doch er schien allmählich gar nicht mehr mit mir zu reden. Seine Augen stierten ins Leere. Ich stand auf und ging, ohne dass Fritz es zu bemerken schien. Ich ging zu Michi, Fritz' Nachbarn eine Treppe tiefer. Aber niemand öffnete. Dann ging ich zu Toni in die Eisdiele und fragte ihn, ob er etwas mitbekommen habe. Tonis Urteil war eindeutig: »Der dreht völlig durch. Keine Ahnung, was er da erzählt. Hab ich schon gehört, aber ich kriege immer nur mit, wenn er wieder rumschreit auf der Straße. Ich glaub, der verliert den Verstand. Wegen der Drogen und so.« Ich fuhr nach Hause. Was sollte ich tun? Fritz und sein seltsames Gefasel gingen mir nicht aus dem Kopf.

Die Sonne schien. Die Luft war warm. St. Pauli erstrahlte. Das erste Mal seit Wochen hatte ich gute Laune. Bei Fritz hatte ich mich nicht mehr gemeldet. Ich wusste einfach nicht, wie ich ihm hätte begegnen können. Doch er ging mir nicht aus dem Kopf. War ich zu feige, ihm zu helfen? Oder war ich tatsächlich so hilflos, wie ich mich fühlte angesichts dessen, was aus meinem Freund geworden war? Aber noch hatte ich ihn nicht aufgegeben, ich würde mich den Dämonen stellen, die Besitz von ihm ergriffen hatten. Und ich würde sie vertreiben.

Ich machte mich auf den Weg zu ihm nach Eppendorf. Der warme Wind wehte um mein Gesicht. Ich fühlte mich leicht wie seit langem nicht mehr. Doch je näher ich seinem Haus kam, desto stärker wurde die Angst in mir, und ein dunkler Schleier legte sich über meine Gedanken. Da stand ich nun vor seiner Tür. Ich klingelte. Als sich die Tür öffnete, war es schlimmer als in meinen dunkelsten Befürchtungen: Vor mir stand ein blasser, dünner Mann mit eingefallenen Wangen. Seine trüben Augen waren umrahmt von dunklen Ringen. Seine Schultern hingen schlaff. Die rechte Hand zitterte. Traurigkeit überfiel mich.

»Aller«, begrüßte mich Fritz. »Ich kann nicht mehr schlafn.«

»Geh mal zum Arzt«, sagte ich.

Er schwieg, sein starrer Blick ging durch mich durch. Er stand einfach nur da, hielt sich am Türknauf fest.

»Was is 'n jetzt?«, hakte ich nach.

»Warte, Aller! Ich erzähl dir was.« Er hustete. Sein Atem roch nach Schnaps. »Ich hab mit 'nem Anwalt gesprochen. Die checken hier meine Post, und andauernd klingelt jemand. Wenn ich aufmache, ist niemand da. Ich kann nicht mehr vor die Tür gehen. Die verfolgen mich. Die verfolgen mich, die wollen mich umbringen.«

Er hatte die Augen weit aufgerissen. Fritz war auf dem Weg in den Wahnsinn.

»Ich hab ... ich hab«, stammelte er weiter. »Ich hab dem Anwalt das erzählt, und der meinte: Pass mal auf, Fritz! Die wollen dich nicht töten, die wollen dich kirre machen, damit sie dich wegschließen können, inne Klapse.«

Ich wusste nicht, was ich ihm sagen sollte. Aus lauter Verlegenheit fiel mir nur ein: »Dann lass dich nich kirre machen, Aller!« Fritz aber gab keine Ruhe. »Die haben meine Krankenakte, und da steht ja drin, dass ich schon dreimal wegen Atemnot den Krankenwagen gerufen habe und da nichts festgestellt werden konnte. Jetzt steh ich da wie 'n Geisteskranker.« Sein Blick war plötzlich klar. Er sah mich traurig an. Am liebsten hätte ich ihn umarmt. Aber irgendetwas hielt mich zurück.

Warum sollte jemand Fritz kirre machen wollen? Wer? Die Stiernacken sicher nicht. Die würden ihm einfach nur ordentlich eins aufs Maul geben. Fritz griff nach meiner Schulter.

»Michel, der Anwalt hat mir hier 'ne Nummer gegeben, von 'nem Journalisten, der den Barmbeker Strahlenskandal aufgedeckt hat, ich soll mich mit ihm treffen.«

Strahlenskandal? Jetzt wurde mir das Ganze wirklich zu wirr. »Aha, okay«, raunte ich. In der Hoffnung, dass Fritz endlich still sein würde, einfach nur still. Er nahm einen kräftigen Schluck von dem Bier in seiner Hand. Er starrte mich an. Ich hielt es nicht mehr aus. Ich musste weg, sonst würde ich auch noch verrückt werden. Ich verabschiedete mich hilflos und verlegen, klopfte ihm auf die Schulter: »Das wird schon wieder. Reiß dich zusammen.« Es war eine der Floskeln, die sich die Männer auf St. Pauli sagten, wenn niemand mehr weiterwusste. Fritz stand nur da, sagte nichts und starrte mir hinterher. Er kannte die Floskel auch.

Ich tat Fritz' wirre Geschichten als eine Folge seines intensiven Drogen- und Alkoholkonsums ab. *Armer Kerl,* dachte ich, *armer Kerl.* Spätabends klingelte mein Telefon. Es war Fritz.

»Ey, Michel! Komma rum, muss kurz ma mit dir reden.«

»Ja, sach an!«

»Nee, nee.« Fritz' Stimme wurde leiser. »Geht nich, ich werd abgehört.«

»Aha! Wer hört dich denn ab, Fritz?«

»Komm rum. Erklär ich dir. Bitte.«

Ich legte auf.

Ich hätte den Anruf einfach ignorieren können. Aber Fritz war nun mal mein Freund. Selbst wenn er wirklich durchdrehte, durfte ich ihn nicht im Stich lassen. Gerade dann nicht! Ich fuhr also zu ihm. Die Sorge um ihn wechselte sich ab mit Wut und Genervtsein. Er öffnete die Tür und zog mich in die Wohnung. Er war vollkommen aufgelöst: »Die verfolgen mich, Michel! Ich bin mir ganz sicher. Die waren in der Wohnung. Die wollen mich fertigmachen!« Er zitterte, und seine Augen beobachteten hektisch den Raum. Er trug seine Bomberjacke. Er zog sie anscheinend gar nicht mehr aus, war immer bereit zur Flucht vor seinen Dämonen. Fritz schwieg. Er wartete auf eine Reaktion. Doch ich konnte ihm nicht einmal mehr in die Augen sehen.

An der Wand neben dem Spiegel im Flur hingen lauter Notizzettel, Dutzende. Darauf standen lauter Namen. Fritz war meinem Blick gefolgt. »Das sind meine Feinde. Damit ich sie nicht vergesse.« Er notierte sich seine Gegner und pinnte sie an die Wand. Die ganze Wand war voll mit Notizzetteln. Aus einem Reflex heraus suchte ich meinen Namen. Ich war erleichtert, als ich ihn nicht fand. Fritz war nur noch ein Schatten seiner selbst.

»Komm, Fritz«, sagte ich. »Lass uns was essen gehen. Wie früher.«

Aber Fritz wollte nicht. Stattdessen fing er wieder an: »Die verfolgen ... die ...«

Ich ging, ganz einfach. Ich ging und aß ein Eis bei Toni am Eppendorfer Weg. Es war Spätsommer. Ein lauer Wind wehte. Der Himmel erstrahlte in den schönsten Farben. Aber in der Ferne sah ich dunkle Wolken aufziehen. Es würde bald einen Sturm geben. Ich atmete tief ein. Bald würde nichts mehr so sein, wie es einmal war.

Zwei Wochen später wurde Fritz in die Forensische Psychiatrie eingeliefert.

30

Die letzte Schlacht

Fritz war weg, und auch in mir wuchs das Gefühl, dass ich nicht mehr auf St. Pauli bleiben wollte. Noch immer wusste ich nicht, wie ich mit all dem umgehen sollte, was passiert war. Als Freund schien ich schon längst gescheitert zu sein. Ich hatte Fritz nicht helfen können, als noch die Zeit dazu gewesen wäre, nun hatte ich Angst davor, Fritz in der Psychiatrie zu sehen. Angst davor, das zu sehen, was Fritz in den Wahnsinn getrieben hatte, was Claudia umgebracht hatte. Ich hatte Angst davor, denn die gleichen Dämonen, die Fritz in den Wahnsinn getrieben hatten, die Claudia umgebracht hatten und die auch ihre Krallen nach Ümet ausstreckten, die gab es auch in mir. Ich verdrängte alles um mich herum, drehte mich in meinem Denken nur noch um mich selbst. Ich verbrachte immer mehr Zeit allein, lief durch die Straßen, in denen ich damals dieses Gefühl von Freiheit und Unabhängigkeit erlebt hatte. Nun aber spürte ich eine Bedrückung, ein Gefühl der Enge. Ich suchte Ablenkung. Ich hatte mich zwar größtenteils aus dem Gangleben zurückgezogen. Aber ab und zu hing ich immer noch mit alten Gangfreunden ab.

Ich erzählte ihnen von den Typen, die mich übers

Ohr gehauen hatten und was für einen Stress das verursacht hatte. Und da war er wieder, dieser Hunger, es wissen zu wollen, sein Ehrgefühl verteidigen zu wollen, seinen Mann zu stehen. Wir wussten schon gar nicht mehr, was das bedeutete: Ehrgefühl. Es war nur noch ein diffuser Grund, um losschlagen zu können, gegen irgendwen, gegen irgendetwas, vielleicht gegen uns selbst, um uns im besten Fall aufzuwecken und im schlimmsten Fall kaputt zu machen. Wir putschten uns gegenseitig auf.

»Yoaa. Lass uns die fertigmachen. Wir sind die Champs!« Vielleicht hoffte ich, das alte Leben für einen Moment zurückholen zu können. Wir machten uns auf, diesen Jungs einen Besuch abzustatten. Es würde mein letzter Zug durch die Straßen von St. Pauli mit den Champs sein.

Die Gang war nicht mehr so schick wie wir früher. Die Jungs trugen die Hosen in den Socken, die Pullover in den Hosen. Manche steckten sogar die Jacken in den Hosenbund, um noch sportlicher auszusehen. Mittlerweile konnte fast jeder bei den Champs mitmachen. Drogen und Kriminalität hatten die Strukturen aufgeweicht. Man traf nun viele Jungs ohne Visionen in den Gangs. Ich selbst schwebte zwischen mehreren Welten, war hin- und hergerissen zwischen St. Pauli und der Gang, zwischen Wladimirs Linken und den blasierten Reichen von der Alster. Eine dieser Welten wäre mir zu wenig gewesen. Ich war wie ein Chamäleon und konnte mich den Gegebenheiten gut anpassen. Es war eine Eigenschaft, die mir Vorteile brachte. Von Kalle hatte ich gelernt: Damit man frei sein konnte, musste man sich frei bewegen können, möglichst ohne Vorurteile und ohne Scheuklappen. Meine Oma war auch so. Und ich glaube, dass es die Mentalität der St. Paulianer ist, sich souverän zwischen verschiedenen Kulturen und Schichten bewegen zu können. Denn St. Pauli war immer schon ein Sammelsurium aus allem und jedem. Das machte St. Pauli stark.

Noch konnte ich nicht loslassen. Noch nicht. Ich wusste noch nicht, wohin. Ich hielt mich an dem fest, was ich kannte, auch wenn sich längst alles verändert hatte. Mein Traum von St. Pauli lag in Trümmern. Vielleicht gerade deshalb traf ich viele alte Freunde und Bekannte. Wir schwelgten in Erinnerungen, schnackten über alte Zeiten und wer wo gelandet war, wer gestorben oder ermordet worden war, wer in die Türkei oder nach Jugoslawien gegangen war, wer im Knast war und wer richtig viel Asche gemacht hatte. Bei den Champs gehörte ich nun zu den Alten, die schon die Anfangszeit erlebt hatten. Die Neuen interessierten mich nicht. Sie kamen mir vor wie Amöben, die ihre Form beliebig allen Ansprüchen und Umständen anpassen konnten. Ehrgefühl war für sie nichts weiter als ein leerer Begriff aus alten Zeiten. Sie waren ohne Ideale, ohne Träume. Jeder stand zuerst für sich alleine, das Gefühl, eine Gruppe zu sein, eine Gang, in der man füreinander einsteht, das kannten die meisten von ihnen gar nicht. Sie nahmen Drogen und soffen. Ich war erst siebzehn, aber ich sah, wie eine Welt unterging. Eine Welt, in der ich aufgewachsen war, die ein Teil von mir war – und ich von ihr.

Dann kam der Tag, an dem diese Typen ihre Abreibung bekommen sollten: die letzte Schlacht. Wir wussten, wo sich unsere Gegner aufhielten und wie sie ihr Geld verdienten. Die Typen waren nichts als lausige Schläger und Erpresser. Ich wollte, dass die Rechnung beglichen wird. Die letzte Rechnung. Wir schafften es, zwanzig Champs zusammenzutrommeln. Sogar der große Markus kam mit, obwohl ich sonst immer nur Ärger mit ihm gehabt hatte. Nicht so viele wie in den alten Zeiten, aber es war eine schlagkräftige Truppe. Die meisten hatten schon lange nichts mehr direkt mit der Gang zu tun. Aber dieses letzte Mal wollten sie noch dabei sein: einmal ein Champ, immer ein Champ!

Wir waren gut bewaffnet, hatten Baseballschläger, Messer und Eisenstangen dabei. Wir liefen die Königstraße entlang. Wir trugen Bomberjacken und Boxerstiefel, wie früher. Ein Früher, das noch gar nicht so lange her war. Wir marschierten durch Ottensen, putschten uns gegenseitig auf. Das Adrenalin kochte. Ich fühlte mich stark, unbesiegbar. Ich trug meine Lederhandschuhe, mit denen ich besser zuschlagen konnte. Die Passanten wichen vor uns zurück. Wir waren keine kleinen Jungs mehr, sondern Erwachsene. Wir waren kräftig. Wir sahen gefährlich aus. Einige trugen Narben von Schlägereien und Keilereien im Gesicht. Sie trugen sie wie Abzeichen. Andere waren weniger stolz auf ihre Narben, die sie auf der Seele trugen. Es waren die eigentlichen Spuren, die das Leben im Milieu mit sich brachte. Fahle, bleiche Gesichter, aus denen tief in ihren Höhlen liegende Augen entschlossen nach vorne stierten.

Wir waren am Ziel. Ich sah den Jeep, den ich von der Aktion her noch kannte. Zwei der Schläger saßen darin.

»Da sind sie!«, schrie ich, und die Champs setzten sich in Bewegung. Der Asphalt begann zu dröhnen. Wir umringten das Auto. Ich wollte nicht, dass die Truppe die beiden sofort kaltmachte.

»Kommt raus!«, schrie ich.

Einer von uns war auf die Motorhaube gesprungen und trat mit aller Kraft gegen die Windschutzscheibe, wieder und wieder. Einer setzte mit dem Baseballschläger nach, bis die Scheibe zu Bruch ging. Es krachte. Markus packte sich den Fahrer, der noch versuchte, den Motor zu starten und abzuhauen – vergebens. Er zerrte an ihm und wollte ihn durch die Scheibe ziehen. Es krachte und dröhnte. Alle traten und schlugen gegen den Jeep. Der Beifahrer öffnete die Tür und sprang auf die Straße. Ich trat ihm in den Bauch. Er strauchelte und fiel zu Boden. Der Fahrer hatte sich mittlerweile befreien können und lief die Straße hinunter, fünf Leute hinter ihm her.

Der Typ rannte in einen Imbiss. Wir blockierten den Eingang, den der Besitzer mittlerweile verschlossen hatte. Wir schrien, traten gegen die Tür. Stühle flogen gegen die Fenster. Jemand musste uns stoppen, bevor es Tote gab. Tote!

Weshalb auch immer: Plötzlich konnte ich klar sehen, konnte uns als das sehen, was wir waren – eine wie besinnungslos prügelnde Meute. Dann wusste ich, was ich tun musste.

»Okay, Jungs«, rief ich. »Lasst gut sein.« Wie damals Ümet bei meiner ersten Schlägerei. Ümet hatte die Größe zu wissen, wann die Grenze überschritten war. Ein guter Mann weiß, wann es Zeit ist aufzuhören. Wenn ich es bisher noch nicht gewusst hatte, an diesem Tag hatte ich es gelernt. Endlich wusste ich, wo meine Grenzen waren.

Die Meute ließ ab, hörte auf mich. Wir liefen zurück zum Auto. Dort stand einer der Schläger, umringt von vier Champs. Er hatte die Fäuste zur Deckung gehoben.

»Lasst ihn in Ruhe!«, schrie ich. »Der scheißt sich doch eh in die Hosen.«

Doch Markus war damit gar nicht einverstanden. »Hau ihn wech, Aller! Hau ihn wech! Oder soll ich? Ich mach den platt!«

Mir aber war nicht mehr nach diesem Wahnsinn. Ich war auch nicht mehr wütend. Sie war weg, die Wut. Was war das eigentlich, was wir hier abzogen?

»Wozu?«, rief ich.

Markus hörte mich nicht. Er war im Rausch. Er stapfte auf den Typen zu. *Das gibt Blut,* dachte ich nur und griff nach seiner Jacke, riss ihn zurück.

»Ich will das nicht«, schrie ich Markus an. »Ich will das nicht. Verstanden?«

Der große Markus schaute mich überrascht an. Die anderen blickten mich an, fragend, überrascht, selbst der Schläger. Alle warteten auf eine Antwort. Ich lief los, allein mit meinen Gedanken, allein mit mir. Ich fühlte mich gut.

Als ich weg war, drehte Markus völlig durch, wie ich später erfuhr. Auf dem Rückweg haute er sich ein paar Bier rein. Dann begann er Autos umzuschmeißen – wie ein wütender Hulk. Er war außer Rand und Band, niemand konnte ihn stoppen. Es war der gleiche Wahnsinn, der auch Fritz, Claudia und so viele andere von uns schon zerrissen hatte und den niemand stoppen konnte. Die selbstzerstörerische Kraft, die in ihnen wohnte, hatte sich ihren Weg gebahnt und ihre Seelen gefressen.

Fritz' Niedergang hatte ich begleitet. Ich hatte immer wieder versucht, ihn zurückzuhalten, aber seine dunkle Kraft war am Ende stärker als ich. Es war unmöglich für mich, ihn zu retten. Er hätte sich nur selbst retten können. Er war ein guter Freund, der beste, den ich je hatte. Wir hatten gemeinsam einen Traum. Den Traum, richtige Männer zu werden. Den Traum, mutig zu sein. Aber muss man für diesen Traum so weit gehen? Muss man für seine Träume sein Leben ruinieren?

Bei Claudia hätte ich nie gedacht, dass es sie erwischt. Sie war für mich vom ersten Augenblick an stark, selbstsicher und schön gewesen. Heute weiß ich, dass ich irgendetwas übersehen haben muss. Vielleicht konnte ich ihre dunkle Seite nicht erkennen, weil ich sie liebte. In meinen Erinnerungen ist sie bis heute die Frau, die mich vom ersten Augenblick an in ihren Bann geschlagen hat.

Ich frage mich häufig, warum hat es mich nicht erwischt? Warum bin ich noch mal davongekommen? Vielleicht war ich stärker, vielleicht hatte ich mehr Selbstdisziplin und einen ausgeprägten Willen. Vielleicht waren es auch meine Träume, die mich auf einen besseren Weg gebracht haben? Vielleicht hat das Kung-Fu mir geholfen und Bruce Lees Geist? Das wäre ein schönes Happy End. Aber ich kann es nicht mit Bestimmtheit sagen.

Ich wollte raus. Ich wollte ein anderes Leben. Es kann

helfen, wenn man weiß, was man nicht mehr will. Man braucht eine Vorstellung davon, wie ein anderes Leben aussehen könnte. Dann muss man es anpacken wie ein Mann! Seine Grenzen zu kennen und Unmögliches möglich zu machen, das steht nicht im Widerspruch zueinander. Sich ausprobieren, Geduld haben, sich nicht umwerfen lassen, bis man diesen Weg gefunden hat.

Ein kluger Mann hat einmal gesagt: »Man kann hinfallen, man muss nur immer wieder aufstehen.« Das ist richtig.

Ich sage: Man muss hungrig sein und hungrig bleiben, sein ganzes Leben lang. Man muss lieben können, leidenschaftlich lieben können. Wer liebt, der lebt. So ist es. Ich liebe mein Leben. Ich liebe St. Pauli. Ich liebe meine Jugend. Denn sie hat mich zu dem gemacht, der ich heute bin. Jemand, der nie kämpfen musste, wird auch nie dieses unbeschreiblich schöne Gefühl kennenlernen, dass er nichts zu verlieren hat.

Nur die Polizei konnte den wild gewordenen Markus an diesem Tag stoppen. Sie nahmen ihn mit und steckten ihn für ein paar Tage in den Knast.

Niemand fragte mich, warum ich die Typen verteidigt hatte. Nur Ali kam zu mir: »Gut gemacht, Michel! Warum hätten wir diese armen Typen auch plattmachen sollen?«

Ich dachte an die Anfangszeit, als wir uns wie Bordsteinkönige vorkamen, die streng, aber auch gütig über ihr Reich regierten und den Schwachen halfen.

Ali schien zu wissen, was in mir vorging.

»Komm, Michel. Lass uns gehen.« Wir fuhren zur Köhlbrand-Brücke und hingen uns ans Geländer. Unten floss die nachtschwarze Elbe, oben spannte sich der sternenklare Himmel. Wir blickten unserer schönen Stadt entgegen: Hamburg.

»Was wir wohl in zwanzig Jahren machen, Michel?«

»Ich will nicht so werden wie meine Eltern.«

»Das wirst du nicht, Michel. Da bin ich mir ganz sicher.«

Dank

Ich danke Ingo Petz, Patrick Hutsch,
Ulf Meyer zu Kueingdorf, Wiebke Lorenz
und Ilka Heinemann
für die inspirierende Hilfe.
Und André Aimaq für den berühmten Stein.

Michel Ruge lebt heute in Berlin.
Nach Stationen als Türsteher und Personenschützer
arbeitet er heute als Lehrer für Selbstverteidigung
und als Referent zum Thema Zivilcourage.